Amy Sue Nathan

Le amiche sono tutto

Traduzione di
Roberta Zuppet

LIBRERIA **pienogiorno**

Pubblicato per
LIBRERIA **pienogiorno**
da FullDay Srl

Dedicato all'A-Team:
mamma, papà e David,
Priya, Michele e Gabi

«Le donne beneducate
raramente fanno la storia».

Laurel Thatcher Ulrich

Prima parte

LEZIONI DI ETICHETTA

1

RUTH

Philadelphia, Pennsylvania
Settembre 1962

Il calore del casco le bruciava il cuoio capelluto, ma il ronzio di quell'aggeggio copriva il chiacchiericcio del salone di bellezza.

Uno scambio accettabile, pensò Ruth.

Nonostante ciò, sorrise alla suocera dall'altra parte della stanza, e Shirley Appelbaum ricambiò. Ruth sapeva bene di essere esattamente nella condizione in cui la voleva Shirley: *in ghingheri e prigioniera.*

Ora l'altra le abbassò lo sguardo sulle ginocchia.

Questa?, si domandò Ruth. *La rivista?* La sollevò per mostrarle la copertina.

La suocera arricciò le labbra, truccate impeccabilmente. *Accidenti*, Ruth aveva dimenticato di mettere il rossetto che, con un gesto non troppo velato, Shirley le aveva lasciato sul ripiano nel bagno degli ospiti. L'altra scrollò il capo. Un movimento impercettibile, quasi un tic. Poi accennò di nuovo con il mento alla sedia della nuora.

Voleva che si alzasse? Avevano finito? Lo schienale era forse troppo indietro, o non abbastanza, o troppo avanti, oppure Ruth si stava macchiando di una delle innumerevoli violazioni del decoro, apparentemente gravissime, a cui sembrava incline da quando lei e Asher si erano trasferiti dai suoceri una settimana prima?

Shirley le guardò di nuovo le gambe, poi sgranò gli occhi e fece una smorfia come se le avessero dato un pizzicotto. Solo per un secondo; non poteva farsi vedere da nessuno, naturalmente. Assomigliava a un insetto molto grande e fastidioso, con le unghie appena dipinte.

Ruth si guardò intorno e accavallò le gambe, imitando le altre clienti sotto i caschi. Si era *seduta male*.

A giudicare dalle occhiate e dalle espressioni spazientite che aveva ricevuto durante l'ultima settimana, commetteva un sacco di errori di quel genere. La volta che, dal piano di sotto, aveva urlato ad Asher di portarle una cosa che aveva dimenticato nel sottotetto («Oh cielo», aveva sussurrato Shirley con una risatina leziosa. «Non siamo al mercato del pesce, mia cara»). O quando aveva osato aprire il giornale prima che il suocero tornasse a casa, e aveva dovuto chiedere scusa mentre Shirley ripiegava ogni singola pagina per riportarla alla condizione originale («Non preoccuparti, cara, lo sistemo subito»). Non era saltata su da tavola per andare a prendere la salsa o i secondi per Asher («Ha lavorato sodo tutto il giorno, è il minimo che possiamo fare», aveva detto Shirley con un sorriso comprensivo, alzandosi per servire il figlio, un uomo adulto e di sana e robusta costituzione).

Ruth non aveva nulla da ridire sulla gentilezza della suocera. Shirley era sempre garbata, cortese... dignitosa. Signorile in tutti i modi in cui sua nuora, a quanto pareva, non riusciva a essere. Ma Ruth doveva veramente diventare un modello irreprensibile di pudicizia e sottomissione, solo perché ora aveva un anello al dito? Con la stessa mano aveva stretto la penna per scrivere la tesi di giurisprudenza.

Imitò Shirley inumidendosi l'indice e girando la pagina della rivista come se stesse leggendo. L'altra annuì e picchiettò con il dito sul casco, poi agitò la mano in direzione di Ruth, ma la ragazza di nuovo non capì che cosa le stesse suggerendo di fare. Poi si diede qualche colpetto ai capelli che la parrucchiera aveva appena finito di acconciare. Formavano un perfetto alveare castano chiaro, esattamente come quando era arrivata, e intuì che era proprio quello lo scopo. La continuità la faceva da padrona. *Tutta quella monotonia non diventava noiosa?*

Shirley agitò di nuovo la mano. Le altre signore di fronte a Ruth fecero la stessa cosa.

Ah, il segno universale per *spegni il casco.*

Spinse indietro il cappuccio simile a un forno, rivelando i capelli strettamente attorcigliati intorno ai bigodini. Dopo una spazzolata e una generosa spruzzata di lacca, sarebbero sembrati un elmo. Buon Dio, quanta fatica per qualcosa che non serviva a nulla. «Sì?»

Shirley sorrise, questa volta sinceramente. «Oh, mia cara, è a dir poco incantevole. *Tu* sei incantevole».

Ruth si stupì della sensazione di calore che le sbocciava nel petto. «Grazie», rispose, improvvisamente contenta di averla accompagnata al salone di bellezza. Aveva sospettato che fosse l'ennesimo stratagemma per aiutarla a integrarsi meglio nell'esclusivo quartiere di Wynnefield, ma forse la donna voleva solo passare più tempo con lei. E questo non le dispiaceva affatto.

Non avrebbe potuto chiedere famiglia migliore di suo padre e dei suoi quattro fratelli, ma doveva ammettere che, di tanto in tanto, crescere senza una madre e con un branco di ragazzi rozzi l'aveva spinta ad agognare il tipo di affetto e di orgoglio materno che brillava negli occhi di Shirley in quell'istante. Quando sua suocera allungò la mano, Ruth la prese senza esitazione, ricambiando la stretta.

Sarebbero andate d'accordo. Sarebbe filato tutto liscio.

«So di cosa hai bisogno, cara», disse Shirley.

«Davvero?»

L'altra annuì. «Sì. Ho parlato con Asher e lui ha dato la sua approvazione. C'è una... be', c'è una specie di riunione di tue coetanee, e ho pensato che sarebbe un'occasione perfetta per cominciare a farti delle amiche qui a Wynnefield e ad ambientarti meglio. Cercare di inserirsi in una città nuova di zecca deve essere improvviso e sconvolgente per te quanto lo è stato per me e Leon scoprire che il nostro unico figlio maschio aveva una sposa nuova di zecca!»

Per la miseria. Ci risiamo. Da quando Ruth e Asher si erano temporaneamente trasferiti a casa Appelbaum, si erano svolte pochissime conversazioni senza che la suocera menzionasse il proprio disappunto e dolore per la loro fuga d'amore segreta. *E da quando Asher parlava di lei con Shirley alle sue spalle?*

Ruth soffocò una vampata di irritazione. Aveva promesso al marito che avrebbe fatto del proprio meglio per andare d'accordo con i suoi genitori, e voleva tener fede alla parola data. Lo voleva sul serio.

Sorrise. «Be', sembra una cosa carina. Fammi sapere quando si riuniscono e magari faccio un salto».

«Oh no, cara, non è così che funziona. Che cosa ne dici se ti iscrivo alle lezioni?»

La ragazza rizzò le antenne. «Lezioni?»

Shirley si alzò, posando meticolosamente la rivista che stava leggendo in cima alla pila sul tavolo accanto al casco.

«Be', consideralo più come un corso di aggiornamento per giovani mogli... un po' come l'ultima lucidata all'argenteria. Non c'è nulla che tu non sappia già, naturalmente, ma non sarebbe piacevole fare un ripasso mentre conosci altre casalinghe della tua età?»

Ruth non avrebbe saputo dire se il brivido istintivo che la attraversò dipendesse dalla paura di scoprire quali «lezioni di lucidatura» le stesse rifilando la suocera o dal fatto di essere stata accomunata alle altre casalinghe. Era il 1962, il mondo era cambiato e, se le cose fossero andate secondo i piani, lei sarebbe diventata *avvocato*, santo cielo.

«Un ripasso di cosa?», chiese sforzandosi di mantenere un tono neutro.

«Oh, noi le chiamiamo *lezioni di etichetta*. Sciocco, vero? Ma in realtà si tratta di semplici regole di bon ton che tutte possiamo aver bisogno di rispolverare, non trovi?»

Lezioni di etichetta. *Santi numi.* Sua suocera voleva mandarla a scuola di buone maniere.

Dopo una cena a base di platessa alla griglia, Ruth tolse i piatti, che contenevano qualche pisello sfuggito alle forchette e mucchietti di bucce raschiate via dalle patate al forno. Era contenta di dare una mano, anche solo per sdebitarsi dell'ospitalità, ma il modo in cui Asher e Leon se ne stavano seduti lì senza muovere un dito la innervosiva. Era cresciuta nell'Upper West Side di New York, in un appartamento al quarto piano senza ascensore, e suo padre aveva diviso le faccende domestiche tra i cinque figli secondo una rotazione basata sull'età, non sul sesso. Jacob Cohen era fatto così. Giusto. Imparziale. Ugualitario.

Al contrario degli uomini Appelbaum, convinti che tutto fosse loro dovuto.

Avevano forse qualche frattura alle mani? Per quanto Ruth amasse Asher, la divisione dei compiti sembrava iniqua. Squilibrata. Molto diversa dalla bilancia della giustizia.

«Chi è pronto per il dessert?», chiese Shirley.

«Io», risposero Leon e Asher, ridacchiando per qualche oscura burla di famiglia.

«Arriva subito». Shirley raccolse le briciole in una palettina d'argento, uno strumento che Ruth aveva visto una volta sola, tra le mani di un cameriere in smoking durante i festeggiamenti per il compleanno di Dotsie, la sua migliore amica, in un raffinato ristorante a Manhattan. All'epoca avevano scherzato sulla pignoleria dell'uomo, ammettendo entrambe di avere una propensione per l'aspiratore elettrico. Ora, però, la pignoleria che Ruth temeva di dover emulare non era più fonte di divertimento. Lì l'utensile d'argento faceva parte dell'arsenale di Shirley.

Sua suocera tirò a lucido la tovaglia con l'angolo umido di uno strofinaccio prima di scomparire in cucina. Lei la seguì.

Ma per il bene del suo matrimonio, e per guadagnarsi il favore della padrona di casa, mise momentaneamente da parte le sue convinzioni, sperando di promuovere lo *shalom bayit*, la pace in casa. Aveva sempre saputo che il matrimonio richiedeva di scendere a compromessi, ma non aveva capito che sarebbe stata l'unica a doverli fare.

Era certa che le cose avrebbero iniziato a cambiare quando fossero andati a vivere da soli e lei avesse trovato lavoro. Non aveva idea di quanto tempo ci sarebbe voluto. Lei e il marito avevano soltanto deciso di non fermarsi «troppo a lungo». Oppure finché Asher non si fosse insediato nello studio contabile del padre. Naturalmente Ruth doveva superare l'esame di abilitazione, cosa di cui non aveva mai dubitato prima. Dopo una settimana a Philadelphia, però, cominciava a mettere in discussione il piano che avevano escogitato per studiare di nascosto. Volevano conquistare i suoceri prima di dire loro che Ruth avrebbe lavorato.

In cucina Shirley le porse due coppette fredde di *pudding* di riso, cosparso di cannella e punteggiato di uvette, che lei portò in tavola su un vassoio d'argento foderato di centrini.

Mentre gustavano il dolce, l'unico rumore che produssero fu il tintinnare dei cucchiaini contro i lati delle ciotole. Evidentemente nessuno voleva sprecare nemmeno un chicco. Ruth doveva ammettere che apprezzava la cucina della suocera. Era sicuramente migliore delle uova strapazzate, del formaggio grigliato o della zuppa in scatola riscaldata sul fornelletto nella camera dello studentato che aveva diviso con Dotsie per quasi tre anni.

Una volta finito il dessert, Asher domandò alla madre: «Ti dispiace se noi due ci sediamo fuori?» Poi lanciò un'occhiata a Ruth. Da quando erano arrivati a Wynnefield, tutte le sere aveva chiesto a Shirley se potesse trascorrere quel particolare momento da solo con la moglie, come se fosse un adolescente che chiede il permesso di prendere in prestito la macchina.

Shirley rispondeva sempre che non le dispiaceva, come se fosse suo compito gestire il tempo che la coppia passava insieme. Ruth non sapeva cosa pensare, ma avrebbe dovuto risolvere quel problema. Erano sposati, dopotutto. Restare single era fuori discussione per le ragazze che volevano avere un futuro accettabile, o per le giovani come lei, senza contare che amava Asher dal profondo del cuore e che non poteva, né voleva, immaginare una vita senza di lui.

A New York, Asher aveva sbandierato idee progressiste e la loro relazione si era svolta su un piano di parità assoluta. Lui aveva terminato il master in Economia alla NYU e lei era stata una delle diciassette donne a laurearsi alla facoltà di Legge della Columbia. A Wynnefield era regredito a una persona che chiedeva il permesso per passare del tempo con sua moglie. Che cosa sarebbe successo dopo? Ruth avrebbe forse dovuto tagliargli la crosta dai sandwich?

Si alzò e gli afferrò la mano, tirandolo verso la porta d'ingresso. «Certo che a tua madre non dispiace».

Si sedettero fuori sulle poltroncine, con le spalle rivolte al marciapiede e le fronti velate dall'umidità estiva. Asher si sventolò con l'«Evening Bulletin», porgendo a Ruth le prime pagine. Lei le aprì, le piegò e le ripiegò, posandosi un quadrato di giornale sulla gonna. Guardò prima la zanzariera, poi la finestra aperta.

Probabilmente Shirley e Leon, che erano tipi abitudinari, erano già immersi in un cruciverba, come facevano tutte le sere dopo cena. Nessuno stava origliando.

Un respiro profondo. «Come hai potuto dire a tua madre che eri d'accordo sulle lezioni di etichetta? Sai che devo studiare», sussurrò. Era il loro primo momento da soli da quella mattina, quando Asher l'aveva salutata con un bacio nel sottotetto.

«Ho detto che ero d'accordo *purché* tu avessi voluto frequentarle». L'uomo incrociò le braccia e parlò con un tono disinvolto, ma abbassò gli occhi.

«Perché non le hai detto di chiederlo a *me*? Pensava che mi servisse il tuo permesso».

Lui rise. «Ruth! Non mi hai mai chiesto il permesso per fare nulla». Le prese la mano tra le sue. «E non dovresti nemmeno, ma...»

«Ma cosa?» Ruth ritirò il braccio.

«Se mia madre ci tiene, forse dovresti andare. L'esame di abilitazione è solo… quando? A febbraio? Hai cinque mesi di tempo».

«Vuoi scherzare? Sai che devo sgobbare il doppio per avere la metà delle opportunità offerte agli avvocati uomini. Non posso perdere il mio vantaggio. Ho parlato con alcuni amici della Columbia, e mi hanno detto di prepararmi a studiare quaranta ore la settimana per dieci settimane. Non ho quaranta ore la settimana. I giorni sacri si avvicinano». Ruth cercò di non andare in iperventilazione. «E mi hai promesso una luna di miele sulle Poconos quando avrò superato l'esame».

Asher annuì. «Non mi sembra di pretendere troppo. Sai che andare d'accordo con mia madre sarebbe un bene per entrambi».

Ruth provò una stretta allo stomaco quando sentì che la cena stava tornando su. In teoria l'aveva capito, ma non si era resa conto che entrare nelle grazie di Shirley le avrebbe portato via così tanto tempo.

Perché sua suocera non aveva domandato *a lei* se volesse iscriversi, invece di usare Asher come scudo? Avrebbe reso il tutto più gradevole. Shirley dava per scontato che la nuora avrebbe cercato l'approvazione del marito per qualsiasi cosa: la trapunta del loro letto, l'uso di una salopette per fare giardinaggio, zucchero in più nella limonata. Qualunque decisione Ruth avesse preso di sua iniziativa era stata accolta, con un *Che cosa penserebbe Asher?*

Tuttavia, Ruth cercava di vedere il meglio nella mentalità all'antica della suocera. Suo padre le aveva insegnato a rispettare le persone più grandi.

«Il fatto è che non si tratta tanto di te quanto della sua reputazione». Asher la aiutava sempre ad avere una visione semplice e chiara delle cose.

La loro fuga d'amore aveva aperto una crepa nell'armatura materna di Shirley, convincendola che suo figlio non sarebbe scappato se fosse stata una madre migliore. Forse era per questo che aveva parlato delle lezioni di etichetta al salone di bellezza. Davanti a testimoni. Per conformismo. Uno strumento per guadagnarsi il rispetto altrui. Rispetto che gli Appelbaum avevano perso quando erano stati esclusi dal matrimonio. Ruth lo percepiva nei commenti sprezzanti di Shirley, lo vedeva nelle labbra arricciate delle sue amiche. Avrebbe organizzato una cerimonia tradizionale se avesse saputo che la fuga d'amore avrebbe sconvolto la vita dei suoi suoceri. Non avrebbe potuto essere peggiore di ciò che probabilmente la aspettava alle lezioni di etichetta.

Quando era adolescente, aveva conosciuto ragazze che avevano frequentato una scuola del genere e ne erano uscite con sfilze di regole e molta puzza sotto il naso. Non sapeva cosa avessero imparato, solo che non voleva avere lo stesso destino. Suo padre non l'aveva mai costretta, le aveva sempre concesso il lusso di scegliere. Lezioni di pianoforte o di flauto (nessuna delle due), pattini a rotelle o bicicletta (entrambi), scuola di buone maniere o scacchi (non c'era paragone).

Ora aveva ventitré anni, non era più una bambina e non viveva più a casa di Jacob. Le sue scelte erano sue, ma riguardavano anche suo marito.

Questo non significava che dovesse dimenticare le proprie ambizioni. Non l'avrebbe fatto. L'Asher che aveva conosciuto e di cui si era innamorata al college beveva birra con gli amici della Zeta Beta Tau e aveva un pungente senso dell'umorismo, ma l'aveva sempre trattata con garbo, senza mai darle ordini.

«Ci vado». Ancora combattuta, fissò il giornale sulle sue ginocchia.

«Bene». Asher annuì una volta, non tanto in segno di approvazione, ma di conferma.

Ruth alzò lo sguardo. Avvertì un pizzico di compiacimento, che le fece saltare i nervi. «Come, prego?»

Lui scosse la testa come se uscisse da una trance. «Volevo dire *grazie*».

«È quello che pensavo avessi detto».

Chinandosi, raccolse dal pavimento alcuni fogli caduti. Forse era Asher ad aver bisogno di lezioni di etichetta. Avrebbe pagato oro per vederlo indossare i guanti bianchi o bere il tè con il mignolo alzato.

Nei giorni successivi, l'autunno soffiò su Philadelphia una fresca brezza settembrina. Maglioni fatti ai ferri, crisantemi in vaso, foglie dai colori del tramonto e ceste di mele fecero la loro comparsa in tutto il quartiere. Ruth li adorava. Andava matta persino per le scampagnate sui carri da fieno. In tutta la sua vita ne aveva fatta una soltanto. L'Upper West Side, almeno la zona in cui aveva vissuto, dall'80ª Strada in giù, era più cemento che campagna, un luogo dove gli autobus erano in netta superiorità numerica rispetto ai pianali carichi di fieno.

Ruth era sul portico della villa di Lillian Diamond in Wynnefield Avenue, fiancheggiato da colonne di marmo e leoni di pietra, davanti a una porta bianca con due battenti bordati d'oro.

Rabbrividì per il freddo della stagione appena iniziata... e per un dubbio implacabile: una volta dopo l'altra, l'autunno aveva inaugurato i nuovi inizi nella sua vita. Non solo era il periodo del Capodanno ebraico – quando, a Dio piacendo, il suo nome e quelli di amici e familiari venivano scritti nel *Libro della vita* –, ma aveva segnato anche l'apertura dell'anno scolastico fin da quando era bambina. Ruth amava la scuola, a differenza della maggior parte delle ragazze che conosceva. Amava lo studio fine a se stesso, non come un modo per ingannare il tempo finché un fidanzato o un marito avesse avuto la precedenza. Dunque, era logico che l'opportunità di imparare cose nuove e di fare nuove amicizie arrivasse in autunno. Il gioco era fatto! Si era convinta.

Fissò i mocassini di cuoio bordeaux che portava ai piedi e immaginò di calzare invece delle décolleté rosso brillante, anche se non erano nel suo stile. Avrebbe fatto qualsiasi cosa pur di poter battere i tacchi tre volte e tornare a casa, come Dorothy nel *Mago di Oz*. Da bambina le sarebbe piaciuto vivere in quel mondo, dove sarebbe stata accettata per il semplice fatto di essere *la piccola Ruthie Cohen*, a prescindere dalla sua intelligenza acuta e dai suoi atteggiamenti da maschiaccio.

Era sempre stata un'istigatrice, in senso buono. Aveva fondato il primo gruppo di girl scout ebree del quartiere. Quando il rabbino aveva detto che era indecoroso – e, peggio ancora, inutile – che le ragazze diventassero erudite, lei e suo padre avevano dato vita a un gruppo di studio della Torah. In certa misura clandestino, bisognava ammetterlo. Jacob aveva istruito lei e due compagne di scuola. Quando la madre di Ruth era in punto di morte, lui le aveva promesso che la figlia avrebbe avuto le stesse opportunità dei suoi fratelli. Glielo aveva assicurato. E la ragazza, a quanto pareva, aveva ereditato il carattere del padre. Aveva condotto un gruppo di specializzande in Storia del Barnard alle riunioni della History Society del Columbia College, che ammetteva solo maschi. Avevano tempestato di istanze le amministrazioni di entrambe le università finché non avevano ricevuto il permesso, se non di partecipare, almeno di assistere.

Ora, come moglie di Asher Appelbaum, voleva entrare nel *sancta sanctorum* di Wynnefield. Non sapeva ancora cosa la aspettasse o come orientarsi esattamente, ma era sveglia ed eclettica. Poteva imparare.

Cercando di farsi coraggio, guardò a ovest, verso Wynnefield Avenue. Poi a est. Infine, si lanciò un'occhiata alle spalle. Non arrivava nessuno, né dalla strada né dal vialetto. Così chiuse gli occhi, si alzò sugli avampiedi e batté i tacchi.

Uno. Due. Tre.

Per qualche secondo si autorizzò, o forse si obbligò, a credere nell'esistenza di una dimensione sconosciuta al di là della grande porta lussuosa. A fidarsi dello stesso tipo di palpito nervoso e incerto che aveva attirato Asher verso di lei e che aveva permeato il loro fidanzamento, permettendo – anzi, volendo a tutti i costi – che si innamorassero e alla fine fuggissero. Lontano dagli studi, avevano ceduto a impulsi che erano l'esatto contrario della loro ponderata e strutturata vita di tutti i giorni. La loro relazione si era svolta all'insegna dell'avventura, come i weekend dell'ultimo minuto nella Hudson Valley senza una mappa, o l'assaggio di nuove pietanze a Chinatown. Ruth non era nuova agli imprevisti della vita. Poteva farcela anche questa volta.

Qualcuno salì i gradini dietro di lei, costringendola ad aprire gli occhi.

«Non vorrei interrompere le tue... riflessioni, ma hai intenzione di suonare il campanello?»

La voce rauca aveva un marcato accento di Philadelphia. Ruth si stava ancora abituando ai suoni e al lessico.

Si voltò. Una donna l'aveva raggiunta sul portico. Tenendo ferma la borsetta marrone che le penzolava dal gomito, lei tese la mano.

«Ciao», disse. «Sono Ruth Appelbaum. Sei qui per le lezioni di etichetta?»

«Certo. Reenie:.. Irene Pincus. Piacere di conoscerti, Ruthie».

«Solo Ruth». Soltanto i suoi fratelli la chiamavano Ruthie.

«Be', piacere di conoscerti, *solo Ruth*».

Irene curvò le labbra di un arancione audace in un largo sorriso sincero, rivelando grandi denti diritti. Non aveva l'aspetto che lei associava alle casalinghe di Wynnefield, e questo le piacque subito.

Le amiche di sua suocera e le vicine di casa che aveva conosciuto erano riservate e decorose, e si accontentavano di un filo di trucco. L'ombretto verde lime sulle palpebre di Irene si depositava e si raggrumava agli angoli esterni degli occhi, accumulandosi in deboli zampe di gallina, cosa che le ricordava i pastelli a cera. L'onda esagerata in fondo ai capelli rossi di Irene toccava le spalle di un vestito verde brillante, ma forse il risultato, più sfacciato che elegante, aveva più personalità del dovuto. Ruth invece era «una pagina ancora da scrivere in fatto di trucco e moda», aveva commentato Shirley, aggiungendo: «È un complimento. Hai l'imbarazzo della scelta».

Stava rapidamente cominciando a capire il linguaggio della suocera.

Shirley aveva detto che il corso sarebbe stato una specie di piccola scuola privata di perfezionamento, ma com'era possibile perfezionarsi in qualcosa che non si era mai studiato?

«Ti sentirai più a tuo agio una volta che ti sarai abituata all'idea», aveva promesso.

Stava ancora aspettando quel momento.

Se Shirley era preoccupata soprattutto per la sua autostima, perché non aveva insistito maggiormente sui valori di Wynnefield, suggerendole di indossare, per la prima lezione, qualcosa di più chic di una semplice gonna e di una camicetta blu? O accennando al fatto che mettere il rossetto sarebbe stata una scelta più appropriata rispetto al solito velo di vaselina? Ruth avrebbe potuto rifiutare o ignorare i consigli, ma questi ultimi le avrebbero dimostrato il sostegno di Shirley. Il suo affetto.

«Entriamo. Non impareremo nulla restando qui fuori». Irene le diede una pacca sulla spalla come avrebbe fatto una vecchia amica, lasciando che la sua mano indugiasse per un secondo.

Pronta oppure no, Ruth suonò il campanello.

2

LILLIAN

Quando il campanello emise le sue quattro note, Lillian controllò l'orologio.

«Scusatemi, signore». Si diresse verso la porta d'ingresso, sorridendo e facendo segno a Sunny, la governante, di tornare in cucina.

«Vado io», disse.

Il suo compito era mettere a loro agio quelle giovani casalinghe, spiegare loro le regole da rispettare. Preferiva insegnare dando il buon esempio. Ecco perché aveva scelto un tailleur bordeaux di lana pettinata leggera con i bottoni rivestiti, uscito direttamente dalle pagine di «Vogue» dell'agosto '62. Perfetto per una giornata di inizio autunno, secondo la rivista. Lillian si era fidata ciecamente. L'aveva impreziosito con una sciarpa in tinta e un filo di perle, per mostrare alle ragazze come comportarsi e come vestirsi.

Aveva persino decorato l'atrio. Una composizione di dalie colorate come gemme spuntava da un vaso di cristallo sull'elaborato tavolo di marmo dal bordo dorato. I raggi di sole che filtravano dalle vetrate dipingevano riflessi variopinti sul bianco delle pareti e del pavimento e si allungavano fino alle scale ricoperte di moquette blu, aggiungendo un pizzico di fantasia all'arredamento formale. Quando Madre Natura prendeva le redini, la necessità di perfezione si allentava un po'. Nessuno osava metterla in discussione.

Lillian si raddrizzò e aprì la porta. «Buongiorno, signore».

«Buongiorno», cinguettarono le ragazze all'unisono.

Le nuove arrivate avevano bisogno di lavorare sul loro guardaroba più di quanto ne avessero le due che erano già in salotto. Lillian dedusse che la ragazza insulsa fosse la nuora di Shirley. Se avesse avuto una propensione per l'ombretto verde o per i capelli rossi tinti, l'amica gliene avrebbe parlato. Lillian la conosceva da dieci anni ed era lieta di aiutare la nuova Appelbaum a inserirsi nella società di Wynnefield. Un po' di trucco, i vestiti, le parole e l'atteggiamento giusti e, abracadabra, quella giovane sarebbe diventata la miglior nuora a sorpresa che Shirley potesse desiderare.

«Sono Lillian Diamond. Entrate pure».

Le ragazze varcarono la soglia.

«Sono Ruth Appelbaum. Grazie per avermi accettata». Ruth le afferrò la mano, la strinse e la lasciò, avventurandosi nell'atrio. Si chinò ad annusare i fiori, anche se era risaputo che le dalie non erano profumate, e si girò verso Lillian.

«Ha una splendida casa».

Dolce e garbata. Squisita, addirittura. «Grazie». Di cosa si preoccupava Shirley? Ruth sarà anche stata una tipa insignificante, ma non era una selvaggia. «Tu devi essere Irene». Lillian si rivolse alla rossa, che tentò una specie di inchino.

«Sono così emozionata da non stare più nella pelle. Stento a credere di essere in questa casa. L'ho sempre ammirata dalla strada, ma non avrei mai pensato di entrare».

Aveva intenzione di riprendere fiato? «E invece eccoti qui!» Lillian fece un gesto come se stesse radunando un gruppo di casalinghe, non solo due. «Seguitemi».

Passarono sotto l'arco ornato di fiori intagliati a mano e scesero quattro scalini rivestiti di moquette blu fino al salotto avvallato. L'arredamento era studiato per sorprendere, dunque Lillian non badò agli occhi sgranati di Irene. Ruth tenne lo sguardo dritto davanti a sé e parve non notare la carta da parati azzurro argentato a rilievo che aveva impiegato mesi per arrivare, né gli elaborati tendaggi plissettati fatti su misura che incorniciavano le grandi finestre ai lati del camino, sormontato da una mensola dello stesso marmo dell'ingresso. Lì sopra era appeso un ritratto di famiglia: Lillian da giovane, suo marito Peter – bello come una star del cinema prima di cominciare a stempiarsi – e Penelope (o Penny, come le piaceva farsi chiamare ora) e Pamela quando avevano sei e otto anni (erano già passati sei anni, santo cielo!). All'epoca le bambine erano felici di indossare i vestiti scelti da Lillian e facevano domande a cui si poteva rispondere senza consultare l'enciclopedia.

Due divani identici di velluto blu erano collocati uno di fronte all'altro, separati da uno scintillante tavolino rettangolare color oro. Ospitavano una ragazza ciascuno. Le nuove arrivate si fermarono accanto alla padrona di casa, che allungò il braccio destro. «Vi presento la signorina Harriet Schwartz e la signora Blum… Carrie. Ragazze, la signora Pincus e la signora Appelbaum. Irene e Ruth».

Le altre due annuirono.

«Per favore, solo Ruth. La signora Appelbaum è mia suocera».

Un'opportunità di insegnamento! «Ricordate, signore, che i nomi di battesimo sono troppo confidenziali nella maggior parte delle situazioni professionali e sociali, a meno che non siate in famiglia o con amici intimi», spiegò Lillian. «Vi presenterete con il cognome di vostro marito e vi farete dare del lei».

«Spero di non parlare a sproposito, ma mi piace il mio nome. E preferirei che gli altri mi dessero del tu», replicò Ruth.

«Non si tratta di preferenze», ribatté Harriet. «Ma di regole dell'etichetta».

«Chi stabilisce queste regole?» Il tono di Ruth esprimeva curiosità, non sfrontatezza o impertinenza.

«La società», rispose Lillian, anche se non era certa di saperlo.

«Non voglio fare il bastian contrario», insistette Ruth.

Lillian pensò che volesse fare proprio quello, pur sembrando il più educata possibile.

«Sono onorata che il matrimonio con Asher mi abbia permesso di diventare un'Appelbaum. Ma non avevo capito che avrebbe significato perdere il mio cognome e non poter usare il mio nome di battesimo. È stata mia madre a darmelo. È morta quando avevo quattro anni», disse Ruth. «Influenza».

«Che il suo ricordo sia una benedizione», mormorarono le altre all'unisono.

Ora Lillian capì perché Ruth era lì. Shirley non voleva scavalcare la defunta, per così dire, insegnando alla ragazza ciò che avrebbe potuto insegnarle una madre. Aveva affidato l'incarico a lei, che giustamente l'aveva interpretato come un complimento, non come un'imposizione. Un piccolo preavviso, tuttavia, sarebbe stato gradito.

L'insegnante di etichetta riconobbe qualcosa – un'inflessione, forse? – nel modo in cui Ruth esprimeva le sue opinioni. Eppure, la giovane parlava con la massima cura. Anche lei aveva spesso esternato i suoi pensieri alla madre, che aveva sempre ascoltato con attenzione ed esortato la figlia a studiare con impegno e a inseguire i suoi sogni. Quali fossero quei sogni, Lillian lo ricordava a malapena. Quando si era trasferita dai nonni, ci si aspettava ormai che diventasse la moglie di qualcuno. Quale altra ragione poteva esserci per permetterle di frequentare l'università, se non trovare marito?

Certe volte aveva nostalgia della parte di sé che aveva il coraggio di dire quel che pensava. Quella parte era rimasta sepolta sotto quindici anni di vita passiva con Peter. Obbedire in silenzio era più facile che lasciarsi trasportare dalle onde dell'immaginazione.

Un'altra cosa che aveva in comune con Ruth: erano cresciute entrambe senza madre.

Eccola, dunque. Un'altra ragione per cui Shirley aveva ritenuto Lillian la persona più adatta per insegnare il bon ton alla nuora.

La donna avrebbe dovuto essere gratificata dalla stima della sua mentore, ma quel giorno non fu così. Anzi, trovò curioso che Shirley volesse sfruttare il suo lutto. O quello di Ruth.

Lillian tirò fuori una sigaretta da un astuccio tempestato di pietre preziose, se la mise tra le labbra e, dopo averla accesa, le diede una boccata. «La prima lezione è dedicata ai saluti formali». Ruth, Carrie, Irene e Harriet, sedute una accanto all'altra su un divano, alzarono gli occhi. Lei soffiò fuori una nuvola di fumo e si allungò verso un posacenere di vetro. Con la sigaretta ancora in mano, prese un bloc-notes dal tavolino, lo aprì e lo tenne in equilibrio sul braccio sinistro mentre sfogliava le pagine con la mano destra. «Voglio che vi rivolgiate l'una all'altra come se vi foste appena conosciute».

«Ma *ci siamo* appena conosciute», le fece notare Ruth.

Quella leggera impertinenza solleticò Lillian, come se qualcuno le avesse fatto scorrere una piuma lungo la pianta del piede. La ragazza aveva ragione. Sfrontata, forse, ma precisa. La sua schiettezza avrebbe dovuto irritarla. Se Pam o Penny le avessero risposto con quel tono, ne avrebbe approfittato per tenere loro una lezione sul comportamento indesiderato. Ma in qualche modo quella boccata d'aria fresca le fece bene.

«Parlate come se foste in un contesto professionale o a un cocktail party», continuò. «Da dove venite? Che cosa fanno i vostri mariti? Cominciate da qui».

Ecco. Di nuovo in carreggiata.

Carrie, bionda e minuta, con gli occhi azzurri e un foulard di seta verde chiaro legato a fiocco intorno al collo, guardò le altre e alzò la mano.

«Non è necessario alzare la mano, ma comincia pure», disse Lillian. «Parlaci di tuo marito».

«Eli è il nuovo vicepreside dell'Overbrook High School». Carrie si illuminò. «È stato scelto tra una decina di candidati».

Harriet sbatté le ciglia. «Il mio fidanzato lavora con suo padre. Fanno gli avvocati. Un giorno Scotty prenderà il suo posto».

«Stephen è il proprietario della Pincus Appliance Palace», intervenne Irene. «Con tre sedi».

Lillian e le ragazze guardarono Ruth.

«Oh. Tocca a me. Asher fa il commercialista. Lavora con suo padre». Si voltò verso Harriet. «In quale ramo del diritto è specializzato il suo fidanzato?»

«Il ramo legale? Non lo so. Dovrei? Lei sa in quale settore della contabilità operano suo marito e suo suocero?»

«Quello fiscale».

«Non c'è nulla di male nel conoscere i dettagli», osservò Lillian. «Ma non vorrai essere coinvolta in una conversazione d'affari…»

Harriet sorrise compiaciuta.

«Il vostro compito è scoprire abbastanza per mettere al corrente i vostri mariti», aggiunse Lillian. Tenere Peter aggiornato su clienti e conoscenti era la sua specialità. Suo marito faceva affidamento su di lei per raccogliere informazioni da usare per lusingare e fare colpo. Un tempo Lillian aveva considerato i suoi successi negli affari come propri ma, dopo quindici anni di matrimonio, l'entusiasmo per i suoi trionfi si era spento.

Era questo a rendere speciali le lezioni di etichetta: erano solo di Lillian. Non che Peter ne avesse bisogno per dare lustro alla propria reputazione. Lei avrebbe voluto che le lezioni fossero più importanti. L'etichetta non era insignificante, anzi. Ma a volte, quando si concedeva di sognare una vita diversa – o anche uguale a quella che aveva – ricordava brevi periodi in cui aveva immaginato di fare l'insegnante, la bibliotecaria, l'infermiera. O l'addetta ai parchimetri. Le fantasticherie non erano mai durate abbastanza a lungo per concretizzarsi. Forse se ci fosse stata sua madre...

«Quindi nessuno chiederà la nostra opinione?», domandò Ruth. «Su nessun argomento?»

Lillian si concentrò su di lei, tornando di colpo al presente. «Una volta che avrai fatto amicizia con le altre mogli? Certo. Capelli. Vestiti. Arredamento. Bambini. Ci saranno molte cose di cui parlare».

Ruth scosse la testa, ma tacque. Lillian avrebbe voluto dirle che si sarebbe adattata, che avrebbe ignorato e infine dimenticato il suo io recalcitrante, che avrebbe prosperato conducendo la serena esistenza di una madre e di una casalinga. Ma avrebbe potuto essere una menzogna e lei poteva essere molte cose, ma non una bugiarda.

Spense la sigaretta. «Per riassumere, il modo in cui vi ho presentate è il più adeguato alle donne sposate». Guardò Ruth. «Memorizza i nomi di battesimo degli uomini che fanno parte della cerchia di tuo marito, ma chiamali sempre *signor Tal dei tali* in un contesto professionale o sociale e, anche se non ti piace, usa il cognome di tuo marito quando ti presenti». Forse riconoscere il dissenso di Ruth avrebbe facilitato la transizione. «Puoi dire il tuo nome di battesimo, ma adoperarlo sarebbe scortese da parte di chiunque, a meno che non si tratti di una situazione informale. Invitare qualcuno a chiamarci con il nome di battesimo dà un'impressione di frivolezza. Ve lo assicuro, ragazze, non è facile».

Ruth estrasse dalla borsetta un piccolo bloc-notes e una matita e iniziò a scribacchiare.

«Vi siete già esercitate con il tema di questa lezione quando avete conosciuto me e le altre». Lillian fece un gesto che abbracciò la stanza, soddisfatta del proprio inganno. «Perché pensate che sia importante come salutate vostro marito, i suoi colleghi e le loro mogli?»

Harriet alzò la mano e sorrise. «Essere cortesi dimostra che si è ricevuta una buona educazione».

«No, quello non c'entra nulla», disse Lillian. Harriet era una ragazza graziosa, ma aveva molto da imparare. «Che cosa ne pensi, Ruth?»

«Vuoi che sia sincera?»

«Non proprio», rispose Harriet.

Lillian agitò un dito nella sua direzione prima di rivolgersi a Ruth. «Certo che devi essere sincera. Basta che non dimentichi le buone maniere». Era un avvertimento sciocco. Era chiaro che Ruth era intelligente e garbata, anche se testarda. Lillian conosceva la differenza.

«Penso che quando siamo gentili con gli altri, a prescindere da chi siano, mostriamo rispetto nei loro confronti e che questo si rifletta su di noi. Le persone non dovrebbero essere in un certo modo per ricevere gentilezza e rispetto. O per avere dei diritti».

«Non stiamo parlando di diritti», obiettò Harriet.

«Forse dovremmo. Insomma, se davvero abbiamo l'influenza che secondo te abbiamo», Ruth guardò Lillian, «potremmo fare qualcosa di veramente buono».

«Il nostro compito è incoraggiare i nostri mariti e creare un'atmosfera serena in famiglia, affinché possano fare il loro lavoro», la rimproverò Harriet con un sorriso maligno, come se Ruth fosse stupida.

«Non usciamo dal seminato». Lillian sfogliò alcune pagine del bloc-notes e parlò senza leggere. «Ruth non ha tutti i torti. Quando si sta bene con se stessi, si è automaticamente gentili con gli altri, e quando si è gentili con gli altri, si sta bene con se stessi. Tutto questo dà una prima impressione positiva». Unì il contenuto di due posacenere. «Un'altra cosa da ricordare è che anche il vostro aspetto è una forma di saluto. Non dimenticate di rinfrescarvi prima che vostro marito torni dal lavoro. Cambiatevi, mettete un bel rossetto. Vi farà sentire bene e lui vi vedrà nella vostra veste migliore quando entrerà in casa, anziché trovarvi esauste dopo aver sbrigato commissioni o accudito i bambini per tutto il giorno».

«Non esco mai senza rossetto», dichiarò Harriet.

Ruth si passò le dita sulle labbra lucide, probabilmente ancora cosparse di vaselina.

«Sentite, ragazze, mancano poche settimane ai giorni sacri». Ruth svicolò con voce allegra, anche se poco convincente. Che cosa le aveva fatto cambiare atteggiamento? «Che ne dite di diventare i moschettieri delle buone maniere entro quella data?»

«Che bella idea», si complimentò Lillian. La ragazza scrollò le spalle come se non avesse detto nulla di importante. Lei intuì che non si stava schermendo, perché era lì per volere di Shirley.

«Ho sentito dire che talvolta le tue studentesse si fanno chiamare Diamond Girls», disse Harriet.

«Mi piace», commentò Irene. «Sembra il nome di un club segreto».

Ci stavano provando. Persino Ruth. Non c'era niente di male a dare loro qualche dritta per rendere le cose più facili.

«Sapete cos'è più importante del vostro nome? Importante quanto essere mogli perfette?», domandò Lillian. «È una cosa che vi trarrà d'impaccio nella maggior parte dei casi e che nemmeno i mariti sanno».

Questo attirò la loro attenzione, tanto che si sporsero in avanti. «Che cosa?» chiesero all'unisono.

Lillian chiuse il bloc-notes, poi si accese un'altra sigaretta. Inalò e soffiò fuori un filo di fumo. «Sapere chi sono le vostre amiche».

3
RUTH

Ruth fissò Lillian come alcune persone guardano gli incidenti d'auto o i neonati, senza riuscire a distogliere lo sguardo. Un momento prima era affascinata, quello dopo sbigottita. I capelli dell'altra, quasi neri e ondulati, non si muovevano. Probabilmente erano stati messi in piega e spruzzati di lacca affinché resistessero una settimana intera. La pelle era così pallida da indurre la giovane a chiedersi se fosse ammalata, ma dalla riga di eyeliner, dalle sopracciglia delineate con la matita e dalle labbra dipinte di carminio si intuiva che non solo stava bene, ma che era addirittura divina. Era innegabile: quella donna era la personificazione del fascino.

Ruth aveva sempre pensato di avere un aspetto scialbo: capelli e occhi castani, naso e seno di medie dimensioni. Nulla di tutto questo la preoccupava come forse avrebbe fatto se il suo aspetto avesse influito sul suo intelletto. Si era sentita in grado di reggere il confronto persino con un'amica come Dotsie, i cui lunghi capelli biondo rame e le gambe chilometriche non l'avevano mai intimorita. Con Dots non aveva mai avuto la sensazione di non essere all'altezza, come le succedeva invece a casa di Lillian.

A New York, Ruth e Dotsie avevano persino lottato per la stessa causa: la Midtown Women's Legal Aid Society. Entrambe si erano offerte volontarie, fin dai tempi del Barnard College, per aiutare le donne che avevano subìto maltrattamenti mentali e fisici sul posto di lavoro o a casa. Le esperienze di vita delle vittime erano molto diverse da quelle di Ruth, che era sempre stata coccolata. Si era sentita insieme incuriosita, sgomenta e in dovere di aiutare. La situazione di quelle donne l'aveva stimolata come niente prima di allora.

Ma loro e tutti i suoi contatti erano a New York. Lì aveva poco in comune con le altre ragazze, con i loro valori retrogradi e la loro ristrettezza di idee.

A Wynnefield avrebbe dovuto trovare un altro scopo da perseguire, oltre alla necessità di ritagliarsi il tempo per studiare.

Lillian si avvicinò e si accovacciò davanti a lei, poi tese la mano con la grazia di una ballerina classica. Ruth la accettò come se le avessero offerto un regalo.

«Stai bene?», chiese Lillian. «So che è difficile». Le toccò il ginocchio e si raddrizzò. «Te la caverai».

Ruth apprezzò così tanto la sua gentilezza e fiducia che sentì un singhiozzo salirle dalla gola. Lo soffocò. Fino a quel momento non si era resa conto di avere un disperato bisogno di una parola cordiale.

Forse Lillian aveva capito che era a un punto morto: doveva abituarsi a una nuova vita, ma era riluttante a staccarsi da quella vecchia. Si era aspettata una comprensione analoga da Asher. Dopotutto, suo marito l'aveva sostenuta durante gli anni al Barnard e alla Columbia, sapendo che non avrebbe mai voluto una vita tradizionale. Avevano passato quegli anni a discutere del possibile andamento della sua carriera. Voleva diventare un giudice. In privato, e con affetto, Asher la chiamava con il nomignolo *Vostro Onore*. Ora invece sembrava la stesse allontanando dai suoi sogni, lentamente ma inesorabilmente.

Irene mosse i fianchi per sedersi più diritta, anche se sembrava impossibile. Lillian sorrise e strinse la mano della ragazza, ma non si accovacciò. «Ho visto la tua foto nel "Jewish Exponent"», disse Irene a Lillian. «Sei ancora più graziosa di persona».

«Sei dolcissima».

A Ruth non era venuto in mente di fare dei complimenti alla donna, che si era spostata su una sedia color crema accanto al camino.

Shirley era la ragione per cui Ruth era in quella casa di marmo, con quelle mogli di marmo. Per cui aveva accettato di seguire le lezioni. Non aveva considerato la possibilità di trarne beneficio, a parte il fatto di compiacere la suocera. Quelle ragazze sarebbero davvero potute diventare sue amiche? E cosa sarebbe successo quando avessero scoperto che era laureata in Giurisprudenza e che voleva lavorare?

Le studiò a una a una.

Harriet, più carina di quanto meritasse di essere se l'aspetto rispecchiava la personalità, nutriva già un rancore contrariato nei suoi confronti. Ogni frammento di informazione che Ruth condivideva sembrava insultare il suo stile di vita e alimentare il suo risentimento. Probabilmente le sue aspirazioni professionali, anzi di qualsiasi donna, sarebbero state uno shock per Harriet.

Irene pareva rilassata e affabile, con il sorriso facile e una risata vivace, ma aveva scelto di restare a casa con i figli e forse si sarebbe sentita offesa dalle scelte di Ruth, così diverse dalle sue.

L'ultima era Carrie, dolce, riservata e modesta. Per quanto ne sapeva Ruth, non erano accomunate da alcuna causa, ma entrambe si erano sposate di recente e si erano trasferite da poco a Wynnefield. Poteva bastare: forse avrebbero potuto orientarsi insieme tra i perché e i percome del quartiere. Forse Carrie aveva già scoperto a quali circoli e comitati aderire e dove fare acquisti. Magari si era già fatta delle amiche della loro età, senza figli, oppure si era iscritta a un torneo di bridge o a un club del libro.

Ruth aveva la sensazione che la ragazza, con il suo sorriso timido e il suo contegno posato, fosse più simile a lei delle altre. Sarebbe stato bello avere un'amica e, allo stesso tempo, rabbonire sua suocera, anche se non era ciò che aveva programmato.

«È grazie a tuo marito se sono qui», le sussurrò Carrie. «Lui e mio marito si sono conosciuti sul campo da golf lo scorso fine settimana ed Eli ha insistito perché venissi anch'io. Credo di doverti ringraziare».

Ruth alzò e abbassò le sopracciglia. «Eli deve essere molto espansivo per essere riuscito a spostare la conversazione sulle mie attività. Asher non è un tipo loquace, di solito».

«Be', è stato gentile da parte sua. Normalmente mio marito non gradisce che io entri a far parte di qualche circolo. Preferisce avermi tutta per sé», disse Carrie.

«È una cosa tenerissima», intervenne Harriet, che doveva aver origliato.

Ruth rabbrividì segretamente. Lei e Asher avevano sempre pianificato il tempo da trascorrere insieme. Avevano moltissimi impegni separati. Le rispettive confraternite, la Midtown Women's Legal Aid Society, l'Accounting Society, gli amici, le famiglie e gli studi. Parlare delle ore che passavano lontani era uno dei loro passatempi preferiti quando erano insieme.

Carrie arrossì. «Sì, altroché. Che cosa ne pensa il tuo fidanzato di queste lezioni?»

«Scotty vuole che io sia felice. Iscrivermi è stata una *mia* idea». Harriet allungò la mano sinistra, apparentemente perché le altre potessero ammirare l'anello di fidanzamento. Irene la accontentò. «Voglio iniziare con il piede giusto. E tu, Ruth?»

«Mi sono trasferita da New York circa una settimana e mezza fa», disse lei, consapevole di non aver risposto alla domanda. «È stata mia suocera a suggerirmi di venire».

«Shirley Appelbaum?», chiese Harriet.

Ruth sorrise perché pensava di doverlo fare.

«Sei tu quella della fuga d'amore?», riprese Harriet. «Ho sentito parlare di te al salone di bellezza».

Ruth avrebbe voluto farle presente che anche Asher era fuggito, ma si prese tutta la colpa, come se l'avesse trascinato per i capelli lungo una navata immaginaria. Era questo che pensavano? Se sì, non conoscevano suo marito. Quando si metteva in testa qualcosa, era impossibile fargli cambiare idea. Certo, avevano parlato di matrimonio, ma solo *en passant*. E Ruth aveva dato per scontato che un giorno avrebbe sposato Asher. Non era una ragazza che fantasticava di cerimonie nuziali, lune di miele o bambini, e lui lo sapeva.

Così, quando le aveva chiesto di sposarlo offrendole l'anello di sua nonna e dichiarando non solo il suo amore ma anche la logica dietro una fuga d'amore, lei aveva capito che faceva sul serio.

«Se ci sposiamo subito, non dovremo più separarci. Mai più». Asher le aveva stretto le mani come se avesse paura che corresse via. Dubitava di lei fino a quel punto? «Se fossimo solo fidanzati, dovresti rimanere a New York, e io ho promesso a mio padre che sarei tornato a casa alla fine dell'estate».

Al pensiero della separazione Ruth aveva sentito una fitta al cuore. Aveva il terrore di perderlo. Niente avrebbe avuto importanza senza Asher. Se non l'aveva capito prima, l'aveva compreso in quel momento. Avrebbe fatto qualsiasi cosa per lui.

E così era stato.

«Non riesco a immaginare di non volere un vero matrimonio», osservò Harriet.

«A ciascuno il suo, ragazze», disse Lillian. «Non giudicate».

Ruth sbatté le palpebre. L'aveva appena difesa?

Siccome Lillian era una vecchia amica di Shirley, la ragazza aveva immaginato che l'avrebbe rimproverata per la fuga d'amore. Forse per salvare la faccia, la suocera non le aveva raccontato tutta la verità sulla soleggiata domenica di fine giugno in cui Asher aveva implorato i genitori di fargli visita, promettendo *grandi novità,* in cui dopo una specie di banchetto a base di bagel e salmone affumicato, con tanto di champagne, Asher aveva annunciato: «Ci siamo sposati», con la stessa disinvoltura con cui aveva chiesto di passargli il *kugel.*

«È così che ci ringrazi?», aveva urlato Shirley al figlio. «Per l'università, per la specializzazione, per questo appartamento e per il lavoro che ti aspetta quando tornerai a casa? Escludendoci dal tuo matrimonio? Siamo così terribili?» Si era asciugata le lacrime con il dorso delle mani e aveva guardato la nuora in cagnesco. «Non avresti dovuto farlo».

No?

Ruth non aveva considerato le eventuali implicazioni durature della fuga: aveva desiderato soltanto una stabilità con Asher.

Leon aveva circondato la moglie con il braccio, sussurrandole qualcosa all'orecchio.

«Non cercherò di controllarmi!» Shirley si era staccata dal marito.

«Mamma, ascolta», aveva detto Asher. «È stata una mia idea. Non accusare Ruth».

Lui aveva cercato di discolparla, cosa che l'aveva spinta ad assumersi ogni responsabilità. O quasi.

«Il piano è lavorare per il papà e vivere nel sottotetto, giusto, tesoro?», aveva proseguito Asher.

Davvero? Per quanto tempo? Non ne avevano discusso. Non avevano discusso di nulla. L'impetuosità non era forse il tratto distintivo delle fughe d'amore? Prima ancora di aver detto una parola ai *suoceri* – com'era suonato strano quel termine –, Ruth si era resa conto che stava annuendo.

Shirley aveva tirato su con il naso. «Ti piacerà Wynnefield, cara. Ne sono certa».

La giovane non aveva voluto contrariarla o rattristarla, così si era costretta a sorridere, incapace di trovare le parole giuste. Quella sì che era una novità. Lei aveva sempre amato e dominato le parole.

Ripiombò nel presente quando Lillian agitò il dito. «Niente pettegolezzi, ragazze». Si alzò e attraversò il salotto. «Continuate a fare conoscenza. Torno subito».

Dava l'impressione di sapere sempre cosa dire, e Ruth la invidiava per questo.

«Secondo me le fughe d'amore sono romantiche», sussurrò Irene dopo che Lillian fu uscita.

Harriet alzò gli occhi al cielo.

«Grazie, Irene. La mia lo è stata».

Ruth aveva scelto un bouquet di margherite comprato al negozio sull'angolo, indossato una coroncina di fiori fatta da Dotsie e un vestito giallo pallido. Lei e Asher avevano scritto le promesse e, dopo una breve cerimonia, avevano attraversato Central Park in carrozza, come turisti.

Invece di dire *prego*, Irene le diede un colpetto al braccio. Era una ragazza affettuosa, aperta e spontanea, il che creava uno strano contrasto con i suoi modi un po' rozzi. «Forse non ho avuto molto romanticismo nella vita, ma lo riconosco quando ne sento parlare. Le fughe d'amore sono romantiche, se non addirittura emozionanti». Arrossì. «Insomma, non sembra che tu ti sia *dovuta* sposare».

«Oddio, no». I figli non rientravano nei progetti immediati. Sarebbero arrivati più avanti, quando lui fosse diventato socio dello studio e lei avesse trovato la sua strada professionale.

«Ma non hai avuto tutte le cose carine come l'addio al nubilato, la lista nozze, i regali o il...»

«Basta così, Harriet», la interruppe Irene. «Ruth mi sembra molto felice. Non farla sentire in colpa. Siamo tutte qui per la stessa ragione».

Per rabbonire le suocere?

«Per diventare mogli perfette», disse Harriet.

Ruth sospirò.

«Non ho bisogno di essere perfetta», replicò Irene. «Ma vorrei insegnare l'etichetta alle mie figlie».

«Hai dei bambini?», domandò Carrie.

«Quattro». Irene sorrise. «Due maschi e due femmine». Aprì la borsetta e tirò fuori la fotografia di quattro bambini stipati su un divano a fiori coperto da un telo di plastica. Se la passarono e ciascuna proruppe in una serie di *ooh* e *aah* più forti di quelli che avevano riservato all'anello di Harriet. Per quelle ragazze, lo scopo del matrimonio erano i figli.

«Mi piacerebbe avere una bambina», disse Harriet.

«Ho sentito dire che se ci si sdraia con le gambe in aria, ci sono più probabilità di averla», suggerì Irene.

«È una vecchia diceria», disse Carrie.

Harriet incrociò le braccia, sfiduciata. «Come fai a saperlo?»

«Perché faccio, o meglio facevo, l'infermiera».

«In che senso, *facevo*?», chiese Ruth.

«Eli non vuole che lavori».

«Anche se il tuo lavoro consiste nell'aiutare le persone? Che cosa vuoi *tu*?»

Carrie tacque.

«Nessun marito degno di questo nome vuole che la moglie lavori», commentò Harriet.

«E se fosse lei a volerlo?», insistette Ruth.

Carrie e Irene la fissarono.

Harriet fece una risatina e finse di darsi una manata sul ginocchio. «Sei molto spiritosa».

4
LILLIAN

Entrando, Lillian udì gli ultimi commenti e trattenne il respiro, ma il fumo della sigaretta le sfuggì con un colpo di tosse e un turbine grigio. Scrutò i volti delle ragazze.

Harriet era così romantica e tradizionale da essere incantevole, ma tristemente slegata dalla realtà. Ruth non aveva avuto alcuna intenzione di essere spiritosa, bensì aveva fatto una domanda curiosa e audace. La giovane, nuova alla comunità, al matrimonio e alla famiglia Appelbaum, mostrava un'acuta percezione di sé. Lillian, che aveva almeno dieci anni in più, la invidiava, perché talvolta combatteva contro la propria identità.

Forse anche Shirley vedeva in Ruth una vecchia versione di sé. Probabilmente a ostacolare il rapporto tra suocera e nuora non era l'orgoglio ferito, bensì un pizzico di invidia. Che cos'altro avrebbe potuto essere?

Lillian aveva intuito subito che Ruth si era iscritta al corso solo per compiacere Shirley.

Shirley! Aveva detto che avrebbe fatto un salto alla lezione, cosa che avrebbe potuto rivelarsi una distrazione eccessiva. Si alzò e uscì di nuovo dalla stanza. «Torno subito, ragazze». Avrebbe dirottato l'amica prima che potesse entrare dalla porta di servizio e fare irruzione in salotto.

Si affrettò verso la cucina. «Sunny», disse «quando arriva la signora Appelbaum, trattienila qui. Qualunque cosa tu faccia, impediscile di venire in...»

Mentre superava la dispensa, Sunny scosse la testa e spostò lo sguardo verso destra.

«Impedirmi di venire dove?» Shirley si appoggiò al ripiano.

Lillian sentì un formicolio sul collo. Si fermò di colpo. Raccolse le idee. «Shirl, che sorpresa!» Usò un tono neutro. «Sunny, hai offerto qualcosa di fresco alla signora Appelbaum?»

«Gradisce un ginger?» La governante aprì il frigorifero con le mani artritiche. «Oppure, se preferisce, abbiamo una lattina di bibita alla ciliegia. E anche del succo di pompelmo. È il preferito del signor Diamond. Appena spremuto, naturalmente». Indicò la caraffa, chiuse lo sportello e si diresse verso la sala da pranzo. «Oppure, se lo desidera, posso prepararle un cocktail».

Shirley la fermò toccandole il braccio. «No, è troppo presto per me. Ma grazie ugualmente». Allacciò e slacciò il primo bottone di tartaruga del cardigan bordeaux, di una tonalità molto simile a quella del tailleur di Lillian. L'ultima tendenza della stagione.

Sunny annuì sorridendo. Sapeva esattamente quando fare marcia indietro.

Quando aveva iniziato a lavorare per Anna, la madre di Lillian, dopo la nascita della bambina, la sua lealtà era stata tutta per la padrona di casa. «Fa' come dice tua madre» e «Lascia in pace tua madre» erano due delle sue frasi preferite. Anna e Sunny erano amiche fin dai tempi delle superiori, pur essendo cresciute in parti diverse del quartiere. Avevano legato nella biblioteca pubblica, davanti a una copia dell'ultimo romanzo di Nancy Drew, che la bibliotecaria aveva messo da parte per i suoi utenti preferiti. Entrambe adoravano i misteri.

Dopo che Anna se n'era andata, la governante aveva cominciato a lavorare per i nonni di Lillian. Quest'ultima, che all'epoca era adolescente, poteva sempre contare su di lei per creare una manovra diversiva che la tirasse fuori dai guai. Sunny la aiutava a nascondere i fegatini di pollo e i fagioli di Lima nel tovagliolo, in modo da non doverli mangiare. Col tempo le loro cospirazioni si erano evolute e, in seguito, la governante l'aveva aiutata a spacciare le feste tra liceali per capatine in biblioteca.

Ora avere Sunny a casa propria qualche giorno la settimana ricordava a Lillian i bei momenti trascorsi con la madre e con la nonna, anche quando si cacciava nei pasticci, come in quel momento.

«Sono venuta a conoscere le ragazze e a controllare Ruth», disse Shirley.

Lillian si versò mezzo bicchiere di pompelmo. «Va tutto bene. Ruth sembra adorabile».

«Adorabile? La ragazza che è scappata con mio figlio non è adorabile».

Basta così. «È venuta subito a vivere nel tuo sottotetto, Shirl. E sta cercando di inserirsi. Dalle una possibilità». Lillian ebbe la sensazione che quelle parole le graffiassero la gola. Raramente esprimeva un'opinione contraria.

«Lei non ce ne ha date, di possibilità. Non sarò mai incoronata». Le madri ebree sognavano il *mezinke tanz*, una cerimonia in onore dei genitori che avevano accasato l'ultimogenito. Il padre e la madre sedevano al centro della pista da ballo mentre amici e parenti danzavano loro intorno, baciandoli quando passavano. E soprattutto, posavano una corona di fiori sui capelli della madre. Tutte le mamme volevano quei fiori. Se li erano meritati.

Lillian avrebbe dovuto essere solidale con Shirley, demoralizzata perché non aveva avuto il suo momento di gloria, ma ricordò quelle che, a suo parere, erano state omissioni calcolate da parte dell'amica.

«Perché non mi hai detto che la madre di Ruth è morta? Sarebbe stato utile saperlo. Hai voluto che venisse solo perché entrambe siamo cresciute senza madre?»

«Ho voluto che venisse perché sei un'impeccabile insegnante di etichetta».

Lillian arrossì. Shirley, di solito avara di complimenti, si era tratta d'impaccio con grande disinvoltura. Naturalmente il corso era la ragione per cui aveva voluto farle incontrare, e su questo non c'era nulla da obiettare.

Ma sulla segretezza sì.

Lillian era stata colta di sorpresa. Che impressione aveva fatto? Che cosa avrebbe provato Ruth scoprendo che Shirley non aveva condiviso quelle informazioni sul passato di Lillian? E ora la suocera era venuta a controllarla?

«Se la mia presenza ti infastidisce, Lil, me ne vado», disse Shirley.

Sgranando gli occhi, Sunny le porse un cartoccio di stagnola. «Un assaggio di una nuova torta di mele».

Shirley ignorò l'offerta di pace e attraversò la cucina, avviandosi verso la sala da pranzo, non la direzione che Lillian avrebbe voluto.

«Sarebbe scortese da parte mia non salutare».

Che cosa fare? Lillian era combattuta tra la vecchia amica e le nuove Diamond Girls. «Certo», acconsentì. Un breve saluto non avrebbe interferito con l'atmosfera controllata che aveva creato con tanta cura.

Shirley si fermò accanto al tavolo della sala da pranzo e, voltandosi, sussurrò: «Non ho pensato di parlarti della madre di Ruth perché non ha nulla a che vedere con la tua situazione».

Lillian tremava all'idea di rivivere il passato, ma avrebbe accolto con piacere quel punto di contatto con Ruth. «Come fai a dirlo? Nessuna delle due ha avuto una madre».

«Si direbbe che tu abbia dimenticato una differenza», ribatté Shirley. «Tua madre è ancora viva».

5

RUTH

Dal salotto, Ruth captò la voce della suocera in cucina e rabbrividì. Shirley era lì?

Le altre ragazze chiacchieravano, con un contegno sociale calmo e immutato. Non sentivano il tono e la profondità della voce di Shirley, né le vibrazioni della sua cadenza.

I suoi pensieri presero a vorticare, cercando il modo perfetto per descrivere la prima lezione alla suocera. Inutile negarlo, voleva che fosse soddisfatta, se non addirittura orgogliosa.

«C'è mia suocera», bisbigliò. «Immagino che sia venuta a controllarmi».

Il chiacchiericcio si interruppe.

«Come fai a sapere che è lei?», chiese Irene. «Io non sento neppure parlare».

Carrie si sporse verso la cucina, zittendo le altre con un dito sulle labbra. «Sento qualcosa».

Ruth era cresciuta in un condominio, ascoltando rumori e voci attraverso finestre aperte e pozzi di ventilazione. Le bastava ancora chiudere gli occhi ed escludere tutti gli altri suoni per trasformare le frasi vaghe e ovattate in discorsi chiari e distinti. «Fidatevi di me. Ne sono sicura».

«E allora?», domandò Harriet.

«Come ti sentiresti se qualcuno ti controllasse?», la rimbeccò Irene.

Harriet fece spallucce.

«A me non piacerebbe», continuò Irene.

«Forse vuole assicurarsi che tu stia bene», ipotizzò Carrie.

Ruth scosse la testa. «Vuole assicurarsi che non la metta in imbarazzo».

«Metterla in imbarazzo?», sbottò Irene. «Hai molta più classe e temerarietà nel tuo dito mignolo...»

«Non mi spingerei così lontano», disse Harriet.

«Non capisco cosa ci sia da controllare». Carrie si picchiettò tre volte con l'indice sul mento.

«Tutto, credo», rispose Ruth. «Per accertarsi che io faccia e dica le cose giuste».

Irene le diede una pacca sulla schiena come se le fosse andato di traverso qualcosa. «Be', ce ne occupiamo noi».

Lillian e Shirley si posizionarono sotto l'arco del salotto. Doveva essere una sorpresa... o un'imboscata?

«Questa è la signora Appelbaum, ragazze», esordì Lillian. «La suocera di Ruth».

Le giovani si voltarono.

«Shirley era la mia insegnante di etichetta», spiegò Lillian. «Mi ha incoraggiata a dare queste lezioni a mia volta circa cinque anni fa, ed è passata a salutarmi».

Le due donne entrarono nella stanza. Shirley si lisciò i vestiti, partendo dal twin-set bordeaux con la spilla d'oro a forma di foglia appuntata sotto la spalla sinistra, e finendo con la gonna marrone rossiccio. Ruth si augurò apprezzasse che quel giorno aveva scelto borsa e scarpe dello stesso colore, perché avrebbe significato che aveva fatto una cosa giusta.

«Mi piacerebbe trattenermi», affermò Shirley. «Ma sembra che non ci sia bisogno di me».

«Non è questo, Shirl», la corresse Lillian.

«Sono sicura che la signora Appelbaum vuole solo sincerarsi che la lezione stia filando liscia», intervenne Irene. «E che può fidarsi della tua competenza».

Quel sostegno inaspettato colse Ruth di sorpresa, e il brio di Irene le ispirò una tenerezza immediata. Il doppio senso era passato sopra la testa di Shirley o le si era spiaccicato addosso con un *ciac*?

«Certo che mi fido di Lillian». Shirley guardò la nuora. «Volevo solo aiutare».

Ciac.

«Ci stiamo divertendo molto», disse Lillian. «Credimi».

«Ti credo». Dall'espressione di Shirley era impossibile capire se fosse vero oppure no.

Ruth si stupì del suo tono tagliente. Aveva pensato che fosse riservato esclusivamente a lei.

«Ci siamo già esercitate con i saluti formali», disse Carrie. «Ruth ha un talento naturale».

Shirley sorrise a labbra strette. «Davvero?»

Perché era così difficile da credere?

«Ragazza fortunata. Sembra che abbia già preso lezioni in passato», aggiunse Irene.

«Grazie», disse Ruth.

Harriet tacque, evitando di prendere posizione.

«Bene, allora», concluse Shirley. «Tolgo il disturbo».

Ce l'avevano fatta! Se ne stava andando. La suocera spiona era stata neutralizzata.

«Sei sempre la benvenuta», concluse Lillian.

Nonostante il sudore che le imperlava l'attaccatura dei capelli, Ruth si avvicinò a Shirley e le diede un bacio sulla guancia.

«Sono contenta che tu sia passata». Avrebbe preferito affrontare quella giornata da sola, come quando suo padre l'aveva accompagnata alla nuova scuola, salutandola con un bacio sulla fronte – simile a una consacrazione – e con un pollice in su, per segnalare che aveva fiducia in lei. Senza i dubbi e l'intrusione di Shirley, tuttavia, quel giorno Ruth non avrebbe sperimentato il sostegno incrollabile delle sue nuove amiche. La loro solidarietà le aveva riscaldato il cuore e l'aveva sorpresa.

Shirley le prese le mani. «Voglio solo che tu sia felice, cara».

Nonostante quell'apparente dimostrazione di affetto, Ruth rimase diffidente. In allerta. Non aveva dimenticato come la suocera le avesse dato un avvertimento, mascherato da consiglio, il primo pomeriggio che era arrivata in città, mentre la aiutava a fare il letto.

«Ti conviene imparare le nostre abitudini», aveva detto, come se la nuora si fosse trasferita da New York all'Appalachia, anziché a Philadelphia. «È quello che si aspetta Asher».

Ruth aveva cercato di restare impassibile mentre lisciava il copriletto. «Certo».

Stava con Asher da cinque anni. Erano sposati da giugno. Sicuramente le loro *abitudini* erano ben rodate.

«Non vogliamo che ora resti deluso, vero?», aveva domandato Shirley.

Vogliamo?

In quel momento, mentre Shirley raddrizzava la trapunta che Ruth aveva già sistemato, la ragazza aveva capito esattamente *chi* rischiava di deludere.

Aveva intuito che la sopravvivenza stessa della società matriarcale di Wynnefield dipendeva dalla soddisfazione di sua suocera. E il suo compito non era cambiare la società, ma semplicemente tollerarla, come avevano fatto generazioni di donne prima di lei.

6

LILLIAN

Lillian si mosse con grazia mentre conduceva Shirley dal salotto alla cucina, con il picchiettio dei tacchi di entrambe che risuonava sul pavimento piastrellato dopo essere stato attutito dalla moquette.

«Messaggio recepito. Me ne vado». Shirley prese la torta di mele accuratamente incartata e fece un cenno a Sunny. Quando la governante aprì la porta di servizio, i cardini oliati di recente aggiunsero alla conversazione un mormorio appena accennato.

Lillian sperava che non solo il messaggio fosse stato recepito, ma che fosse anche chiaro come il sole. Era in grado di gestire le ragazze da sola. Negli ultimi tempi aveva cominciato a pensare che le ragazze di oggi avessero più bisogno di essere guidate che gestite, ma quell'idea la sconcertava perché le sembrava in qualche modo anticonvenzionale, così la tenne per sé.

«Voglio che tu sappia che puoi contare su di me», disse mentre Shirley esitava sulla soglia. «E che puoi fidarti di me per qualsiasi cosa».

«Lo so», disse l'altra. «Non dimenticare di finire la lezione. O di programmare la visita da Saks. Se possibile, vogliamo che tutte raggiungano un livello soddisfacente prima dei giorni sacri».

Meno di tre settimane, dunque. «Certo che è possibile, Shirl». La pressione sulla psiche di Lillian tornò a farsi sentire. Nulla avrebbe interferito con il fatto che le ragazze sarebbero state le più eleganti e incantevoli alle funzioni di Rosh haShana e agli eventi sociali dell'autunno. «È meglio che torni da loro».

Sunny chiuse la porta a chiave dopo che Shirley se ne fu andata. «È una rompiscatole».

Lillian ridacchiò. «Vuole solo che tutto vada secondo le sue condizioni, a modo suo. È abituata così. Come mia nonna».

Sunny alzò e abbassò le sopracciglia senza dire una parola.

Quando la madre di Lillian se n'era andata, era stata la nonna a farsi avanti per crescere Lillian, mandarla al college e spingerla a sposare Peter l'estate dopo la laurea.

Sunny si pulì le mani sul grembiule. «Non è una novità, sai. La signora Appelbaum osserva ogni tua mossa da anni».

«Davvero?»

La governante annuì. «Ed è molto generosa con le sue opinioni». Si mise una mano sulla bocca.

Lillian rise. «Finora non me ne ero mai accorta».

«Non dovrei ricordartelo», sussurrò Sunny «ma questa è casa tua e quelle sono le tue ragazze».

Lillian entrò in salotto e si guardò intorno. Che gruppo eterogeneo. *Chissà se queste giovani otterrebbero risultati migliori se potessero prendere da sole le loro decisioni,* si interrogò. Sapeva che era una netta deviazione dalla sua solita filosofia, ma quelle riflessioni sull'indipendenza trovavano conferma in Ruth e nelle altre ragazze. Se non altro, una volta terminato il corso, avrebbero avuto una cosa in comune: le buone maniere.

Si accese un'altra sigaretta e si accomodò sul divano di fronte a loro. Era consapevole che la sua grazia appariva naturale, come se si fosse posata sul cuscino invece di sprofondarci dentro come le altre. L'illusione richiedeva esercizio. E polpacci forti.

«Mi dispiace per l'interruzione», disse. «Nonostante ciò, oggi abbiamo avuto un bell'inizio. Sono contenta che concordiate tutte sul fatto che le cose debbano restare come sono. Mi dispiace se questo provocherà qualche contraccolpo a casa, Ruth».

La giovane la guardò sorridendo. «Non preoccuparti. Me la caverò».

«Ruth non merita di essere spiata, e nemmeno tu», dichiarò Irene.

Santo cielo! Che interpretazione melodrammatica degli eventi. Tuttavia, Lillian aveva voluto che le ragazze diventassero amiche, e in men che non si dica era successo. Con straordinaria rapidità.

Avevano solo dovuto trovare una causa comune.

7

RUTH

Ruth spense il motore e scrutò il supermercato attraverso il parabrezza. Casalinghe indaffarate andavano avanti e indietro, entrando dalle larghe porte e uscendo con i sacchetti della spesa e, in alcuni casi, con qualche bambino al seguito. Tutte facevano del loro meglio per essere la famiglia perfetta. Per adeguarsi.

Entrò, esaminò la merce e ricontrollò la lista che le aveva dato Shirley.

1,5 kg mele McIntosh. Senza ammaccature
1,5 kg Golden Delicious
2,5 kg arance Navel Sunkist. Senza ammaccature
4 pompelmi rosa. Non gialli
4-6 banane Chiquita. Senza macchie marroni

Quelle istruzioni erano irritanti, come se avesse bisogno di direttive, ma era ugualmente contenta che la suocera le avesse affidato quel compito. Fino a un paio di giorni prima non si sarebbe neppure sognata di farlo.

Fu ancora più felice di scorgere la schiena di Carrie, con gli inconfondibili capelli biondi e il foulard verde. Conoscere lei e le altre quel giorno era stato un toccasana per la sua solitudine, un inatteso sprazzo di luce da quando era arrivata a Philadelphia.

«Che piacere vederti». Ruth spinse il carrello accanto a quello dell'amica.

L'altra sorrise e le fece segno di avvicinarsi. Si spostarono verso i contenitori di mele e confrontarono le Golden Delicious verdi con le McIntosh rosse. Concordarono con entusiasmo che le prime erano più adatte per cucinare, le seconde per fare uno spuntino. Risero.

Carrie si chinò. «È assurdo che oggi tua suocera si sia presentata a casa di Lillian. Penso che tu abbia gestito molto bene la situazione».

«Vuoi scherzare? Ero totalmente nel pallone».

«Non l'avrei mai detto». Carrie ridacchiò. «Sembravi imperturbabile».

Ruth percepì il calore e l'empatia che si sprigionavano dall'altra ragazza, e li accolse con favore. Inoltre, Shirley avrebbe apprezzato che si facesse delle nuove amiche. Non sarebbe forse stata una dimostrazione degli sforzi che Ruth stava facendo per costruirsi una vita piacevole a Wynnefield?

«Ti va di prendere un caffè domani?», propose mentre esaminava le mele per individuare eventuali ammaccature.

«È un'idea carina, ma di solito la mattina ho da fare».

Ruth si stupì della delusione che provò. «Solo una tazza. Posso venire da te, se è più comodo. Lillian ha detto che dobbiamo diventare amiche, no? Le amiche prendono il caffè insieme».

«Come darle torto?» Carrie tirò fuori dalla borsetta un foglio e una matita. «Ecco il mio indirizzo. Eli esce verso le otto, perciò diciamo alle otto e mezza, per sicurezza».

«E otto e mezza sia». Ruth era euforica come quando aveva trovato, infilato sotto la porta del dormitorio, l'invito scritto a mano a entrare nell'Alpha Epsilon Phi, la confraternita femminile ebraica del Barnard.

Ruth entrò dal seminterrato e, mentre portava i sacchetti al piano superiore, udì la voce di Shirley, impegnata in una conversazione unilaterale. Sua suocera era al telefono.

Premette la schiena contro la porta della dispensa e strinse forte il sacchetto della frutta per evitare che le mele cadessero e si ammaccassero.

Origliare non era da lei. Però non era colpa sua se riusciva a sentire Shirley, perciò non stava ficcanasando. Non tecnicamente.

«Non preoccuparti», diceva lei. «Ti chiamo quando è tutto finito».

Preoccuparsi di cosa? Degli appuntamenti dalla parrucchiera? Quando fosse finito cosa? Un torneo di bridge?

Ruth si rimproverò. Non era giusto avere pregiudizi, ma aveva suddiviso la vita di Shirley in due categorie: familiare e sociale, e i preparativi necessari per ciascuna di loro. Sua suocera aveva studiato la cultura delle casalinghe e pareva averla assimilata, come Lillian e Harriet.

Ruth veniva da una famiglia di donne appassionate e lavoratrici. Benché non avesse mai conosciuto le sue nonne, una prozia le aveva raccontato che erano state fiere suffragette. Non ricordava sua madre, ma aveva sentito dire che era una bravissima sarta, specializzata in modelli elaborati come i vestiti da sposa e i costumi teatrali. La sua Singer era rimasta una presenza fissa a casa loro, rammentandole l'etica professionale e la competenza di Bess.

Quando sentì Shirley riattaccare, si scrollò di dosso il passato ed entrò nel suo campo visivo. «Sono tornata».

«Grazie. I ragazzi saranno a casa tra un'ora. Perché non metti giù il sacchetto e non vai a rinfrescarti?»

Era più un ordine che un suggerimento, eppure Shirley l'aveva guardata a malapena. Ruth posò il sacchetto sul ripiano. Voleva che la suocera esaminasse la merce e capisse che se non altro era in grado di fare la spesa.

Non ci furono parole di ringraziamento. La donna ripose la frutta nel frigorifero così distrattamente che forse ammaccò persino una preziosa arancia Sunkist.

Ruth si pettinò, si spruzzò la lacca e sostituì la gonna blu e la camicetta bianca con un vestito di cotone candido, stretto in vita da una cintura, con una fantasia di mele stampata sull'orlo e i polsini abbottonati. Si mise un po' di fard sulle guance e applicò il rossetto. Aggiunse un po' di profumo dal flacone posato sul comò, lasciandosi avviluppare da una nuvola di fragranza alle rose.

Si sentiva pronta per la serata. *Quasi.*

Invece di tornare al piano di sotto, prese la guida all'esame di abilitazione che aveva nascosto sotto il letto e si accoccolò sulla panca imbottita sotto la finestra. Solo una pagina o due.

Quando controllò l'orologio, erano passati trenta minuti. Come avrebbe giustificato la sua assenza? Si alzò e gettò il libro sul letto. Scese di corsa le scale, con la gonna che si sollevava e si riabbassava. Rallentò poco prima del pianerottolo.

Quando lei e Asher avessero avuto una casa tutta loro, sarebbe stata un luogo in cui non solo avrebbe potuto scendere le scale di corsa, ma anche leggere tranquillamente ogni volta che ne avesse avuto voglia. Un luogo dove dare cene e picnic improvvisati sul pavimento. Dove tutto questo sarebbe stato permesso, anzi accolto di buon grado. Sarebbe stata una fusione di loro due, il meglio delle loro famiglie riunito in una cosa sola.

Ma era troppo presto per insistere sull'argomento. Si erano appena trasferiti e non avevano ancora parlato di andarsene, ma solo di risparmiare per renderlo possibile.

Motivo in più per trovare lavoro come avvocato.

Forse lei e Asher avrebbero potuto condividere l'ufficio, riservando la camera ad attività più piacevoli. Sorrise a quel pensiero.

Ma prima, la cena di quella sera.

Era stata via troppo a lungo. La tovaglia bianca era già stesa sul tavolo della sala da pranzo e l'aroma del brasato invadeva il pianterreno, lasciando solo un accenno del profumo agrumato di Shirley.

Facendo un respiro, Ruth si diresse verso la cucina. *Entra e basta.* «Apparecchio per quattro?», domandò.

Shirley era ai fornelli; si era rimessa il rossetto, di un brillante rosso mela. «Sì, grazie. Sei incantevole».

Ruth arrossì e si sistemò la cintura, crogiolandosi nel complimento mentre andava a prendere i piatti. Aveva imparato ad apparecchiare molto prima di arrivare a Philadelphia. Suo padre era un tipografo, non un cavernicolo, ma quando era arrivata, aveva permesso a Shirley di insegnarle il metodo giusto, come se fosse una cosa nuova.

Che male poteva fare?

In sequenza, portò a tavola quattro piatti per la carne, quattro per il pane, quattro per l'insalata, quattro bicchieri da acqua e tutte le posate d'argento, tanto quelle utili quanto quelle inutili. Passò accanto alla suocera per recuperare i tovaglioli dalla dispensa e l'antipastiera dal frigorifero.

«Scusa se ci ho messo così tanto a rinfrescarmi», si scusò.

«Non c'è problema. Ci prenderai la mano». Shirley indicò il mobiletto con le unghie curate. «I tovaglioli a sinistra sono stirati».

Di solito Asher e suo padre arrivavano subito dopo che la tavola era stata apparecchiata e i bicchieri riempiti. Uno dei vantaggi dell'ingresso di Asher nell'azienda paterna, l'Appelbaum Accounting, era che sarebbe stato sempre a casa per cena. «Tranne che da febbraio ad aprile», precisò Shirley. In quei mesi, Ruth sarebbe stata una vedova fiscale.

«Fatto». Ruth entrò in cucina e si mise un grembiule. Shirley, che stava mescolando qualcosa davanti ai fornelli, alzò brevemente lo sguardo e sorrise, ma non disse nulla, amplificando il silenzio.

Quando Ruth avesse preparato la cena in una cucina tutta sua, avrebbe canticchiato, o forse addirittura cantato. Ruppe la quiete schiarendosi la voce.

Shirley si voltò. «Sembrava che ti stessi divertendo da Lillian Diamond».

«Sì, e ho incontrato Carrie al supermercato. Domani vado da lei per un caffè».

Shirley inarcò un sopracciglio, sinceramente soddisfatta. «Buon per te. Scongeleremo qualcosa da portarle». Ricominciò a mescolare senza aspettare la risposta, lasciando che il vapore si diffondesse nell'aria.

Ruth si allontanò dalla nuvola che minacciava di appiattirle i capelli e scioglierle il trucco. Shirley rovesciò nell'acqua bollente uno scolapasta pieno di fagiolini. Poi si girò e sorrise. «Che bel rossetto».

«Grazie. Vuoi che controlli i fagiolini?» Ruth sollevò un cucchiaio gigantesco, indicando che poteva indossare il rossetto e mescolare allo stesso tempo. L'unica cosa che non poteva e non voleva fare era chiamare Shirley *mamma*. Aveva una sola madre, Bess Cohen.

Asher aveva spiegato a Shirley che, siccome Bess era morta quando Ruth aveva quattro anni, pretendere che la chiamasse *mamma* era una richiesta insensibile. Gli unici segni di contrarietà da parte della suocera erano i sussulti e le smorfie che faceva quando Ruth la chiamava col suo nome in pubblico.

I fagiolini danzavano nell'acqua. Ruth notò che la suocere le lanciava occhiate furtive, mentre armeggiava nella cucina quadrata. Non la riteneva forse all'altezza del compito?

Pensò al libro che aveva lasciato sul letto. Avrebbe voluto che le parole e le teorie serpeggiassero lungo i gradini e le entrassero direttamente nel cervello, che lo studio non la costringesse a dedicare meno tempo ad apparecchiare la tavola. Altrimenti, come avrebbe fatto a trovare quelle quattrocento ore?

Non pensarci.

Spense il fornello quando i fagiolini cominciarono a essere più grigi che verdi. Sentì un formicolio tra le scapole e non dovette girarsi per capire che Shirley aveva di nuovo lo sguardo fisso su di lei.

La porta d'ingresso si aprì cigolando, poi si richiuse con un clic. Meno male. Asher l'avrebbe aiutata.

Shirley si tolse il grembiule e si accovacciò per dare una sbirciatina alla cena, e probabilmente al proprio riflesso nel vetro del forno. Si passò le dita sulle guance, forse per valutare la morbidezza della pelle. Quando fece un passo indietro, Ruth si sistemò i capelli e fu contenta di aver applicato il rossetto. In quel momento, la passata di colore sulle labbra la fece sentire... cosa?... *una moglie*. Nonostante tutto, il pensiero che Asher fosse felice di vederla e la trovasse carina le fece palpitare il cuore.

Non l'aveva previsto, eppure era una sensazione magnifica. Da quel giorno in poi non avrebbe mai dimenticato di darsi una rinfrescata prima di cena.

«Dobbiamo aver sbagliato casa, figliolo», disse Leon. «Le nostre mogli sono state sostituite da due star del cinema».

I complimenti sciocchi e affettuosi erano la sua specialità e facevano sempre ridere Ruth e Asher. Tuttavia, Shirley arrossì quando gli diede un colpetto. Fu un gesto quasi tenero.

«Che profumino, Shirl». Leon annusò l'aria.

Benché fosse espansivo quanto sua moglie era distaccata, non la baciò né le gettò sguardi complici. Ruth si chiese se le cose funzionassero così dopo trent'anni di matrimonio. Il suo unico parametro erano gli zii e le zie. I suoi familiari erano affettuosi e amavano elargire baci e abbracci in qualsiasi occasione, dal semplice saluto a eventi importanti come la sua laurea.

Gli Appelbaum non erano inclini alle effusioni in pubblico. La prima volta che Ruth aveva dato un bacio ad Asher mentre passeggiavano a Morningside Park, lui era arrossito fino a diventare viola e si era quasi pulito la guancia, guardandosi intorno alla ricerca di spettatori inesistenti. Ruth aveva riso e si era divertita a canzonarlo mentre lo inseguiva per baciarlo di nuovo. Asher si era lasciato acciuffare, ma solo quando si erano messi al riparo da sguardi indiscreti.

Ruth non l'aveva avvertito dell'espansività del padre e dei fratelli. Quando si erano conosciuti un mese dopo, ciascun Cohen aveva stritolato Asher in un abbraccio che era stato – ne era certa – una dimostrazione tanto di forza quanto di affetto. Suo marito – era certa anche di questo – aveva ancora gli incubi su quell'incontro.

Negli anni in cui erano stati insieme, anche prima del matrimonio, Asher si era rilassato un po', talvolta allentando la cravatta e ridendo di gusto. Di tanto in tanto le aveva persino dato un bacetto sulla guancia in pubblico.

Quella sera la baciò sulle labbra, un gesto che faceva sempre inarcare le sopracciglia a sua madre.

«Bentornato». Ruth avrebbe voluto mettergli le braccia intorno al collo, parlargli della propria giornata e ascoltare come fosse andata la sua. Spostargli i capelli dalla fronte e stampargli sulla bocca un bacio così forte e deciso da lasciargli una macchia di rossetto. Quelle brevi effusioni, però, erano già troppo per gli Appelbaum.

«Ciao, moglie». Asher sorrise. Con il pollice, Ruth gli pulì una vaga traccia di rossetto dalle labbra, un gesto intimo a cui non riuscì a resistere, anche se avrebbe preferito cancellare l'alone a suon di baci. Non occorreva il corso di etichetta di Lillian Diamond per sapere che sarebbe stato un saluto esagerato.

Asher si staccò e diede alla madre un bacio sulla guancia. Dalla smorfia di Shirley, Ruth intuì che lasciarla per seconda era stato un passo falso.

I primissimi giorni del loro arrivo a Wynnefield, Asher salutava la madre per prima, le apriva la portiera dell'auto per prima, le chiedeva come stesse per prima. Forse Ruth non sapeva un granché di vita coniugale o delle abitudini degli Appelbaum, ma sapeva che il comportamento di suo marito era sbagliato.

«Forse vorresti anche che ti rimboccasse le coperte», aveva commentato in seguito.

Asher aveva capito l'antifona.

Una volta che furono tutti seduti a tavola, con i tovaglioli sulle ginocchia, l'antipastiera passata di mano in mano e l'insalata distribuita, Shirley inspirò come se volesse far spazio dentro di sé.

«Racconta la tua giornata ai ragazzi, Ruth». Shirley porse a Leon la ciotola di purè di patate. «Ruth è stata da Lillian Diamond».

«Giusto, per la lezione di etichetta», disse Asher. «Com'è andata?» Con gli occhi implorò Ruth di andarci piano.

«Bene», disse lei.

«Solo bene? Non c'è niente di male nel migliorarsi». Shirley rimise il piatto di brasato sul tavolo con un tonfo. «Ricordati le mie parole, Asher, la prima volta che riceverai dei clienti ringrazierai la tua buona sorte per Lillian Diamond e le sue lezioni di etichetta».

«Suppongo di sì», confermò lui. «Che cosa ne pensi, Ru?»

Sarebbero riusciti a sopportare la verità? Boh.

«È stato meraviglioso, vero?», insistette Shirley.

«È stato carino». Ruth sentì affluire il sangue al viso.

Asher le lanciò un'occhiata. «Mamma, lasciala in pace».

«Che cosa ho detto?», chiese Shirley.

«Vacci piano, Shirl», intervenne Leon. «Immagino che sia difficile essere l'ultima arrivata».

«Non è detto», ribatté lei.

«Mi abituerò». Ruth non ne era così sicura.

«Certo che ti abituerai».

La ragazza pensò che nemmeno Shirley lo fosse.

«Forse i corsi di etichetta non fanno al caso suo», osservò Asher, meritandosi un'occhiata riconoscente da parte della moglie.

«Ascoltami», lo rimproverò Shirley. «Il semplice fatto di essere l'erede dell'Appelbaum Accounting non significa che tu non debba preoccuparti della tua immagine con colleghi e clienti. Devi curartene di più. Leon?»

Lui non esitò. «Tua madre ha ragione. Queste lezioni sono importanti. Ruth sarà al tuo fianco durante le funzioni sociali legate alle festività e ti aiuterà a ricordare i nomi delle persone alla sinagoga. Sono capacità indispensabili. Lasciatelo dire da uno che se ne intende».

Asher mise il braccio intorno a Ruth e le strinse la spalla. Voleva rassicurarla o suggerirle di calmarsi? Lei non riusciva a interpretare i suoi segnali, il che la scombussolò e le fece passare l'appetito.

«Basta così. Ora dicci le tue vere impressioni, Ruth», disse Shirley. «"Bene" è una risposta vaga». Si portò alla bocca una piccola forchettata di brasato.

Ruth credeva di essere stata messa sotto torchio alla facoltà di Giurisprudenza, ma i professori erano passerotti in confronto al falco Shirley Appelbaum.

«Sono state tutte molto gentili, ma mi aspettavo che ci fossero più partecipanti: siamo solo in quattro». Si girò verso Asher. «Domani vado a prendere un caffè da Carrie Blum. Mi ha detto che hai conosciuto suo marito Eli sul campo da golf».

«Eli Blum? Sì. Tipo simpatico. Temeva che la moglie avesse difficoltà a farsi delle amiche».

Strano. Carrie sembrava il tipo che sapeva farsi voler bene.

Ruth guardò Shirley. «Le ragazze erano affascinate dal fatto che in passato fossi tu a tenere le lezioni. Anch'io. Mi sono sentita sciocca, perché credevano che io lo sapessi».

«Perché avrebbero dovuto credere una cosa simile?», domandò l'altra.

«Forse pensavano che, siccome sei mia suocera, me l'avessi detto». Ruth pestò il piede ad Asher sotto il tavolo, sperando che dicesse qualcosa. «Avrei voluto saperlo».

«Non sarebbe stato nel mio stile parlarne».

«Oh, è vero», intervenne Asher. «Insegnavi etichetta».

Leon annuì.

«Non ne parlavo con i bambini», spiegò Shirley. «Erano già abbastanza impegnati».

Fino a che punto potevano esserlo stati? Ruth e i suoi fratelli ascoltavano sempre il padre parlare del suo lavoro.

«Perché hai smesso di dare lezioni?», chiese Ruth.

«Lillian ha un talento naturale». Shirley non alzò lo sguardo né rispose alla domanda.

Ruth era determinata a ottenere la risposta in un altro modo. «Ti manca insegnare?»

«Mi tengo occupata».

Non era quello che Ruth voleva sapere. Stava cercando di conoscere meglio la suocera. Ormai erano parenti.

Asher guardò verso il soffitto. «Ospitavamo qui alcune ragazze, vero?»

«Stento a credere che te lo ricordi», disse Shirley.

«Come si chiamava la prima? Cugina Louise! Dio, sono anni che non penso a lei. Mi sta tornando in mente ogni cosa».

«Chi è la cugina Louise?», volle sapere Ruth.

«Io e papà abbiamo tinteggiato il sottotetto prima del suo arrivo, in modo che potesse alloggiare lì. Che fine ha fatto?»

«Non le è successo niente, figliolo. È andata avanti», sbottò Leon.

Ruth rimase stupita da quella reazione. *Che cosa c'era sotto?*

«A quei tempi molte ragazze che venivano da fuori città volevano lezioni di etichetta e alcune mogli offrivano loro ospitalità. Louise si è affezionata a voi ragazzi non appena vi ha conosciuti e si è inserita perfettamente». Sembrava che Shirley provasse un affetto sincero per la giovane.

«Non è una nostra parente?», domandò Asher.

«Dunque non è di Wynnefield?» Un'altra sorpresa per Ruth.

«No a entrambi i quesiti», rispose Shirley. «Era la nipote di un'amica di un vicino, credo che venisse dai sobborghi».

«Dunque c'era un'estranea che alloggiava qui?» Asher pareva incredulo.

«Non era un'estranea, te l'ho appena detto». Shirley sembrava agitata.

Ruth andò in aiuto della suocera. «Non è importante, Ash. È stato gentile da parte dei tuoi genitori lasciarla vivere qui».

«Sì, certo», confermò lui.

«Le abbiamo fatto un favore. È stato molto tempo fa», disse Shirley. «Ora quella è la vostra camera».

I ninnoli sul comò. Il profumo. La carta da lettere nella scrivania. Ruth aveva pensato che fossero stati messi lì per lei. Forse erano di Louise, chiunque fosse.

«Questo brasato è ottimo. Me ne dai un altro po', Shirl?» Leon sapeva sempre come alleggerire l'atmosfera.

Shirley scosse la testa lanciandogli un'occhiata furtiva, quasi impercettibile, probabilmente non destinata a essere intercettata, e gli passò la carne.

Al momento di andare a letto, Ruth si mise davanti al comò e prese la spazzola dal vassoio d'argento. Quei bellissimi oggetti erano stati usati dalla misteriosa Louise. Naturalmente Shirley li aveva fatti lavare e igienizzare tra un'ospite e l'altra, ma era strano che fosse così vaga sulla provenienza della ragazza e sulla ragione per cui la chiamavano *cugina,* dato che non era una parente.

E Shirley non era mai vaga su nulla.

«Avremmo dovuto informarli che volevamo sposarci», si lasciò sfuggire Ruth, dopo essersi trattenuta per tutta la sera. «Tua madre me lo rinfaccia ancora».

«Le ho detto che è stata una mia idea», disse Asher.

«Ma sono io che devo essere all'altezza delle sue aspettative. Ai suoi occhi tu sei perfetto».

Asher si avvicinò, le circondò la vita con le braccia e le baciò la nuca. «Vedrai, le lezioni di etichetta faranno la differenza nel modo in cui ti tratta. Se ritiene che tu stia agevolando la mia carriera, sarà felice. Dalle solo un po' di tempo».

Ruth si sciolse dal suo abbraccio, allontanandosi dalla distrazione dei suoi baci, e si infilò nel letto. Era irritata con il marito, cosa che accadeva raramente. Odiava avere dei segreti. Non poter dire la verità sulle proprie aspirazioni. Anche se le aveva fatto piacere conoscere le ragazze a casa di Lillian, avrebbe voluto il sostegno di Asher per il *proprio* successo.

«Voglio iniziare a studiare per l'esame senza dovermi nascondere, per non perdere tempo». Si posò il libro sulle ginocchia e lo aprì sul capitolo di diritto costituzionale.

«Per favore, sii paziente. Più piacerai a mia madre, e più sarà facile. Succederà, Ru. Abbi un po' di pazienza. Ti prego». Asher le tolse il volume di mano, lo posò sul comodino e le diede un bacio sulla guancia.

Il primo impulso di Ruth fu riprendere il libro, ma Asher era tenerissimo. Si fermò accanto al letto, sorrise e infine le baciò il naso e le labbra. Era grata di aver trovato quell'uomo e di amarlo così tanto.

Però, tenero oppure no, doveva essere sicura che capisse il suo punto di vista. Un bravo avvocato vince le sue discussioni, e non c'era momento migliore del presente per fare pratica.

«Il semplice fatto che io voglia fare l'avvocato non significa che ti ami di meno. Anzi, significa che ti amo di più. Voglio essere la versione migliore di me stessa, in modo che tu abbia solo quella».

Durante il secondo anno al Barnard, Ruth aveva conosciuto la giudice Jessica Polk, un'ex studentessa che aveva tenuto una conferenza sulla responsabilità sociale. «La compassione non vale niente se non è accompagnata dall'impegno verso la giustizia», aveva affermato.

Ruth non aveva mai pensato alla giustizia prima di quel giorno, ma da allora non aveva quasi pensato ad altro.

Aveva ottenuto un lavoretto estivo come dattilografa e archivista nell'ufficio di Jessica Polk. Aveva ascoltato e assorbito avidamente le sue argomentazioni in difesa delle donne povere, dei bambini e delle operaie. Non si era mai resa conto che le avvocatesse potessero essere più empatiche degli uomini in quel campo. Due anni e altri due lavoretti estivi dopo, la giudice aveva appoggiato la sua domanda di ammissione alla Columbia Law.

Ruth conosceva bene la correlazione tra lavorare sodo e ottenere ciò che si voleva.

Ma ora Asher la stava baciando e lei voleva anche quello. Moltissimo.

«Ruth Appelbaum, amo ogni parte di te. La parte che supererà l'esame. La parte che diventerà avvocato». Si accoccolò accanto a lei nel letto. «Ora siamo sposini. Non abbiamo tempo anche per questo?»

Aveva ragione. Poco prima si era interrogata sui suoceri, sulla loro mancanza di affetto reciproco, sulla possibilità che le coppie continuassero a desiderarsi nel tempo. Eccoli lì, nell'unico momento della loro vita in cui sarebbero stati sposi novelli. Voleva rinunciarvi?

No. Ruth voleva Asher *e* un lavoro stimolante *e* una casa tranquilla. Tirò su la coperta e strofinò il naso contro il collo del marito. Asher aveva ragione. Quello era il momento di fare gli sposini. Doveva confidare che lui avrebbe sostenuto la sua carriera quando fosse stato necessario. In qualche modo, avrebbe avuto ogni cosa.

8

RUTH

Alle otto e venticinque del mattino successivo, Ruth imboccò il vialetto della casa di mattoni di Carrie. A Philadelphia le costruzioni di quel tipo si chiamavano *villette bifamiliari*, anche se i suoi fratelli le definivano *biproblematiche*. Portava con cura un fagotto avvolto nella stagnola: il *kamish broit* di Shirley, un altro termine di Philadelphia a cui abituarsi. A New York, infatti, quei dolcetti simili a cantucci si chiamavano *mandel broit*. Ruth doveva ammettere che le piaceva la ricetta della suocera, perché la consistenza era più morbida di quella dei biscotti secchi, perfetta per essere inzuppata ma senza rompersi i denti. E chi non amava il sapore delle mandorle?

Carrie le fece ciao dal suo lato del lungo patio coperto, dove la aspettava accomodata su una sedia, con due tazze fumanti sul tavolino lì accanto. Efficiente. Preparata.

Ruth le porse il pacchetto.

«Grazie». Carrie aveva le unghie dipinte di un rosa lucido come l'angolo di carta argentata che sollevò. Sbirciò all'interno e annusò. «Gnam».

«Non li ho fatti io», disse Ruth con una punta di rimpianto.

«Non ho coltivato io i chicchi di caffè». Carrie agitò la mano per scacciare il disagio dell'ospite. Scoppiarono a ridere. Sul tavolino c'erano anche panna, zucchero, tovaglioli e cucchiai. «Come ti piace il caffè?»

«Panna e zucchero. Grazie». Ruth mescolò la bevanda e bevve un sorso.

Carrie accavallò le gambe e si posò la tazza al ginocchio, una postura disinvolta ma elegante. «Grazie per avermi proposto di vederci. Scusa se ieri ho esitato. Non ho molte amiche».

«Sei nuova di qui, come me. Sono sicura che col tempo ne troverai molte. Questo è un buon inizio, non credi?»

Ruth era fiduciosa. Voleva un'amica, una confidente. Non necessariamente una migliore amica. Nessuno avrebbe mai potuto sostituire Dotsie, e desiderarlo sarebbe stato pretendere troppo da qualsiasi nuova relazione, ma Carrie poteva essere un'*aggiunta*, una specie di seconda migliore amica. Dopo l'incontro del giorno prima e dopo pochi minuti di conversazione quel mattino, Ruth si sentiva sicura e a suo agio, come se avessero sviluppato un'affinità quasi a prima vista.

«Ti piace Wynnefield?» Ruth intinse un *kamish* e ne mangiò metà, godendosi il sapore dolce.

«È carino», rispose Carrie. «Questa parte della città è un po' più elegante di quella in cui sono cresciuta, ma Eli voleva una delle bifamiliari più grandi. Pensava che si addicesse di più alla sua posizione».

«Che cosa ne pensi *tu*?», chiese Ruth.

Carrie parve sorpresa dalla domanda. «Sono sicura che è bellissimo, non intendevo insinuare il contrario». Ancora una volta, scacciò qualsiasi preoccupazione agitando la mano.

«Ti manca Atlantic City?»

«Non proprio. Be', mi mancano i miei genitori. E mia sorella. E le mie nipoti. E l'oceano e il lungomare, persino la sabbia». Carrie fece un gran sorriso, ma poi si rabbuiò. «Credo che mi manchi più di quanto pensassi. Ma parlarne urterebbe i sentimenti di Eli».

«In che senso?»

«Vuole che la nostra vita mi basti. Se parlo di casa, pensa che qui sia infelice».

«E lo sei? A volte ho nostalgia di New York. Questo non significa che non mi piaccia vivere qui. Quando ci siamo sposati, mi mancava persino la mia privacy», si affrettò ad aggiungere Ruth.

Forse non era del tutto vero, ma il silenzio di Carrie l'aveva spinta a mentire.

«Oddio, è successa la stessa cosa anche a me. Che cosa ti manca di New York?», domandò l'altra.

Quanto avrebbe dovuto rivelare?

«La scuola. Le opportunità».

«Si vede che sei intelligente. L'ho intuito dal modo in cui parlavi ieri a casa di Lillian. Te la caverai benissimo qui. Ti creerai delle opportunità».

Ruth era abituata a sentirsi dire che era intelligente. Sperava che il resto fosse vero. «Anche tu sei intelligente, hai frequentato la scuola per infermiere».

«Qualsiasi ragazza con un po' di buonsenso e un rotolo di bende può fare l'infermiera».

Ruth si stupì di quel commento mortificante. «Non dici sul serio!»

Carrie sprofondò nella sedia come se fosse troppo grande per lei. «No, non proprio».

«Non devi dire cose del genere, è ingiusto verso te stessa. Diventare infermiera è un risultato meraviglioso. Non permettere a nessuno di dire il contrario».

«Così è più facile», replicò Carrie con una punta di tristezza. «Non puoi capire».

D'un tratto sembrò più vecchia, persino sciupata, cosa che preoccupò Ruth.

«Forse sì. Puoi fidarti di me».

Carrie scrollò le spalle.

Ruth avrebbe dovuto fare il primo passo. «E se fossi io a svelarti un segreto per prima?» Vedendola inarcare un sopracciglio, continuò. «Ho frequentato la facoltà di Giurisprudenza. Anzi, mi sono laureata con il massimo dei voti».

«Che cosa?» Carrie corrugò la fronte. «E Asher lo sa?»

Ruth ridacchiò. Come se avesse potuto tenerglielo nascosto. «*Certo* che lo sa. Quando ci siamo conosciuti, avevo già in programma di iscrivermi all'università. Ma i miei suoceri non sanno che sosterrò l'esame di abilitazione e che cercherò un lavoro».

Quando Carrie annuì, Ruth capì di avere un'alleata.

«Credi che Asher te lo permetterà?»

Permettere? Chiedere e concedere permessi non era mai stata una loro abitudine. «Certo. Asher è d'accordo».

Carrie rifletté. «Senza offesa. Chi assume un avvocato donna?»

«Suppongo che lo scoprirò».

Proruppero in una risata spontanea.

«Per favore, non dire niente». Anche se Ruth si fidava di Carrie e ora si sentiva più leggera, la loro amicizia era appena nata. «Dobbiamo evitare che i suoi genitori lo scoprano da altri. Sarebbe un torto imperdonabile».

Carrie si disegnò una X immaginaria sul petto. «Croce sul cuore e che possa morire».

9
LILLIAN

Sola in salotto, nel pomeriggio successivo alla lezione, Lillian fece un passo verso un tiepido raggio di sole. Normalmente ne avrebbe apprezzato la luminosità, ma non si sentiva bene. Aveva le dita ghiacciate. Chiuse gli occhi contro la luce, e scintille colorate le danzarono dietro le palpebre come fuochi d'artificio. Con il battito accelerato, faticò a riprendere fiato, una, due, tre volte.

Aprì gli occhi e cercò una sigaretta nel cassetto del tavolino, certa che le avrebbe calmato i nervi. Sunny era in cucina a preparare la cena, perciò aveva qualche momento per rimettersi in sesto. Tanto valeva approfittarne. Recuperò l'accendino.

Aveva preso il vizio del fumo una decina di anni prima, quando aveva iniziato a sembrare più una necessità che una scelta. A preoccuparla più delle sigarette era il fatto che le usasse quando era agitata o ansiosa. Come in quell'istante.

Era così che era cominciata per sua madre?

No. Il respiro affannato e un malessere di tanto in tanto non equivalevano a un esaurimento nervoso. Non aveva più intenzione di mettere da parte i suoi sentimenti. Quella nuova risolutezza la riempiva d'ansia.

Inoltre, si stava preoccupando per niente. La prima lezione era andata bene, anche se aveva dovuto chiedere a Shirley di andare a casa, non tanto perché volesse allontanarla quanto perché voleva gestire la situazione da sola.

Be', forse era la stessa cosa.

Non c'era da meravigliarsi che fosse agitata. Era stata egoista e aveva offeso la sua insegnante, mentore e amica. Shirley non meritava di essere messa da parte. Nel corso degli anni l'aveva aiutata spesso. Sentirsi coinvolta l'avrebbe resa felice.

A complicare le cose c'erano poi le idee insolite di Ruth. Secondo la ragazza, il compito di Lillian era rendere felice se stessa e nessun altro.

Che concetto assurdo.

Lillian non aveva idea di cosa le avrebbe regalato la felicità.

Aprì la bocca di scatto e soffiò fuori gli anelli di fumo, un talento sfacciato e segreto perlopiù riservato agli adolescenti che si riunivano agli angoli delle strade o alle cameriere delle tavole calde durante le pause. Le parole di Ruth fluttuarono all'interno dell'ultimo anello. «Potremmo fare qualcosa di veramente buono». Era stata l'unica volta che Lillian aveva udito pronunciare i suoi vecchi pensieri ad alta voce, dalla bocca di qualcun altro. Non riusciva a dimenticarlo.

«Esco», urlò a Sunny.

Sul patio si accese un'altra Marlboro, inspirò e si riempì i polmoni. Con la sigaretta che le penzolava tra le dita e la cenere che si accumulava in un mucchietto precario, avanzò e raccolse alcune foglie dorate che erano atterrate sul vialetto. Tenersi occupata era la migliore distrazione dai pensieri inquietanti.

Sunny spinse la porta d'ingresso, portando un bicchiere di tè freddo. Dopo vent'anni, Lillian sbirciava ancora dietro la governante, sperando quasi di vedere sua madre, armata di zollette di zucchero e di un lungo cucchiaio, anche se lei aveva smesso di usare lo zucchero dopo le superiori. Allo stesso tempo si sentì sollevata quando vide che c'era soltanto Sunny, con le compresse di saccarina. Niente mamma.

La governante era bassa e grassoccia. Anna era alta e snella ma, quando Lillian si concedeva di pensare a lei, lo faceva quasi sempre sulla scia delle espressioni di Sunny, della sua risata, della sua andatura. Quella vicinanza alla migliore amica di Anna le dava accesso ai ricordi e le consentiva al tempo stesso di dimenticare il senso di colpa.

Sarebbe forse stata più felice o più soddisfatta se avesse fatto visita alla madre più di due volte l'anno da quando ne aveva undici? Non voleva azzardare ipotesi, ma era certa che la vita sarebbe stata diversa se Anna non fosse stata ricoverata all'ospedale psichiatrico di Byberry.

Sunny posò il tè sul tavolo di ferro battuto, decorato di fiori e cartigli che rammentavano sempre a Lillian le torte di compleanno della sua infanzia. Pulì con la mano la condensa sul bicchiere e si asciugò le dita sull'angolo del grembiule. «Quando tornano le ragazze, mandale in cucina. Ho fatto i biscotti».

«Forse si accontenteranno di mezzo pompelmo».

Sunny non era d'accordo. «Il primo giorno di scuola meritano di essere felici».

Felici? Perché quella parola continuava a spuntare fuori quel giorno? Lillian aveva dato per scontato che le sue figlie fossero felici, ma in realtà non aveva mai pensato di chiederlo.

Il cancello si aprì cigolando e Pammie e Penny lo varcarono fianco a fianco, ridacchiando. Quel legame era ciò che Lillian aveva desiderato per le sue figlie fin dalla nascita di

Penny. Quando si era svegliata dopo il parto, aveva sentito le parole che aveva sperato: «È una femminuccia». A volte, però, si sentiva un'estranea nella sua stessa famiglia, il che era ridicolo, pensò. Era la loro madre, non la terza sorella. Tuttavia, la mancanza di comprensione reciproca la rattristava.

«Che cosa c'è di così divertente?», domandò.

Le ragazze tacquero e si voltarono, quasi contemporaneamente. Quando Pammie si raddrizzò, i suoi capelli castano chiaro si posarono sulla spalla di Penny, quasi sostituendo le sue ciocche più scure. In quei momenti, la differenza d'età si azzerava. Si assomigliavano come due gocce d'acqua e avevano preso moltissimo da Peter, con la pelle che si abbronzava facilmente, i nasi lunghi e i grandi occhi marrone chiaro dalle lunghe ciglia scure. I passanti le scambiavano spesso per gemelle.

«Cosa c'è che non va?», chiese Penny.

«Chi è morto?», domandò Pammie.

Penny le diede una gomitata nelle costole.

«Ahi!» Pammie si strofinò il fianco. «Cosa c'è? L'ultima volta che la mamma ci è venuta incontro dopo la scuola, era morta la prozia Minnie».

Lillian non si era resa conto che i suoi schemi di comportamento erano così prevedibili. «Non è morto nessuno. Volevo solo parlarvi».

«Siamo nei guai?»

«Parla per te», disse Penny. «Io non ho fatto niente». Lì finiva la solidarietà tra sorelle. Pammie alzò gli occhi al cielo.

Lillian scelse di non rimproverarle. Erano due brave figlie, anche se di tanto in tanto Pammie sgattaiolava fuori per andare dal suo ragazzo anziché a studiare in biblioteca. Se avesse passato sui libri tutto il tempo che voleva far credere, avrebbe preso voti più alti e forse sarebbe stata persino la prima della classe.

«Nessuno è nei guai», le rassicurò Lillian. «Voglio solo farvi una domanda. Sedetevi».

Pammie e Penny posarono i libri sul tavolo, tirarono fuori le sedie e si accomodarono. Evitarono di guardarla negli occhi, e Lillian provò una fitta di dolore notando che provavano disagio all'idea di parlare con lei. Fece tre piccoli colpi di tosse. «Voglio sapere se siete felici».

«Felici di cosa?», chiese Penny.

«Della vostra vita, suppongo». Lillian non ne era sicura. Nessuno le aveva mai chiesto se fosse felice, e non era certa di esserselo mai domandata.

Di recente, tuttavia, aveva percepito una punta di apprensione nelle sue giornate. Non sapeva cosa si aspettasse, solo che le sembrava più simile all'attesa di una punizione che di un regalo.

Forse la vaga ansia che aveva provato era infelicità. Si era sentita chiedere solo se fosse soddisfatta di un determinato vestito, di un paio di scarpe o dell'esito di una cena. Voleva di più per le sue figlie.

«Siete felici dei vostri progetti per il futuro?» Avrebbe dovuto coinvolgere Peter in quella discussione. «Io e il papà vorremmo che non aveste rimpianti». *Forse.* Lillian immaginava che Peter non ci avesse mai pensato. Probabilmente credeva che le sue figlie si sarebbero accontentate di un buon matrimonio. E se non fosse stato così?

«Ho un ragazzo fantastico e sono sicura che Donald mi chiederà di sposarlo dopo il diploma». Pammie sembrava contenta, ma Penny fece un'espressione affranta.

Lillian tacque, seppure a fatica. Pamela aveva quattordici anni!

«Tu e il papà avete cambiato idea sul fatto di mandarmi alla scuola per maestre elementari?», domandò Penny.

«No, certo che no», la tranquillizzò Lillian. Penny sognava di fare la maestra fin dal suo primo giorno di asilo. Peter non considerava quel lavoro un impedimento al matrimonio, bensì un riempitivo.

«Allora sono felice», dichiarò Penny.

Lillian guardò la figlia maggiore. «Pammie, ti piacerebbe andare al college?»

«Perché?»

«Per essere istruita, sciocchina», disse Penny.

«Non c'è bisogno di essere istruite per fare le casalinghe, sapientona», la rimbeccò Pammie.

Lillian rabbrividì. A quanto pareva, sua figlia considerava la sua laurea in Storia uno spreco di tempo. Era vero: le ragazze non l'avevano mai vista sfruttare quelle conoscenze e lei ne parlava raramente.

«Al college si possono conoscere ragazzi intelligenti», osservò Penny.

Sunny uscì con due bottiglie di Coca-Cola e un piattino di biscotti. Posò tutto sul tavolo e pescò un apribottiglie dalla tasca del grembiule.

«Non so di chi tu stia parlando, ma direi che i ragazzi intelligenti sono una gran cosa», commentò.

Le due sorelle addentarono i biscotti, masticando con la bocca chiusa e annuendo. «Stiamo parlando dei ragazzi del college», spiegò Penny dopo aver inghiottito.

Sunny sorrise come se avesse partecipato alla conversazione fin dall'inizio. «Mio marito è andato al college. Ho sempre pensato che questo facesse di lui una persona sofisticata». Si passò la mano sulle spalle come se in qualche modo avesse accumulato polvere. «Per essere intelligenti occorre molto più di quello che si studia in un'aula». Stappò le bibite e ne porse una a ciascuna ragazza. «Le persone che si conoscono, le discussioni. Possono rendere qualcuno – chiunque – molto più interessante. È questo l'effetto che credo abbia avuto su Harold».

In segno di gratitudine e solidarietà, Lillian prese un biscotto. In realtà non le importava che Pammie andasse al college, ma in quel momento si sentiva in dovere di farle capire che *poteva* farlo. Le sue figlie, e anche le Diamond Girls, dovevano avere le idee ben chiare quando si trattava delle loro esigenze.

Era stata quella la causa del suo attacco di stress quel pomeriggio. Una volta che Ruth aveva menzionato l'idea dell'autoconsapevolezza, il concetto aveva messo radici dentro di lei. Forse era questo a preoccupare anche Shirley.

«Chiedi a Sunny», disse Pammie.

«Chiedermi cosa?»

«La mamma ci ha chiesto se siamo felici», spiegò Penny.

Lillian sentì un formicolio in tutto il corpo e un'improvvisa sensazione di gelo. Non aveva mai domandato a Sunny se fosse felice. Una vita di amicizia, anni di servizio, e non aveva idea di quale potesse essere la risposta della governante.

La felicità era così lontana dalla sua percezione?

«È stato premuroso da parte sua, non trovate?», disse Sunny.

Pammie alzò le spalle. «Tu sei felice?»

Lillian avrebbe voluto gettare quelle parole nella spazzatura insieme alla polvere invisibile sulle spalle della governante. Allo stesso tempo, tuttavia, aveva bisogno di ascoltare la risposta. Avrebbe voluto sapere anche se Anna fosse stata felice prima di rimanere vedova. Eppure, a trentacinque anni, era in qualche modo riluttante a scoprirlo. A fare le domande giuste.

Sunny si sedette sul gradino e fece un profondo respiro, come se fosse rassegnata al proprio destino o pronta a fare un monologo. «Be', vediamo, ho avuto un marito che amavo, e ora mio figlio fa l'insegnante. Ho una casa di proprietà e faccio un lavoro che mi piace. Sono contenta di svegliarmi ogni giorno. Sì, direi che sono felice».

Niente male come elenco. Finalmente Lillian capì. La felicità era diversa per ogni persona. Non esisteva un parametro universale. Accidenti. Se avesse voluto la felicità, avrebbe dovuto comprendere cosa significasse per lei.

«Sei felice anche se devi cucinare e pulire tutto il giorno?», volle sapere Pammie.

Lillian sussultò per l'impudenza della figlia. «Pammie, chiedi scusa».

Sunny agitò le mani per dissipare l'imbarazzo. «Non conta cosa fai, ma perché lo fai. Lavoro per i vostri genitori per la stessa ragione per cui lavoravo per i vostri nonni. Vostra nonna Anna era una delle mie più care amiche. Le ho promesso che avrei vegliato su vostra madre. E l'ho fatto».

La passione per la narrativa le aveva unite per tutti gli anni delle superiori, anche se la famiglia di Sunny aveva traslocato in una bifamiliare sul lato opposto di Fairmount Park.

Il lato sbagliato, secondo la madre di Anna.

Si erano allontanate quando Anna aveva sposato Percy e si era trasferita a Overbrook Park. Ma anni dopo, quando Sunny aveva bussato alla sua porta come giovane vedova bisognosa di lavorare, l'altra l'aveva assunta senza pensarci due volte e il loro legame era tornato più saldo di prima. Un'amicizia ritrovata.

«Ma la nonna non sa che sei qui», osservò Penny. Le ragazze sapevano solo che Anna viveva in ospedale.

«Lo so *io*», replicò Sunny. «È questo l'importante. Tengo ancora molto a lei».

Lillian rabbrividì quando scoprì che la governante aveva caro il proprio lavoro non per lei, ma per sua madre. Non sapeva se la donna avesse bisogno di soldi – di certo i salari non erano sufficienti per mantenersi, nemmeno a Parkside – o se fosse legata a una promessa fatta molto tempo prima.

Sunny prese le bottiglie vuote. «Vostra nonna amava fare la casalinga e la madre. Ci vuole una persona speciale per mettere gli altri al primo posto, per programmare i pasti e le attività, per far quadrare i conti, per fare da infermiera e da maestra a un uomo adulto e per crescere dei figli».

«Hai sentito?» Pammie quasi urlò a Lillian. «Sono come te e la nonna».

Dio non voglia. Una travolgente ondata di emozioni – gratitudine e imbarazzo, devastazione ed euforia – attraversò Lillian da capo a piedi, come se stesse guardando un episodio di *Ai confini della notte.*

«Voglio che tu sia te stessa, Pammie». Era il pensiero più materno che Lillian avesse mai espresso e fu pronunciato in tono un po' severo.

«Mamma, non essere sciocca. Chi altri potrei essere? Sono felice al pensiero che avrò un marito meraviglioso. Tu e il papà avete detto che ci avreste comprato una casa come regalo di nozze. Come potrei non essere felice? So che sei andata al college, ma Donald non ci andrà, dunque perché dovrei volerlo fare io?»

Per la prima volta, Lillian guardò la figlia come se fosse un uccellino in una gabbia dorata, ignaro della propria capacità di volare. Eppure, Penny aveva imparato da sola.

Lillian non aveva fornito alle figlie gli strumenti per valutare la loro felicità, e neppure la loro capacità di essere felici. Non c'era da stupirsi che non fosse in grado di misurare le proprie.

«Ehilà. C'è nessuno?», chiamò una voce femminile da dietro le siepi.

Sunny percorse il vialetto per accogliere la visitatrice. Duke, uno springer spaniel bianco e nero, trascinava verso il giardino la piccola Susie Gold, di cinque anni. Il cane si avvicinò subito a Pammie, che lo accarezzò e lo grattò dietro le orecchie. La signora Gold arrivò subito dopo la figlioletta. «Mi dispiace. Duke fa sempre di testa sua e non conosce le buone maniere».

«Stia tranquilla», la rassicurò Pammie. «Lui sa che gli voglio bene, vero, cucciolotto?» Gli strofinò il naso contro il collo.

«Speravamo che l'avresti detto. Io, il signor Gold e Susie abbiamo un *bar mitzvah* a Wilmington tra due settimane e staremo via tutto il giorno. Ci chiedevamo se avessi voglia di fare da dog-sitter. Dovrai portarlo a spasso e dargli da mangiare, ma per il resto...»

«Sì!» Pammie guardò Lillian, con gli occhi spalancati per la gioia e l'impazienza. «Cioè, posso?»

Pammie aveva sempre amato gli animali, ma Peter si era opposto alla presenza di qualsiasi bestiola in casa, a eccezione dell'occasionale pesciolino, vinto alla fiera con il lancio preciso di una pallina da ping-pong. Armata solo di mangime e acqua del rubinetto, Pammie aveva tenuto in vita l'ultimo esemplare per tre mesi, fissando la boccia e passando ore a leggere di pesci rossi.

Peter aveva detto che era ossessionata. Ripensandoci, ora Lillian l'avrebbe definita felice. *Sì, la felicità era una cosa individuale.*

Anche se un pesciolino non era un cane, forse quella era un'indicazione utile. Pammie avrebbe potuto lavorare in un negozio di animali o per un veterinario. Avrebbe potuto studiare zootecnia. Lillian, che era diversi passi avanti, decise di fare l'avvocato del diavolo. «Giocare con un cane è una cosa, prendersene cura è un altro paio di maniche», disse per mascherare l'entusiasmo.

«Sarebbe davvero un grande aiuto», replicò la signora Gold. «Odio l'idea di lasciarlo in un canile, ma dovremo partire la mattina presto e non torneremo prima di cena. Che ne dici di fare una prova?»

Pammie annuì, senza provare a dissimulare l'emozione. «Quando?»

La signora Gold guardò l'orologio. «Questa sera? Può venire anche Penny, per tenere Susie fuori dai piedi».

Le ragazze supplicarono Lillian con le mani giunte. Poteva dire loro di no?

«E possono restare a cena, se tu sei d'accordo. Per conoscere le abitudini di Duke».

«Siete sicure?» Lillian voleva solo essere educata. Il pensiero che lei e Peter avrebbero avuto una serata tutta per loro era molto allettante.

Susie sorrise e annuì. «Sicurissime».

Duke abbaiò come se volesse dire la sua, e tutte risero.

La signora Gold prese il guinzaglio e Susie la seguì mentre attraversavano il prato, facendo ciao a Sunny prima di scomparire dentro la porta d'ingresso. Le ragazze indossarono i vestiti da gioco, come Lillian chiamava ancora il loro abbigliamento informale per il doposcuola e il fine settimana, anche se ormai erano troppo grandi per giocare.

Lei rimpianse per un attimo i tempi dei bambolotti, dei vestitini coordinati e delle ballerine di vernice. Aveva trasmesso loro l'aspirazione di diventare casalinghe dedicandosi a Peter, concentrandosi esclusivamente su di lui e ignorando se stessa.

Era ora di riconsiderare i loro ruoli prima che fosse troppo tardi.

Forse era ora di riconsiderare anche il suo, di ruolo, e l'esempio che dava alle sue figlie.

Diede a ciascuna un bacio sulla testa. «Ricordate le buone maniere, ma divertitevi».

«Che cosa farete tu e papà senza di noi?», domandò Penny.

Lillian le diede anche un bacetto sulla guancia. «Ci faremo venire in mente qualcosa».

Una volta che le ragazze furono scomparse oltre le siepi, si rivolse a Sunny. «Perché non vai a casa prima? Finisco io di preparare la cena».

Sunny spalancò la bocca in una finta protesta mentre le mani salivano lungo il maglione, abbottonandolo dal basso verso l'alto. «Prima un cane, ora la cena. Che cosa ti è preso?»

Lillian conosceva esattamente la risposta e sapeva che prima della fine della serata ci sarebbero state altre sorprese.

10

LILLIAN

Lillian, da sola in cucina, si girò i lacci rossi del grembiule intorno alla vita e li annodò davanti in un grande fiocco simmetrico. Lisciò la stoffa, con la mano che scivolava sul passamano blu a zigzag e si infilava per un attimo nella tasca vuota. Il grembiule era uno stratagemma, naturalmente, quanto lo era stato il costume da vagabondo a Halloween quando aveva nove anni, con tanto di barba nera e di fagotto ricavato da una camicia di suo padre.

Non aveva mai cucinato in vita sua.

Sbirciò la cena preparata da Sunny, come faceva fin da quando si era sposata.

Ora la governante puliva la casa dei Diamond due volte la settimana e cucinava ogni tre giorni, riempiendo il frigorifero di piatti deliziosi che Lillian non sarebbe riuscita a imitare nemmeno se ci avesse provato: polpette, polpettone, punta di petto, brasato, pollo arrosto. Pollo al forno, pollo in fricassea, pasticcio di pollo, cotolette, zuppa di noodles.

Oltre a tutti i contorni.

Purché la cena fosse in tavola, a Peter non importava chi l'avesse cucinata.

Nemmeno lui metteva mai in dubbio la felicità di Lillian, cosa che avrebbe potuto complicare la serata.

Al college, il lavoro non mancava per chi era motivato. Lillian, intenzionata a rendere il mondo un posto migliore, aveva riempito buste fino a mezzanotte per un consigliere comunale, invece di partecipare alle feste. La sua unica lamentela erano i taglietti che si procurava ogni tanto maneggiando i fogli, ma era soddisfatta perché sapeva che stava facendo la differenza.

Quella stessa euforia l'aveva spinta ad accettare di fare volontariato per la National Foundation for Infantile Paralysis quando un'amica glielo aveva proposto. Che emozione lavorare al fianco dell'attivista e concittadina Miriam Moore, che stava svolgendo ricerche su un vaccino contro la poliomielite. Lillian aveva pensato che, essendo una giovane donna sana, aveva il dovere di dare un contributo.

Poi, nell'estate del terzo anno, aveva rivisto Peter Diamond sulla spiaggia di Margate City. A modo suo, lui la adorava da quando si erano conosciuti su quella stessa spiaggia quando lei aveva quattordici anni, l'età di Pammie. Peter era un quindicenne pelle e ossa e la sua famiglia passava le estati in una casa affacciata sull'oceano, non in un appartamento in affitto a due isolati dalla spiaggia, come Lillian.

All'epoca lei viveva con i nonni e non desiderava altro che andarsene da Overbrook Park, sposarsi e avere un marito che provvedesse al suo mantenimento. Era l'unica cosa che i nonni volevano per lei.

Da quel punto di vista, Peter era bravissimo già allora, quando le sue premure consistevano nel comprarle un gelato da un venditore ambulante e nel regalarle conchiglie scelte accuratamente, anziché quella casa con cinque camere e un cancello di ferro.

Quando l'aveva rivisto, era ormai un prestante laureando della Penn University. Nei suoi pensieri, Peter aveva preso il posto della poliomielite e della politica. Il sogno di una vita agiata con un bel marito avevano eclissato quello di una vita significativa.

Non che si fosse trasformata in una persona cattiva, ragionò Lillian. Si era soltanto distratta dai suoi ideali. In ogni caso avevano trovato un vaccino e lei si era assicurata che le bambine lo ricevessero. Nel suo piccolo, aveva contribuito. Ora i suoi sforzi si concentravano più vicino a casa.

Riempire le buste degli inviti alle feste di compleanno era quanto di più simile a qualcosa di utile avesse fatto negli ultimi anni. Oltre a insegnare alle giovani donne a essere mogli perfette.

Le cose non dovevano necessariamente restare così. Avrebbe avuto il coraggio di dire a Peter che desiderava qualcosa di più? Che forse l'aveva trovato mentre rifletteva quel pomeriggio? Che non l'aveva individuato nel dare lezioni di etichetta, bensì nel trasformare l'impegno delle Diamond Girls in qualcosa di più utile? Forse sarebbe riuscita a riaccendere in loro i propri ideali.

Che tipo di lavoro avrebbero potuto svolgere le Diamond Girls se avesse insegnato loro la responsabilità sociale oltre alle buone maniere? Sì, era una cosa nobile da fare. Avrebbero potuto identificare uno scopo comune che mettesse a frutto i loro talenti.

Inoltre, *chi avrebbe potuto impedirglielo?*

L'aroma stuzzicante dell'arrosto riempì la stanza. Lillian non aveva mai imparato a cucinare, probabilmente perché la nonna l'aveva coccolata tenendola lontana dai fornelli. L'obiettivo dei suoi nonni era darla in sposa a un uomo abbastanza ricco per assumere una cuoca. Eppure, Lillian era abilissima nel riconoscere ingredienti e spezie con l'olfatto e il gusto. Quando chiudeva gli occhi e assaggiava la zuppa di pollo di Sunny, era in grado di elencare ogni singolo ingrediente: carote, cipolle dolci, aglio piccante, aneto, prezzemolo e una spruzzata di limone, l'ingrediente segreto della nonna e ora anche di Sunny.

All'epoca non lo sapeva, ma quel trucchetto da quattro soldi – individuare gli ingredienti senza avere idea di come cucinare la pietanza – sarebbe diventato la metafora della sua vita. Assaggiare invece di assaporare. Decorare invece di creare.

Faceva faville quando si trattava di riscaldare e presentare i piatti, disponendoli elegantemente su foglie di lattuga e guarnendoli con una generosa quantità di cetriolini, rose di ravanello, spirali di carote e olive infilzate su stuzzicadenti decorati. Nessuno si accorgeva che i pasti erano stati cucinati da qualcun altro.

Senza dubbio le Diamond Girls erano a casa, a preparare cenette creative e romantiche, facendo salamelecchi ai mariti senza curarsi di se stesse. Erano ragazze adorabili e presto avrebbero avuto modi ineccepibili. Pensò alle sue figlie e si rese conto con sgomento che non era quella la vita che desiderava per loro.

No. E aveva ancora tempo per cambiare le cose.

In un certo senso invidiava le sue ragazze. Traboccavano di speranza, amore, ingenuità. La realtà non aveva ancora preso piede. Persino la più grande, Irene, aveva un'essenza fresca e capricciosa, per nulla comune tra le altre ventottenni di sua conoscenza. Quasi sicuramente era la sgobbona del gruppo. C'era sempre qualcuno che faceva più degli altri. Anche se con quattro bambini – quattro! – era verosimile che non ci fossero molte cene eleganti in quella casa.

Carrie era la più taciturna. Acqua e sapone. La dolce paciera. Un po' solitaria e con molto da imparare. Lillian doveva sempre tenere d'occhio le tipe come lei. Erano le ragazze che avevano più probabilità di sorprenderla dicendo parolacce sottovoce o dimostrando un'eccessiva dimestichezza con i reparti lingerie dei grandi magazzini.

L'amicizia era il vantaggio segreto di quelle lezioni, anzi la parte migliore, anche se Lillian non lo reclamizzava mai. I mariti non avrebbero autorizzato la partecipazione delle mogli se non avessero visto un beneficio tangibile per la famiglia. O almeno Peter non l'avrebbe fatto. Ma se le amicizie erano un effetto collaterale dell'imparare a essere brave mogli, tanto di guadagnato.

Considerò Ruth. Era inquietante, per certi versi. Appena uscita dal college.

Le amiche dell'università si erano allontanate quando Lillian aveva sposato Peter. I suoi nonni erano felicissimi. Dopotutto avevano accettato che andasse al college principalmente perché trovasse marito. All'inizio non era quello l'obiettivo di Lillian: aveva voluto cambiare aria, frequentare altri giovani e studiare. Aveva sperato di trovare una sorta di vocazione.

Quest'ultima l'aveva condotta a diventare la moglie ideale, di cui le amiche accudivano i bambini mentre faceva un sonnellino o mentre metteva in ordine alfabetico librerie e portaspezie. Se glielo avesse chiesto, avrebbero espresso anche critiche sincere sull'aspetto del suo didietro sotto un determinato vestito, benché non avesse mai dovuto preoccuparsi di quell'aspetto. Si teneva in forma per Peter.

Quando si era fidanzata, aveva pensato che essere prima moglie e poi madre sarebbe bastato per essere felice.

Capiva il valore della solidarietà femminile ma, a eccezione dell'amicizia con Shirley, Lillian si considerava una collezionista di rapporti superficiali.

Non era mai stata abituata a cucinare e lo trovava noioso, uno dei tanti modi in cui si distingueva da sua madre come la ricordava. Così tagliò accuratamente le rose di ravanello e le spirali di carota che aveva visto sul «Ladies' Home Journal» mentre rifletteva su Harriet, forse la giovane più incline a diventare una casalinga che Lillian avesse mai conosciuto. Pronta a dedicare tempo ed energie alla famiglia e alla carriera del marito prima ancora di dire: «Lo voglio». Harriet non avrebbe tardato a scoprire che essere mogli perfette non era facile come sembrava.

Forse Lillian avrebbe dovuto suggerirle di scappare finché era in tempo.

Si tappò la bocca con la mano come se avesse parlato ad alta voce. *Che cosa orribile anche solo da pensare!* I dubbi erano molto irritanti, anche se fondati.

Se solo qualcuno l'avesse avvertita che la vita di una madre e di una casalinga poteva essere non solo noiosa, ma anche stressante. Un sacco di tempo ed energie dedicati alla bellezza e agli obblighi sociali. Nemmeno un conto corrente ben fornito e la collaborazione di Sunny riuscivano a compensare la fastidiosa sensazione che mancasse qualcosa.

Di sicuro Lillian non avrebbe toccato quell'argomento durante le lezioni.

Per i vicini, per la sua famiglia e persino per le altre mogli, quella vita le si adattava come uno splendido vestito che tutte le ragazze invidiavano, ma che sotto pizzicava terribilmente.

Nessuno, nemmeno Peter, immaginava che per diversi anni, nelle notti prima di ricevere i familiari o i colleghi del marito, si fosse girata e rigirata nel letto, sudando senza riuscire ad addormentarsi o, talvolta, a prendere fiato. Lo stress di aiutare Peter a ricordare le buone maniere, gli appuntamenti, i nomi dei clienti, di indicargli sempre le cravatte e le pochette giuste, oltre a scegliere un guardaroba di vestiti e tailleur adatti alle varie occasioni e al proprio fisico, richiedeva la resistenza di una campionessa olimpica. All'inizio era stato divertente. Ben presto, però, era diventato un peso.

Lillian era costretta a tenersi informata sull'attualità e sulla politica nell'eventualità che Peter non fosse aggiornato, e in un primo momento aveva creduto che sarebbe stata una sfida interessante. Si era rivelato uno sforzo inutile perché nessuno parlava mai con lei di quegli argomenti né ne discuteva in sua presenza. L'attualità e la politica non erano temi idonei per una donna.

Eppure, Peter era irresistibile quando ripeteva i nomi e le notizie che aveva appreso da lei. Quelle vittorie si erano ormai svuotate di ogni gioia, e il vuoto stava crescendo.

Quando era una studentessa, e persino una novella sposa, aveva creduto di poter fare qualsiasi cosa. Sapeva aprire il forno e ungere l'arrosto con il burro fuso. *Visto?* Aveva imparato a cucinare qualcosa, ma non era un antidoto alla noia. Allora perché non parlare a Peter della sua insoddisfazione, del suo bisogno di interessi che andassero oltre la casa e la famiglia? Perché non buttarsi?

Se lo sarebbe lavorato con una strategia inattesa. Le ragazze erano uscite. L'avrebbe stupito con una cena romantica infrasettimanale. Nessun uomo avrebbe resistito.

Apparecchiò per due in sala da pranzo, facendo appello a tutta la sua maestria con i piatti di porcellana, i bicchieri di cristallo, le posate d'argento e le candele. Li dispose su una tovaglia di lino color avorio e piegò i tovaglioli in tinta a forma di cigno per aggiungere un tocco fantasioso.

Diede un'ultima occhiata e raddrizzò la tovaglia. Si sarebbero seduti l'uno accanto all'altra, Peter a capotavola e lei alla sua sinistra, anziché a estremità opposte del tavolo come di consueto.

Sospirò. C'erano buone probabilità che lui non notasse nulla. Né il vestito, né il pasto, né l'atmosfera intima, né il saluto affettuoso. In quel caso, l'occasione di affrontare l'argomento di cui doveva parlargli sarebbe sfumata.

Una raffinata cena infrasettimanale solo per loro due era un esperimento. Diamine, gli esperimenti erano emozionanti, no? Lei e Peter si attenevano a una rigida tabella di marcia, che non prevedeva cene di quel genere.

Lillian riteneva che fare faville entro i limiti della routine la rendesse affidabile e che questo fosse ciò che gli altri volevano e si aspettavano. Ma forse la faceva solo apparire noiosa. Tuttavia, non toccava a lei modificare le abitudini della famiglia, vero?

Poteva parlare con Peter: era un uomo gentile, seppure un po' prevedibile. Non era forse questo che amava di lui? Concreto. Affidabile. Come lei. Oppure era noioso anche quello? Sicuramente no!

Scacciò i pensieri negativi. Era un buon marito. Un brav'uomo, anche se privo di immaginazione. Non aveva paura di Peter, ma della sua potenziale delusione. E se avesse espresso il desiderio di cambiare e lui non le avesse dato retta?

Gestiva un'azienda che amava, e aveva la mogliettina perfetta sempre ai suoi ordini. Se la sorpresa di quella sera gli avesse fatto piacere, Lillian l'avrebbe messo a parte degli altri suoi pensieri. Avrebbero discusso delle sue idee – vaghe, doveva ammetterlo – per individuare un progetto valido, e Peter avrebbe potuto aiutarla a fare chiarezza. Riuscirci da sola era quasi impossibile. In testa aveva solo una gran confusione.

Lisciò un'ultima volta la tovaglia.

Se solo Ruth non l'avesse irritata così tanto, dimostrandole che avrebbe dovuto impegnarsi di più, fare più volontariato, contribuire di più al mondo in generale, il tutto entro i limiti dello status quo, senza deludere le aspettative del marito.

Le mogli perfette non portavano scompiglio in una vita ordinata.

Forse, però, le mogli perfette erano sopravvalutate.

I pensieri le vorticarono nella mente finché si sentì percorrere da un brivido momentaneo – la manifestazione di quella capacità d'intervento immaginaria, di quel finto controllo –, per poi cedere di nuovo il passo ai dubbi.

L'idea, peraltro molto diffusa, che dietro ogni uomo di successo ci fosse una donna forte sottintendeva che la moglie tirasse le fila. La sua giurisdizione su Peter, tuttavia, non era mai certa, come la volta che Lillian aveva deliberatamente taciuto il nome della moglie di un cliente, quando invece lo conosceva benissimo. Lui l'aveva guardata alzando le sopracciglia e lei aveva fatto spallucce. Voleva che Peter estraesse il nome dal proprio cilindro anziché dal suo, o almeno che a un certo punto riconoscesse quanto avesse bisogno di lei.

Lui si era limitato a girarsi e, sfoderando un sorriso smagliante, aveva detto alla signora in questione che sembrava più alta, più giovane, più magra e più intelligente dell'ultima volta che si erano incontrati. Lillian sapeva benissimo che non aveva la minima idea di come si chiamasse. In seguito, quella minuscola ribellione si era dissolta nel senso di colpa. Aveva deluso Peter e, dunque, se stessa. Nel frattempo, lui aveva ostentato indifferenza e ignorato l'ammutinamento.

Lillian non avrebbe dovuto comportarsi così. Amava suo marito. Non voleva dargli di meno; voleva dare di più a se stessa. Come aveva detto Ruth.

La porta d'ingresso si chiuse sbattendo. Lillian si affrettò a togliersi il grembiule. Non voleva certo avere un look da casalinga. Non era stato un errore, però, indossare il vestito blu elettrico con la cintura stretta in tinta e le scarpe coordinate con i tacchi a rocchetto. Peter diceva sempre che il blu le donava.

Nella sua immaginazione, sfogliò il bloc-notes di consigli per la felicità della moglie, del marito e della famiglia. Poi controllò il proprio riflesso nello specchio appeso sopra il carrello portavivande e si lisciò i capelli. Slacciò un bottone e sistemò il colletto per rivelare qualche centimetro di décolleté, non di più. Ma sicuramente non di meno. Quando suo marito avesse varcato la soglia, avrebbe dovuto essere impeccabile. Non era questo che insegnava durante le lezioni? Come poteva un uomo interessarsi all'aspetto di sua moglie se non lo faceva lei per prima?

Si era messa in ghingheri per molte occasioni, ottenendo solo un cenno della testa. Cercò di stemperare la tensione e di concentrarsi su quanto fosse bello vivere in quella via nel prestigioso quartiere di Wynnefield ed essere la padrona di quella casa. Stringendo le labbra, si diresse verso l'atrio.

Perché continuava a pensare alle cose che non aveva anziché a quelle che aveva?

Non era colpa di Peter se si sentiva sottovalutata. Lui le elargiva un sostanzioso assegno personale, oltre ai fondi per la casa. E doveva ammettere che le piaceva. Pagava le corse in autobus di Sunny con i propri soldi e spesso aggiungeva un dollaro o due alla busta paga della governante ogni venerdì. Sua madre avrebbe approvato. Lillian dava mance generose, offriva il pranzo alle amiche, non lesinava sui regali. Il resto lo metteva da parte per un periodo di magra che forse non sarebbe mai arrivato.

Fece un gran sorriso e tirò in dentro la pancia quando entrò nell'atrio. *Di Peter neanche l'ombra.*

Aveva avuto il tempo di appendere il trench e di posare la giacca del completo sulla balaustra. Doveva aver notato il tavolo della sala da pranzo. Chiunque si trovasse nell'ingresso circolare poteva ammirare il tradizionale tavolo di noce con dieci sedie, il tutto sotto un lampadario a sei bracci di cristallo Baccarat che era appartenuto ai suoi suoceri.

Prima di conoscere i Diamond, Lillian aveva dato per scontato che la maggior parte degli ebrei fosse emigrata all'inizio del Novecento, come aveva fatto suo padre quando era solo un neonato, ma la famiglia di Peter era a Philadelphia dagli anni Settanta dell'Ottocento e aveva fatto fortuna nel settore tessile.

Fu attirata dalle voci che venivano dallo studio, la stanza che aveva ristrutturato di recente con un tocco moderno e una tavolozza di sfumature verdi e dorate.

Peter aveva già acceso la televisione e stava guardando il notiziario.

«Mi sembrava di averti sentito», esordì Lillian. Saluti garbati. *Metti in pratica quel che insegni.* «Bentornato. Com'è andata la giornata?»

Lui si voltò e sorrise, con gli angoli degli occhi che si increspavano. Erano una splendida coppia, Peter con i capelli biondo rossiccio e gli occhi marroni, l'abbronzatura naturale e un fisico invidiato dagli uomini e adorato dalle donne. Lillian con una carnagione che faceva da perfetto contrappunto alla sua. Capelli castani, occhi azzurri, pelle pallida. Erano equilibrati, simmetrici, attraenti.

«Bene», rispose Peter. «Dove sono le ragazze?»

So che ti piace quando mi vesto di blu. Grazie per averlo notato.

«Accudiscono Susie Gold e il suo cane per qualche ora».

«Ma domani devono andare a scuola».

«Stanno facendo pratica per un lavoro da dog-sitter, non ho potuto dire di no. Le ragazze adorano Susie e il cane».

«Lillian, non voglio un cane».

Lei lo ignorò. Non era il momento adatto per quella conversazione. «Ho fatto il brasato. Pensavo di mangiare in sala da pranzo questa sera».

Peter si addolcì. «Ha un ottimo profumo, Lil. Arrivo subito».

«Lo porto in tavola». Si sentì incoraggiata da quel guizzo di entusiasmo.

Lui la guardò, con le sopracciglia alzate. «Brasato, hai detto?»

La stava ascoltando, dunque, almeno quando si trattava del menù.

«Questa volta ci sono solo quattro ragazze iscritte al corso».

«Be', allora dovrebbe essere facile».

«Non direi. Abbiamo in programma di finire le lezioni prima dei giorni sacri».

«Imparano a organizzare feste, a indossare i vestiti giusti e a usare le forchette giuste, no? Non può essere così difficile».

«Che cosa vorresti insinuare?» Lillian si indignò. «Parli come se noi mogli facessimo solo questo. Gestiamo la casa e la carriera dei nostri mariti, cresciamo i figli, cuciniamo, organizziamo il calendario sociale».

Ma non aveva ragione lui? Non era proprio quello che si insegnava alle lezioni di etichetta?

«Non voglio insinuare nulla. Non innervosirti».

«D'accordo».

Peter la considerava una casalinga, una madre e un'insegnante di etichetta perché quelle erano le uniche cose che gli permetteva di vedere. Come avrebbe potuto mostrargli di più se non era sicura di nient'altro?

«Lil, perché non mi prepari un piatto e non me lo porti qui? Voglio guardare il notiziario». Peter parve chiudersi a riccio di punto in bianco.

«Ma...»

«Ma cosa?» Sorrise, come faceva ogni volta che voleva appianare una situazione. Forse non era in vena di discutere. Forse non voleva irritarla. «Starò attento. Non farò cadere nemmeno una briciola sul divano nuovo».

«Ma ho apparecchiato».

Peter arricciò il naso e la fissò come se parlasse una lingua straniera. Inutile contraddirlo.

«Ci vorrà solo un minuto». Lillian strinse i denti affinché non percepisse la sua crescente agitazione. Peter non riconosceva mai gli sforzi che faceva ogni giorno per assecondarlo.

«Oh, e un'altra cosa», disse lui.

«Sì?» Lillian addolcì il tono.

«Oggi è il primo giorno di scuola. Le ragazze dovrebbero essere qui, non fuori. Voglio cene di famiglia nelle sere infrasettimanali, come sempre. In cucina. La sala da pranzo è per gli ospiti».

Lillian sentì un vuoto allo stomaco. Era stata tutta fatica sprecata.

Le bruciavano gli occhi mentre ricacciava indietro le lacrime.

«Chiama e di' alle ragazze di non attardarsi quando i Gold tornano a casa», concluse Peter. «E di lavare via il puzzo di cane».

Dopo aver preparato il vassoio per Peter, regolato il volume del televisore, avergli versato l'acqua tonica e servito il cibo, Lillian tornò in cucina e fissò le pentole e i tegami che riempivano il lavello. Si era accorto che non stava mangiando con lui? Non aveva importanza; le era passata la voglia di brasato... e di Peter. Forse lavare le stoviglie l'avrebbe aiutata a sgomberare la mente. No, le avrebbe lavate più tardi, oppure lasciate a bagno tutta la notte e strofinate prima dell'arrivo di Sunny alle dieci del mattino seguente.

Suo marito credeva che la governante arrivasse alle nove ogni lunedì, giovedì e venerdì.

Lillian trovava il segreto particolarmente dolce in quel momento. Ogni settimana poteva godersi tre ore rubate la mattina, prima che arrivasse Sunny, e molte ore tutte per sé negli altri giorni. Ne avrebbe volute di più. Desiderava sempre quello che non aveva.

Dopo essersi infilata il cardigan beige appeso allo schienale di una sedia della cucina, prese la borsetta e uscì dalla porta laterale, chiudendola con un timido clic.

Faceva più freddo di quanto avesse immaginato, ma aveva bisogno di uscire a fumare una sigaretta per calmarsi. Avrebbe voluto soffiare fuori il malcontento come una nuvola di fumo.

L'indifferenza di Peter non la rattristava soltanto. La frustrava e la faceva arrabbiare. *Due emozioni sgradevoli,* aveva ripetuto spesso sua nonna.

Schiacciò la Marlboro con il piede e ancheggiò come se ballasse il twist. La verità era brutta come il mozzicone calpestato e macchiato di rossetto.

L'insoddisfazione la soffocava molto più di quanto potesse fare qualsiasi fumo. Non faceva nulla di significativo. Niente che andasse oltre Wynnefield o che riflettesse i suoi interessi. Aveva così tanto e faceva così poco. Certo, Peter faceva donazioni a enti di beneficenza e lei organizzava ogni anno il Carnevale di Purim, ma cosa ne era stato della ragazza che riempiva le buste e che stava sveglia tutta la notte a parlare di un mondo migliore? Che cosa aveva fatto da allora per crearne uno?

Un tempo sarebbe voluta diventare insegnante, poi bibliotecaria, entrambi modi per contribuire all'istruzione della generazione successiva. Perfetti per una laureata. Si poteva persino continuare a lavorare anche dopo il matrimonio. Non se si rimaneva incinte, naturalmente. Non ricordava di aver rinunciato a quei sogni. Erano stati sostituiti dalla necessità di soddisfare le aspettative coniugali e familiari.

Che cosa c'era di sbagliato in lei? Doveva essere una persona orribile. Egoista, egocentrica e ingrata. Solo che non lo era.

Dunque, doveva essere uscita dai binari, essersi smarrita. *Era troppo tardi per trovare la sua strada?*

Le donne si accontentavano di molto meno di quanto avesse lei. Lo sapeva. Aprì la bocca ma, invece di pronunciare parole di consolazione personale, ebbe un'illuminazione.

Fare tutte le cose giuste per il marito e la famiglia non garantiva la felicità.

Rimpianse che nessuno l'avesse avvertita.

Come esperta di buone maniere di Wynnefield, famosa per essere una casalinga irreprensibile semplicemente perché aveva sposato un Diamond, Lillian aveva tenuto sprangata la porta dei suoi pensieri inappropriati, che però ora si gonfiavano ed esplodevano come candelotti di dinamite.

Avrebbe dovuto dirlo alle sue studentesse. Alle sue figlie.

Ecco la sua nuova ragion d'essere: doveva usare il dono divino della voce.

Sempre che ci riuscisse senza mandare all'aria la sua vita.

Di lì a qualche ora, le ragazze erano a letto, anche se Lillian sapeva che Penny avrebbe letto alla luce della torcia finché non fosse crollata.

Si versò un gin tonic sul carrello di vetro che suo marito aveva acquistato per dare un tocco di classe alle feste. Superfluo. La loro casa urlava già opulenza. Perché strafare?

Il drink la riscaldò dentro e fuori.

Aveva una bella vita. Doveva proprio creare scompiglio?

Forse aveva avuto una reazione eccessiva al tentativo fallito di passare del tempo da sola con Peter. Aveva aspettato per anni che arrivassero i sentimenti perfetti, e poteva darsi che ormai fosse troppo tardi.

Forse avrebbe potuto dire a Peter che voleva trovare un lavoro alla sinagoga o in biblioteca (non in un negozio, per l'amor del cielo). Non per i soldi, ma per tenersi occupata. Non avrebbe cambiato la *sua famiglia*, solo le sue abitudini.

Avrebbe potuto spiegargli che il lavoro giusto, quando l'avesse trovato, avrebbe dato un senso alle sue giornate. Che avrebbe dato un contributo alla società, per quanto piccolo. Le ragazze non erano più bambine, e avrebbe potuto usare il suo stipendio per regali e pranzi fuori. Erano benestanti. Gli altri sapevano che non aveva *bisogno* di lavorare, perciò nessuno si sarebbe domandato perché lo facesse. Peter le avrebbe permesso di lavorare perché la amava.

La distrazione di un uomo non era il peggior reato del mondo.

L'uomo entrò in salotto e la affiancò. Si preparò un altro Tom Collins, il suo cocktail preferito nelle serate infrasettimanali, mentre lei guardava dritto davanti a sé, cercando il coraggio di essere sincera.

«Domani ho quella riunione importante», disse lui. «Devo convincere tutti ad approvare il nuovo piano per l'importazione di tessuti».

Peter si sporse un po' troppo, forse a causa dell'alcol, e Lillian lo sorresse senza darlo a vedere, impedendogli di cadere. C'era qualcosa di soddisfacente nell'essere un pilastro. «Ci sarà anche George Sullivan, vero?»

«Gli conviene. È l'unico contrario».

Lillian si allontanò di un passo. «Devi essere un po' più tollerante con lui. Sua madre è morta a maggio, perciò se domani si presenta, digli qualcosa di gentile e vacci piano. A proposito, il figlio di Jay Martin è appena partito per Princeton, dunque ricorda di congratularti. Hai richiesto un servizio di catering per il pranzo?»

Peter tacque. Occorreva sempre cavargli le parole di bocca con le tenaglie.

«Se sì, ricorda a Wendy che è allergico ai crostacei e che Barry Jones ha un'intolleranza ai latticini. Mangia affinché mangino anche loro. Sai che spendono di più a stomaco pieno. Faremo una cena leggera. Prenderò degli affettati da Manny. Vedrò cosa ha preparato Sunny e ritoccherò il menù». Lillian era in grado di modificare i pasti; non era come cucinare. «Oh, e non preparare loro drink troppo forti, così rimangono abbastanza lucidi per firmare il contratto».

Peter si passò la mano tra i capelli, tradendo il proprio nervosismo.

Di cosa si preoccupava? L'avevano già fatto decine di volte. Lillian lo ragguagliava su date e dettagli personali prima di una riunione, una cena, una festa. Lui non glielo aveva mai chiesto, lei lo faceva e basta.

Che cosa sarebbe accaduto se avesse smesso?

Lillian immaginava che la gerarchia sociale del quartiere si sarebbe sciolta come un castello di sabbia con l'alta marea, lasciandole un ammasso informe oppure il compito di ricostruire.

Il mattino seguente, con un buon sonno alle spalle, Lillian cercò di accettare lo status quo. La vita sembrava sempre più luminosa alla luce del giorno. Guardò Peter con il suo completo blu su misura, gli lisciò il colletto e gli diede un bacio sulla guancia, facendo attenzione a non macchiarlo di rossetto.

«Un portafortuna».

Lui sorrise, le stampò un bacio sulla fronte e uscì. Le tenerezze di Peter erano discontinue quanto il suo swing a golf. Se solo avesse dedicato loro la metà del tempo e dell'attenzione.

Con il marito diretto in ufficio e le ragazze già a scuola, la donna rimase tutta sola. Ammettiamolo, pensò, era sola anche quando Peter era a casa. Si versò un caffè e lo bevve nero, guardando fuori dalla finestra della cucina, oltre il vialetto, verso il grigiore mattutino della casa della sua vicina. Non conosceva bene Faye, sapeva solo che aveva poco più di cinquant'anni, che era sposata con un cardiologo e che armeggiava in cucina ogni mattina in vestaglia, mentre lei si vestiva ogni giorno prima di scendere al pianterreno.

La vestaglia non rivelava se sotto Faye indossasse flanella o pizzo, così come la tazza che si portava alle labbra non rivelava il contenuto. Caffè con panna, latte, zucchero, saccarina? Tè con limone? Miele? Vino? Qualcosa di più forte?

Senza volerlo, la misteriosa vicina le svelò una verità. Lillian conosceva solo una parte anche della propria storia.

Aveva sposato un bravo ragazzo ebreo, si era trasferita nel quartiere migliore e viveva in una delle case più belle. Aveva gli elettrodomestici più moderni, una domestica tre giorni la settimana, due bellissime figlie sane e, l'ultima volta che aveva controllato, un gruzzolo segreto di quasi settecento dollari – di cui non aveva bisogno – in un barattolo del caffè nascosto in fondo all'armadio. La sua vita era tutto ciò che aveva sempre desiderato. Anzi, di più.

Perché, allora, aveva la sensazione di soffocare?

11

RUTH

Prima dell'alba, Ruth si alzò a sedere sul letto, ma Asher non si mosse, nemmeno un pochino. Lei guardò il suo dolce viso addormentato. Dal naso gli usciva un fischio sommesso e i morbidi ricci scuri gli cadevano sulla fronte. Quando gli tremolarono le palpebre, Ruth decise che aveva ciglia più lunghe e più scure di quanto qualunque uomo avesse il diritto di avere. Trovò quei rumori e quei movimenti inconsapevoli accattivanti, se non addirittura seducenti. Gli diede un bacio sulla fronte come una madre avrebbe potuto fare con un neonato assopito, come i suoi fratelli, per quanto virili, facevano affettuosamente con i loro figli maschi.

L'amore, in tutte le sue declinazioni, scatenava comportamenti e decisioni che alcuni avrebbero definito imprevedibili, insoliti, sciocchi. Ruth aveva lasciato la sua casa, la famiglia e gli amici perché voleva quell'amore, quel matrimonio. Forse avrebbe dovuto aspettare un po' prima di poter essere sincera con tutti riguardo alla sua carriera, ma presto sarebbe successo.

Attenta a non svegliare il marito, sgusciò fuori dal letto, gli rimboccò le coperte e infilò la mano nel cassetto del comodino dove aveva riposto il libro. Il fatto di non poter comunicare subito i suoi progetti ai suoceri non significava che non potesse prepararsi. Dopotutto, le mancavano ancora 399 ore. Almeno. Con la torcia in mano, si accoccolò sulla panca sotto la finestra e sfogliò il volume.

Asher si svegliò al sorgere del sole. Si puntellò sul gomito e sorrise. Il suo sguardo le fece correre brividi voluttuosi lungo la schiena. Ruth era sopraffatta, sbaragliata. Non avrebbe mai voluto deluderlo. Non riusciva a immaginare il giorno in cui si sarebbe stancata della sua ammirazione. Lui arricciò il dito e Ruth si affrettò a tornare a letto.

Poteva aspettare ancora un po' per ridurre quelle 399 ore.

Più tardi, quel mattino, era seduta sui gradini davanti alla casa. Il sole splendeva tra alte nuvole bianche e l'aria frizzante le vorticava intorno mentre teneva un contenitore Tupperware sigillato in equilibrio sulle ginocchia. Guardò il cielo, chiuse gli occhi e lasciò che i raggi tiepidi la riscaldassero. Di lì a pochi minuti le sue nuove amiche sarebbero andate a prenderla.

Strappò una foglia dal bosso e la mise nella borsetta, ripromettendosi di essiccarla tra le pagine di uno dei suoi romanzi più spessi, un ricordo del suo primo autunno da donna sposata.

Armeggiò con il contenitore che Shirley aveva preparato con cura dopo che Ruth l'aveva informata che Irene aveva invitato le ragazze a fare un picnic. «Ha detto di non portare nulla».

«Certo che l'ha detto. È quello che doveva dire».

Shirley aveva tirato fuori dal freezer una torta di mele avvolta nella stagnola e l'aveva lasciata scongelare sul ripiano. Un'ora dopo ne aveva tagliata metà e aveva disposto le fette nel rettangolo bianco latte che ora era appoggiato sulle ginocchia di Ruth, risparmiandole una figuraccia.

Quando una berlina verde scuro si avvicinò dalla strada e si fermò lì davanti, si allungò e fece ciao. Irene ricambiò il saluto dal posto di guida. Alzandosi, sentì una fitta di nervosismo allo stomaco. Quell'emozione inaspettata la fece riflettere. *Le importava se quelle donne la apprezzavano e la accettavano?* Sì, sì, altroché. Fino a quel momento non aveva cercato l'approvazione di nessuno. La consapevolezza di desiderarla la colse di sorpresa.

Una manina sventolò fuori dal finestrino posteriore. Era dell'ultimogenito di Irene. Harry o Hedy, qualcosa con una H e una Y, o era una T? Ruth avrebbe dovuto prestare più attenzione, come faceva di solito.

I corti ricci castani che intravedeva dai gradini non rivelavano se si trattasse di un maschietto o di una femminuccia. L'intuito non le diede alcun suggerimento, nemmeno il più piccolo indizio. Non le dispiacevano i bambini, ma preferiva gli adulti. Confidava che l'istinto materno sarebbe affiorato quando ne avesse avuto bisogno. Lo sperava. Non aveva una madre, ma quelle cose non erano forse scontate? Ogni donna non desiderava forse avere figli?

Chiunque fosse la personcina che saltellava sul sedile posteriore, avrebbe partecipato al picnic. Forse Ruth, Harriet e Carrie erano le intruse. Comunque fosse andata, era stata felicissima dell'invito: dimostrava che ci stava provando. Avrebbe sfruttato al massimo l'occasione di conoscere le Diamond Girls, più uno.

Si accomodò sul sedile anteriore e chiuse la portiera con un tonfo. Tamburellò con le dita sul coperchio del Tupperware. «Torta di mele. Ce n'è abbastanza per tutte, per gentile concessione di mia suocera».

«Carrie non viene, perciò sarà più che sufficiente. Avrei scommesso che avresti portato qualche manicaretto».

Shirley aveva ragione. Irene si era aspettata che portasse qualcosa, mentre lei non ci aveva nemmeno pensato. Aveva molto da imparare. Ecco cosa non le piaceva dei nuovi inizi: *potevano essere imbarazzanti*. Avrebbe dovuto buttarsi e lasciarsi rapidamente alle spalle quella parte. Voltandosi, fece ciao. La bambina ricambiò.

«Buongiorno. Io sono Ruth».

«Saluta, Heidi». Irene sbirciò nello specchietto retrovisore. La piccola tacque. «Siediti, tesoro, si parte».

Ruth tornò a guardare davanti mentre l'auto si metteva in movimento. *Heidi.*

«Grazie per aver avuto l'idea. E per averla messa in pratica», disse alla sua nuova amica.

Irene ridacchiò. «Stephen sa che non posso stare chiusa in casa tutta la settimana, perciò a volte suo fratello passa a prenderlo mentre va al lavoro, così io posso usare la macchina. In questo modo è sicuro che andrò anche al supermercato e sbrigherò tutte le commissioni. Mi sono precipitata a fare la spesa non appena gli altri bambini sono andati a scuola».

Gli Appelbaum avevano regalato ad Asher un'auto per la laurea ma, siccome lui usciva con il padre tutte le mattine, la lasciava a casa perché la usasse la madre. Essendo cresciuta a New York, con la sua eccellente rete di trasporti pubblici, Ruth aveva raramente dovuto guidare e, pur avendo la patente, non si era mai sentita a suo agio al volante. A Wynnefield era facile spostarsi a piedi o in autobus, ma avrebbe dovuto esercitarsi più spesso per prendere dimestichezza con la macchina e migliorare le sue capacità di guida. Si ripromise di impegnarsi su quel fronte. Anche se non le sarebbe mai venuto in mente di invitare le ragazze a un picnic.

«È stato premuroso a lasciarti l'auto».

«Non proprio». Il tono di Irene era più pratico che malevolo. «In cambio non lo costringo a fare il baby-sitter di sabato e sbrigo le commissioni da sola».

«Oh». *Com'erano diverse le loro vite!* Ruth aveva molte cose a cui abituarsi. Quali sarebbero state le regole per un avvocato donna in carriera quando lei e Asher avessero avuto dei figli? Sarebbe stata in grado di immedesimarsi in quelle donne e nelle loro incombenze domestiche?

Irene si fermò davanti a una grande bifamiliare di pietra e suonò il clacson. «Oggi sono stata egoista. Mi piace portare la bambina all'aria aperta in autunno e ho pensato che sarebbe stato un buon modo per chiacchierare in un contesto più informale. Sai, niente lusso né regole snob».

Harriet uscì dalla porta d'ingresso.

«Anche se credo che a *lei* piacciano», concluse Irene.

Harriet scese i gradini, raggiunse la berlina e salì sul sedile posteriore. «Ciao, ragazze, e ciao anche a te, signorina», cinguettò rivolgendosi a Heidi, che rispose saltellando. Ruth non aveva suscitato quel tipo di reazione.

«Allora, cosa avete portato voi signore?», chiese Harriet. «Io ho preparato la macedonia autunnale del "Ladies' Home Journal". Andiamo a prendere Carrie?»

Irene scosse la testa. «Ha detto che aveva il brasato in forno e che ci saranno altre occasioni per divertirsi insieme».

Brasato? Ruth aveva preso il caffè con Carrie il giorno prima e l'altra non aveva detto che non sarebbe andata al picnic. Provò una punta di delusione. Forse non erano così legate come aveva creduto.

Pochi minuti dopo il loro arrivo al parco, Irene coprì il tavolo da picnic con una tovaglia a quadretti bianchi e rossi e tirò fuori una pila di panini di segale all'insalata di uova, avvolti in carta oleata. Ad accompagnarli c'erano cetriolini, insalata di cavolo, una confezione di patatine, biscotti al cioccolato, la macedonia di Harriet, la torta di mele di Ruth e un thermos. Irene stese gli asciugamani sulle panche, mise le posate in un barattolo del caffè vuoto e i tovaglioli in un altro, poi scartò dei fiori rossi. *Calendule, forse?* Ruth non era un'esperta. Harriet li sistemò in un piccolo vaso di vetro. Chiunque fosse passato avrebbe pensato che stessero organizzando una festa, non un picnic.

Fino a una settimana prima, Ruth l'avrebbe trovato sciocco, ora lo trovava incantevole. Quando era bambina, suo padre prendeva il tè e giocava a scacchi con lei. Avrebbe considerato quelle ore un fardello se Bess fosse stata in vita? Ruth non aveva idea di quanto tempo Jacob avesse dedicato ai figli prima di restare vedovo. Aveva forse visto il dovere di accudire i suoi fratelli come una fastidiosa incombenza? Era un interrogativo a cui non era in grado di rispondere. Sapeva solo che Jacob era sempre stato un genitore presente. Le mancava l'idea di una madre più di quanto le mancasse quella di cui non aveva alcun ricordo. Ma guardando Irene con Heidi, si domandò come avrebbero potuto essere i picnic con Bess e che tipo di picnic avrebbe fatto un giorno con i suoi figli.

Heidi corse verso il recinto di sabbia dopo aver dato due morsi a un panino.

«È dolcissima», disse Harriet.

«È di gran lunga la mia bambina più facile», disse Irene. «Non ha avuto coliche. Ha cominciato a dormire tutta la notte a quattro settimane, ha imparato a usare il vasino prima di compiere un anno. E pensare che è stata un errore». Arrossì. «Mangia». Porse un panino a Ruth, apparentemente imbarazzata per come aveva definito sua figlia.

Ruth addentò il panino, temendo che altrimenti l'altra glielo cacciasse in bocca. «Delizioso».

Harriet toccò il braccio di Irene, decisa a non sorvolare sulla gaffe. «Dovresti dire *sorpresa*».

«Solo che la quarta volta non c'è nulla di sorprendente. Il mio corpo ha detto: "Ci risiamo, Reen"».

Ridacchiarono.

«Sei molto spiritosa», disse Ruth.

«Al liceo mi hanno votata come *candidata ideale per diventare un'attrice comica*».

Un altro spirito affine con aspirazioni professionali? Ruth cominciò a sperare di non essere l'unica. «È questo che volevi fare?»

«Che cosa intendi?», chiese Harriet prima che Irene potesse rispondere.

Ruth la ignorò. «Dopo il liceo, quali erano i tuoi sogni? I tuoi progetti? Volevi diventare un'attrice comica?»

Irene rise di gusto, come se fosse un'idea strampalata, ma aggiunse una nota garbata per non offendere l'amica. «Oh no, io volevo *questo*. Sposare Stephen, avere dei bambini, organizzare picnic».

Il Barnard offriva un'istruzione universitaria di alto livello, riservata solo alle ragazze, ma anche lì Ruth aveva conosciuto giovani donne che frequentavano i corsi con l'unico intento di trovare marito. La sua compagna di stanza al primo anno aveva accalappiato uno studente della Columbia e abbandonato gli studi durante le vacanze di Natale. Ruth aveva conosciuto Asher al college, ma non l'avrebbe mai sposato prima della laurea. Era diversa dalle altre.

«E sei bravissima. Molto attenta ai dettagli», disse sinceramente. «Ma c'è qualcos'altro che avresti voluto fare?» Come poteva quella vita essere sufficiente per Irene? Per chiunque?

«Vuoi dire che quattro figli e un marito non sono abbastanza?» Le parole di Harriet erano taglienti, il tono accusatorio, come se Ruth fosse stata pizzicata a distruggere i sogni altrui invece di incoraggiarli.

«Sono soltanto curiosa. Non volevo sottintendere nulla. Alcune ragazze vogliono un lavoro o una carriera, sai».

Harriet incrociò le braccia. «Ne ho conosciute di ragazze come te, piene di assurdità sull'indipendenza femminile. Perché dovrei provvedere a me stessa se c'è qualcuno che lo fa al posto mio? Non fa per me. Mi sono licenziata da Wanamaker's il giorno dopo il fidanzamento. Scotty è stato irremovibile».

«Allora perché andare al college?», chiese Ruth.

«Per trovare un buon partito».

«Non avrei tempo per il lavoro, figurarsi per la carriera», intervenne Irene per appianare la discussione. «Dopo aver messo a letto i bambini e finito le faccende, tengo la contabilità dei negozi».

«La contabilità? Di tutti i vostri negozi?», domandò Ruth.

Irene annuì. «Sono sempre stata brava con i numeri».

L'esasperazione spinse Ruth ad alzarsi. «Ma questo *è* un lavoro».

«No, mi limito a dare una mano alla mia famiglia. Un lavoro è quello che Stephen fa tutto il giorno nei negozi. Guadagna per provvedere a noi, e ora sta cercando di espandersi. È stressante socializzare e vendere elettrodomestici da mattina a sera, sapendo di avere una moglie e quattro figli che dipendono da te».

«Senza di te non avrebbe la vita che ha», replicò Ruth. *Perché le ragazze non si consideravano parte integrante della vita che conducevano?* Non avevano nessuno che glielo spiegasse. Ancora una volta fu grata per l'educazione che aveva ricevuto.

«Certo che no. Gli uomini non possono avere figli». Harriet parlò come se volesse insinuare che Ruth fosse stupida, oltre che fastidiosa come una mosca.

Ruth non voleva rovinare la giornata spingendosi troppo oltre. Sedendosi, si prese la testa tra le mani. Per quelle giovani ruotava tutto intorno ai mariti e ai bambini.

Irene sembrò notare il suo disagio. «E tu?», chiese.

Ruth alzò lo sguardo, prima guardinga, poi tentata di ribaltare la situazione e di sbalordirle. Guardò Irene, quindi Harriet, infine di nuovo Irene. *No. Non era ancora pronta a rivelare nulla, perciò si limitò a scrollare le spalle.* Era meglio non complicare ulteriormente le cose in quel momento.

«Sei tutto fumo e niente arrosto», la criticò Harriet. «Fingi di essere diversa da noi. Ma sei uguale».

«Non c'è niente di male in questo», osservò Irene.

Ma Ruth non era uguale a loro. Non credeva di essere migliore, ma le sue ambizioni la distinguevano. «Va bene. Ve lo dico, ma acqua in bocca».

«Promesso», disse Irene.

Harriet sbuffò. «Certo. Qual è il grande segreto? Quanto può essere importante?»

Ruth doveva pur difendersi. «Sono un avvocato. Mi sono laureata alla facoltà di Legge della Columbia a New York. Ero una delle diciassette ragazze su duecentoquaranta uomini».

Irene rimase a bocca aperta. Anche Harriet ammutolì. «Devo ancora superare l'esame di abilitazione. Devo trovare quattrocento ore per studiare». Stentava a credere di doversi giustificare. Alla Columbia l'avevano ammessa. Erano persino orgogliosi di lei.

«E allora?», domandò Harriet.

«Ha una laurea in Giurisprudenza. È un grande risultato», disse Irene.

«Tuo marito te l'ha permesso?»

«Non è questione che qualcuno te lo permetta, giusto, Ruth?» Irene sorrise.

«Vogliamo tutte cose diverse, Harriet».

«Immagino che tu abbia sempre voluto essere una moglie e una madre», disse Ruth.

Harriet annuì.

«Io voglio diventare avvocato fin dal secondo anno». Ma non lo era ancora, vero? Doveva passare l'esame. Non poteva arrendersi. Non si sarebbe arresa.

Harriet si strinse nelle spalle come se non gliene importasse niente di capire.

«Penso che saresti brava in qualunque cosa tu ti metta in testa di fare».

Irene guardò Heidi.

Forse il complimento era condiscendente, come la risposta benevola data a un bambino, ma Ruth si aggrappò a quelle parole gentili e ne fece tesoro. Poi raccolse i tovaglioli, mise via le posate e impilò le ciotole vuote, come se le sue azioni contribuissero a creare un guscio protettivo intorno alla gentilezza di Irene e a tenerla al sicuro.

«Mia cugina ha sposato un ubriacone cattivo che la picchiava e la minacciava», raccontò Irene. «Nessuno l'ha aiutata. Scommetto che un avvocato donna le avrebbe fatto comodo».

Harriet sgranò gli occhi. «A Wynnefield non succedono cose di questo tipo».

«Tua cugina sta bene?» Ruth ripensò alle donne che aveva conosciuto a New York. Sperava che la parente di Irene non avesse subìto la stessa sorte, ma preferì non approfondire. Forse, dopo aver ottenuto l'abilitazione, avrebbe fatto qualche altra indagine.

«I suoi fratelli l'hanno cacciato via, minacciando di farlo fuori se fosse tornato. Nessuno lo vede più da sedici anni. Personalmente, credo che sia sul fondo del fiume Schuylkill».

«Vuoi scherzare?», disse Harriet.

«Non te lo dirò mai». Irene aveva un luccichio malizioso negli occhi.

«E se non fosse vero che la maltrattava?» Harriet fece un sorriso di sfida.

«Perché qualcuno dovrebbe mentire?», chiese Ruth.

«Spiegamelo tu. A quanto pare sei tu l'esperta».

La ragazza distolse lo sguardo. Aveva corso un rischio rivelando la verità davanti a Harriet, ma fingeva da quando era arrivata a Wynnefield, e non ne poteva più.

«Non sono un'esperta. Sono solo istruita in quel campo». Non accennò al lavoro che aveva svolto per l'MWLAS e alle donne maltrattate che aveva conosciuto. Per il momento era meglio minimizzare. Aveva già scioccato abbastanza le ragazze per un giorno solo. Non aveva voglia di trovare altre giustificazioni per le sue scelte di vita.

Lei e Harriet caricarono ogni cosa in auto mentre Irene recuperava Heidi dal recinto di sabbia.

Fino a che punto Ruth poteva fidarsi di quelle donne? Forse avrebbe dovuto tenere la bocca chiusa. E se Harriet avesse spifferato ogni cosa a Shirley durante la lezione successiva? Voleva dirlo personalmente alla suocera. Non voleva essere costretta a scegliere tra Asher e la carriera. Per una moglie coscienziosa, essere laureata in Legge era molto più complicato di avere una normale laurea umanistica di cui il marito poteva vantarsi durante le occasioni sociali. Se Shirley l'avesse scoperto, avrebbe voluto saperne di più. Si sarebbe preoccupata per la questione dell'esame. Dopotutto, nessuno provava a ottenere l'abilitazione se non aveva intenzione di fare l'avvocato. Se i suoceri l'avessero saputo da altri, si sarebbe scoperchiato un vero vaso di Pandora. La fuga d'amore era già stata abbastanza dolorosa per loro. Ruth non voleva che Shirley si sentisse esclusa da un'altra decisione importante.

«Harriet», disse in tono dolce, ma non condiscendente. «So che non sei d'accordo con me sulla facoltà di Giurisprudenza, ma i miei suoceri non sanno ancora della laurea, dunque ti prego di non dire nulla. Shirley è molto all'antica».

«Alla faccia di chi non ha bisogno del permesso di nessuno».

Ruth si irritò. Harriet non aveva tutti i torti, ma la sua situazione era solo temporanea. Per il quieto vivere.

Come un bravo avvocato, Ruth non si sarebbe lasciata trascinare in una discussione da persone come Harriet. «Vogliamo soltanto aspettare ancora un po'. Finché non mi sarò sistemata».

«Come vuoi. Non ficco il naso negli affari altrui».

Ruth confidava che fosse vero.

12
LILLIAN

Il lunedì mattina, dopo che Lillian ebbe ricordato a Peter due appuntamenti e che ebbe insistito perché le lasciasse l'auto, lui chiamò un taxi per andare in ufficio.

Lei uscì dal vialetto in retromarcia. La seconda lezione di etichetta era sempre stata la sua preferita e, nonostante i dubbi che la assillavano, non voleva arrivare in ritardo. Avrebbe dedicato la giornata allo shopping da Saks, il negozio più lussuoso di tutta Philadelphia, aiutando le ragazze a scegliere nuovi vestiti adatti ai loro corpi e al loro nuovo stile di vita, affinché cominciassero a vedersi sofisticate e, nel caso delle più giovani, addirittura adulte.

In passato le era sembrata una causa meritevole, ma ora aveva iniziato a ridefinire questo concetto, spostando l'attenzione dall'aspetto e dal comportamento delle ragazze ai loro *sentimenti*.

Che importanza aveva se era insoddisfatta della sua vita? Quella giornata non era dedicata a lei. Non c'era nulla di male nell'insegnare alle giovani donne a migliorare il proprio aspetto. Poi si rese conto del giudizio racchiuso in quel pensiero e rabbrividì.

Be', se fosse stata onesta, avrebbe ammesso che forse la sua valutazione era severa ma fondata. Le ragazze avrebbero potuto essere più raffinate, a eccezione di Harriet, forse, che sembrava avere il pallino della moda e delle ultime tendenze.

Lillian non condannava le sue studentesse per le loro mancanze, non nel modo in cui condannava se stessa per le proprie, e non era questo che contava?

Schiacciò la sigaretta nel posacenere, si immise nel traffico di City Line Avenue e si lasciò i dubbi alle spalle mentre svoltava nella 54ª.

Dopo aver parcheggiato, si guardò nello specchietto retrovisore e tirò fuori il portacipria dalla borsetta. Si passò il piumino sul naso e sul mento per opacizzare la pelle. Dopo aver richiuso e rimesso via l'astuccio, era pronta. Infilando il braccio nei manici di cuoio della borsa, scese sull'asfalto. La routine era confortante quanto una minestra calda in una sera d'inverno.

Si diresse verso la porta girevole, con la testa alta e l'adrenalina che le scorreva nelle vene, conferendo elasticità ai suoi passi. Era nel suo elemento. I negozi che frequentava – Saks, Gimbels, Lord & Taylor –, i luoghi in cui si presentava senza Peter, erano quelli in cui fluttuava con una grazia naturale, persino autonoma.

A quel pensiero arrossì di vergogna, accentuando il colore del fard sulle guance.

Senza il conto corrente del marito, infatti, non avrebbe potuto comprare vestiti, cappotti, cosmetici o le ultime novità in fatto di profumi. Lanciò un'occhiata al terreno; le pietre incastonate al pavimento scintillavano, regalandole un pizzico di allegria. Se solo si sapeva guardare, si riusciva a trovare la bellezza nelle cose più impensate.

Era forse irritata dal fatto che il suo status sociale e la sua possibilità di fare shopping dipendessero dal permesso di

Peter e dalle somme, per quanto generose, che lui le forniva? Oppure gliene era grata?

Non poteva negarlo. *Erano vere entrambe le cose.* Non era abituata a essere indecisa. Era una sensazione sgradevole, e continuò a camminare verso il negozio per sentire il terreno solido sotto i piedi.

Dieci minuti dopo, Ruth, Irene, Harriet e Carrie erano riunite accanto a lei, circondate da una nuvola di fragranze e dai nebulizzatori di cristallo del reparto profumi. Il ricco e dolce effluvio del gelsomino le aggredì le narici, catapultandola nel passato. Ogni sera, prima che suo padre tornasse dal lavoro, sua madre, seduta davanti alla toeletta, le tamponava il collo e i polsi con l'acqua di colonia Dorothy Gray Jasmin Bouquet.

«È il suo preferito», diceva Anna tra un colpetto e l'altro. La piccola Lillian ridacchiava, andando in brodo di giuggiole davanti a quel gesto romantico. Percy se n'era mai accorto? Aveva mai fatto commenti? Non se lo ricordava.

Ora fissò la boccetta. Era stato anche il profumo preferito di sua madre? Quell'interrogativo la tormentava.

«Viene anche Shirley?», chiese Harriet a Ruth. Lillian conosceva la risposta.

«Non oggi», disse Ruth. «Il lunedì gioca a mahjong».

E, naturalmente, il polpettone. Lillian sapeva che Shirley lo cucinava tutti i lunedì. La sua amica e mentore era una creatura abitudinaria, amante della routine. Inflessibile. Forse era un bene che quella giornata di shopping cadesse di lunedì. L'ultima cosa di cui aveva bisogno era che Shirley controllasse lei e Ruth.

Si rivolse alle commesse. «Grazie, signore. Sicuramente ci rivedremo dopo».

Sorrise e fece un cenno di saluto, sempre cortese con chiunque la aiutasse, sia al San Marco con Peter il sabato sera per una cena a base di pesce e carne rossa, sia da Gimbels quando voleva un vestito speciale per i giorni sacri. E anche da Woolworth's quando le serviva una matita nuova.

Forse era fissata con il decoro, ma non a discapito della gentilezza. L'aveva imparata da sua madre, che aveva lavorato nel reparto bebé di Gimbels. Il prezioso sconto per i dipendenti consentiva ad Anna Feldman di comprare i vestiti delle feste per sua figlia. Spesso le clienti maleducate e spocchiose la insultavano e la mortificavano. In più di un'occasione, Lillian l'aveva sentita piangere in bagno. La piccola Lilly non riusciva a immaginare nessun'altra causa, perciò dava la colpa ai personaggi crudeli e sgarbati delle storie che Anna le raccontava su Gimbels.

I grandi magazzini, però, erano legati soprattutto a ricordi felici. Suo padre, un robusto e muscoloso meccanico dei cantieri navali che usava un linguaggio sboccato, avrebbe voluto che la moglie lasciasse il lavoro. Anna, che era una donna realista, non aveva ceduto. Sapeva che non potevano permetterselo.

Non si era mai lamentata della fatica, ma Lillian aveva intuito che l'argomento era uno dei motivi di contrasto tra i suoi genitori. Lei e Peter non battibeccavano mai in quel modo, perché Lillian si comportava sempre secondo le regole e teneva per sé le opinioni dissenzienti.

Quando era bambina, i suoi genitori discutevano e litigavano. Probabilmente questo significava che Anna parlava fuori dai denti e che Percy non gradiva ciò che diceva. Secondo la nonna, Anna amava agitare le acque. Era più un'accusa che una constatazione.

Forse un po' di acque agitate erano innocue. *Vero?* Lillian trasalì, non sapendo se crederci. Guarda cos'era successo a sua madre. Se n'era andata.

Le Diamond Girls – adorava quel nomignolo – si misero in coda dietro di lei. Camminarono tra pellicce, pelletteria e abbigliamento per bambini, con i tacchi e le suole che picchiettavano a ritmo con i suoi, come una fila di ballerine di tip tap.

Lillian aprì la porta del salottino, guidando le ragazze in quell'ambiente riservato, dall'illuminazione soffusa.

«Sedetevi e cominciamo», le invitò, indicando le poltroncine rivestite di tessuto color oro, disposte a semicerchio intorno a una pedana di prova fiancheggiata da uno specchio a tre ante. Lei si fermò lì accanto.

«Siccome questa è la seconda lezione, vorrei sentire come avete messo in pratica gli insegnamenti della prima nella vita di tutti i giorni. Poi passeremo al perché siamo qui».

Irene alzò la mano.

«Abbiamo seguito il tuo consiglio. Io e le ragazze abbiamo fatto un picnic». Fece un gran sorriso.

Lillian si stupì. Non ricordava di aver suggerito un picnic, ma l'idea dimostrava spirito d'iniziativa.

«Per conoscerci meglio», precisò Ruth, come se avesse percepito la sua confusione.

Lillian annuì. «Magnifico».

Ruth ne approfittò per aggiungere: «Ho messo il rossetto prima che Asher tornasse a casa».

Harriet alzò gli occhi al cielo.

«Brava». Un po' di rossetto non guastava mai. Una ragazza doveva sempre avere un bell'aspetto, a prescindere da qualsiasi cosa.

Apparentemente soddisfatta del complimento, Ruth diede una dimostrazione di una delle capacità acquisite durante il primo incontro: *la conversazione.*

«Ci sei mancata, Carrie».

Irene annuì.

«Ti sei persa una bella chiacchierata», disse Harriet.

«E un ottimo pranzo», proseguì Ruth.

«Venerdì è il giorno del bucato».

Le ragazze si scambiarono un'occhiata.

«Pensavo fosse il giorno del brasato», obiettò Irene.

«Probabilmente è entrambe le cose», disse Harriet.

«Ho fatto il bucato mentre il brasato era in forno. Eli ama l'efficienza».

«E tu cosa ami?», chiese Ruth.

Scese un silenzio imbarazzato mentre le altre, compresa Lillian, aspettavano la risposta di Carrie.

Nulla. Lillian intuì cosa si celava dietro quel vuoto.

Le casalinghe «concordavano» spesso con i mariti. L'aveva sempre fatto anche lei. Le giovani mogli come Ruth, che avevano una risposta tutta loro anche dopo aver detto *lo voglio,* erano l'eccezione, non la regola.

In cuor suo, Lillian provò una punta di invidia. Rimpiangeva di non aver avuto la lungimiranza e il coraggio di dire a Peter cosa voleva davvero fin dall'inizio del matrimonio.

«Vorrei saperne di più sul picnic, Irene». Lungi dall'essere davvero interessata, voleva distogliere Ruth da Carrie, che aveva cominciato ad agitarsi sulla sedia. *Era il giorno dello shopping, dopotutto.*

«Siamo andati a Fairmount Park con la mia piccola Heidi», raccontò l'altra. «Avevo preparato dei panini con l'insalata di uova. Ci aggiungo le olive, sai. Danno un po' di sapore in più».

«Erano squisiti», confermò Ruth.

«Sembra perfetto». Carrie sembrava più tranquilla ora che non era più al centro dell'attenzione.

Irene sfoderò un sorriso luminoso, dimostrando un talento naturale per il bon ton. I complimenti facevano miracoli.

Prima che Lillian fosse costretta a sorbirsi tutto il menù del picnic, e forse anche la noia delle ricette con cui era stato preparato, Dio le andò in aiuto facendo entrare la commessa. Lei riconobbe subito Maryanne, con i capelli rossicci acconciati ad alveare, gli orecchini a bottone cloisonné e un ciondolo coordinato alla base della gola. Fasciata in un vestito nero – secondo Lillian, il colore era un po' troppo cupo per il giorno –, la commessa si avvicinò con movenze sinuose come quelle di un gatto. Se non altro non doveva indossare un camice come le altre commesse, perciò Lillian tenne per sé le proprie opinioni sulle sue scelte cromatiche.

Maryanne Deering doveva essere almeno un metro e ottanta – più di Peter –, con membra flessuose. Probabilmente ciò che ora determinava la sua grazia l'aveva resa una ragazza dinoccolata in passato. Era troppo alta per piacere alla maggior parte degli uomini. Aveva gli occhi piccoli, ma simmetrici e verde brillante, che incorniciavano un naso insulso. Non era né carina né scialba. Sull'anulare sinistro indossava un sottile cerchietto d'oro, che poteva essere un trucco per sottrarsi alle avances indesiderate, anche se il fatto di essere sposata non avrebbe necessariamente dissuaso eventuali malintenzionati. Lillian non sapeva se dovesse lavorare, se volesse farlo o dove vivesse. Sapeva soltanto che le aveva consigliato alcuni dei suoi vestiti preferiti. Quella donna aveva talento.

D'un tratto la guardò con occhi nuovi. In occasione di precedenti acquisti non aveva esitato a spogliarsi davanti a lei, restando in guaina e corsetto, ma non aveva mai pensato di chiederle qualcosa di sé. *Era lo stesso tipo di cliente distaccata che aveva fatto arrabbiare sua madre?* Provò una fitta di rimorso.

«Buongiorno, signore, sono Maryanne. Sono qui per aiutarvi, farvi provare varie taglie, chiudere cerniere, coordinare accessori e assistere la nostra sarta in caso di ritocchi. Poi vi chiamerò a casa quando i vostri acquisti saranno pronti per il ritiro, oppure organizzerò la consegna a domicilio. A mano a mano che imparerò a conoscere ciascuna di voi questa mattina, potrò selezionare altri capi dal nostro assortimento. Tanto per proporvi delle opzioni».

«Abbiamo una sorpresa per voi ragazze». Lillian batté le mani per sottolineare le parole della commessa. «Io e Maryanne abbiamo scelto in anticipo i vestiti per voi, in base alle misure che ci avete fornito». Avrebbe potuto lasciare che le ragazze gironzolassero per Saks da sole, o magari in coppia, ma doveva tenere in considerazione Maryanne. Così la commessa avrebbe ricevuto la sua commissione, di cui Lillian supponeva avesse bisogno come ne aveva avuto sua madre.

Irene e Harriet iniziarono a parlottare tra loro. Lillian distribuì un fascicolo personalizzato che aveva creato per ciascuna ragazza. «Questi sono suggerimenti per i modelli e i colori che più vi si addicono. Potete usarli come riferimento per scegliere i capi più idonei al vostro corpo e alla vostra carnagione».

Non c'era nulla di male nel mostrarsi al meglio, no? Forse lo scopo era fare in modo che le studentesse piacessero prima a se stesse e poi ai mariti. Sentirsi bene aiutava sempre a presentarsi bene, ma lei non aveva mai dato alla propria opinione lo stesso peso di quella di Peter.

«Da quindici anni aiuto le casalinghe a crearsi un guardaroba», spiegò Maryanne. «Ho lavorato da Wanamaker's fino al 1958 e sono qui da allora. Conosco il nostro assortimento come le mie tasche».

«È tutto, ragazze. Potete fidarvi ciecamente di Maryanne». Lillian stimava molto la commessa, non solo per il suo gusto, ma anche per la sua competenza e sincerità. Si rese conto solo in quel momento che probabilmente molte donne avevano avuto la stessa considerazione di sua madre.

Persino Ruth indicò i fascicoli, sussurrando e annuendo.

«Immagino che abbiate chiesto a vostro marito il permesso di mettere gli acquisti sul suo conto, o che abbiate un assegno già firmato». Lillian aveva il suo barattolo di caffè segreto, ma l'aveva riempito con i soldi di Peter. Per avere un vero potere avrebbe dovuto guadagnare, aprire un conto corrente e firmare assegni. Ma avrebbe avuto bisogno dell'autorizzazione di Peter per gestire il proprio denaro, perciò *dov'era l'autonomia?*

«Io mi limito a guardare», disse Carrie. «Spero che vada bene. Preferisco che sia Eli a scegliermi i vestiti».

«È bravo», commentò Irene.

«Non cercare complicazioni inutili», intervenne Harriet. «Sono sicura che se il mio fidanzato non approverà la mia scelta, restituirò il vestito, anche se oggi ho l'assegno di mio padre».

Ruth sbuffò. Lillian le lanciò un'occhiata severa. Era così che funzionavano le cose. Gli uomini, i mariti, controllavano il denaro.

«Va bene qualunque accordo abbiate preso», disse Lillian. «Sono qui per rendervi le cose più facili, non più difficili».

«Pensavamo di divertirci un po'», annunciò Maryanne. «Nei camerini ci sono già tre completi per ciascuna di voi. Facciamo un piccolo gioco».

«Affinché impariate a fare la scelta più adeguata alle diverse occasioni», spiegò Lillian, «vorremmo che selezionaste il look giusto per incontrare le amiche a pranzo a Center City. Non che ci sia qualcosa di male in un picnic. Solo che non avevamo in mente un parco quando abbiamo scelto i vestiti».

«Un parco è più realistico per me». Irene pensò ai suoi quattro figli.

«Be', suppongo di sì». Lillian aveva sempre trovato il tempo per pranzare fuori. Le bambinaie assunte per il fine settimana erano state una parte intoccabile della loro vita. Peter aveva insistito, anche se sembrava una spesa superflua. «Per oggi stai al gioco. Oppure immagina che il padre abbia accettato di fare da baby-sitter».

Irene rise. «Questo sì che è divertente».

Ruth aprì la bocca, poi la chiuse come se avesse cambiato idea, infine la riaprì. «Mio padre ha cresciuto me e i miei fratelli. Non credo che si sia mai considerato un baby-sitter».

Lillian non aveva mai pensato di usare un altro termine.

«È diverso», osservò Harriet. «Se avessi avuto una madre, le cose sarebbero andate in tutt'altro modo».

Lillian sapeva che la ragazza si riferiva a Ruth, ma si sentì chiamata in causa. In ogni caso, non era una cosa molto carina da dire.

Ruth incrociò le braccia e contrasse le spalle.

«Harriet!», interloquì Carrie. «Zitta!»

«Questo è irrilevante», disse Lillian. «Stiamo parlando di abbigliamento, non di configurazioni familiari». Quella che avrebbe dovuto essere una giornata piacevole era andata a monte e lei era decisa a riportarla sui binari. «Andate nei camerini, ragazze».

«Fate con calma». Maryanne cercò di sdrammatizzare. «Interpellatevi a vicenda e discutete tra voi. Ricordate che due teste sono meglio di una».

«Abbiamo selezionato i vestiti tenendo conto degli ultimi modelli». Lillian sentì l'audacia scorrerle nelle vene quando ricordò se stessa da giovane, chiusa in un camerino, ignara delle conseguenze sociali delle sue scelte.

Quelli sì che erano bei tempi. Spensierati. Eppure, le avevano concesso una libertà che era venuta meno con il passare degli anni.

«Se c'è un capo o un vestito che non è di vostro gradimento, fatelo presente. Maryanne troverà un'alternativa. Non ferirete i nostri sentimenti».

Ecco. Stava offrendo loro la possibilità di scegliere.

Avrebbe voluto che qualcuno le avesse detto la stessa cosa quando aveva vent'anni; invece aveva imitato le altre, conformandosi allo stile più diffuso. Ora le studentesse si stavano conformando al suo. Si era sempre sentita lusingata, come se quelle giovani donne avessero avuto diverse opzioni e scelto la sua.

«Sono favorevolissima al pensiero indipendente», rispose Ruth. «Ma non mi intendo affatto di moda».

In quell'istante, la leader aveva manifestato la volontà di adeguarsi. Lillian lo trovava affascinante.

«Potete fidarvi delle nostre scelte e ascoltare ugualmente l'intuito. È importante avere un bell'aspetto, ma anche sentirsi a proprio agio. È così che troverete il vostro stile». Quelle frasi sagge affiorarono dal profondo, da un angolo di cui Lillian non conosceva l'esistenza. Avrebbe voluto annotare quelle parole per non dimenticarle.

Le ragazze si sparpagliarono nei camerini contrassegnati con i loro nomi. Maryanne raddrizzò le sedie e preparò gli appendiabiti vuoti. Uno per i capi scartati. L'altro per quelli diretti verso la cassa e la sua commissione.

13

RUTH

Ruth entrò nel camerino sulla cui porta c'era un foglio immacolato con scritto il suo nome, e si ritrovò davanti ai vestiti che Lillian e Maryanne avevano scelto per lei. Rimase a bocca aperta, poi passò la mano sulle stoffe. Molti tessuti diversi. Bouclé. Ruvidi. Lisci. Soffici.

Era trascorso un po' di tempo da quando aveva fatto shopping a New York con Dotsie. Quelle erano sempre occasioni speciali, perché le passava con la sua migliore amica. Ora era lì, con le sue nuove amiche Carrie e Irene nei camerini attigui. Naturalmente c'era anche Harriet. Era tollerabile. Ruth sapeva che avrebbe dovuto studiare ma, accidenti, si stava divertendo. Temeva di perdere di vista l'obiettivo di superare l'esame.

Non sapeva come inquadrare Lillian, ricca e tutta in ghingheri, ma non proprio snob. «Io ho scelto i vestiti», aveva detto. «Ma indossate pure quello che volete».

Era una specie di test? Un trucco, forse?

Forse nemmeno Lillian sapeva quali fossero gli abbinamenti giusti. Non sarebbe stato interessante? Ruth era impazzita gironzolando tra i manichini. Donne come Lillian e Shirley – e, in parte, anche Harriet – erano incrollabili, sicure di ogni cosa.

Be', forse lei non aveva certezze assolute, ma aveva le idee ben chiare su un punto. Nonostante le loro presunte proprietà trasformative, quei vestiti non si sarebbero materializzati per magia sul suo corpo. Doveva scegliere.

Con indosso solo la sottoveste, le calze e il corsetto, passò in rassegna i modelli, accompagnata dal cigolio degli ometti che scivolavano lungo la barra dell'espositore. Anche se non si intendeva di moda, la selezione di un look appropriato era simile a un esercizio da scuola elementare. Richiedeva logica, non buon gusto.

La gonna e il maglione troppo piccoli erano sicuramente una trappola, o meglio un'esca. A prima vista sembravano azzeccati ma, a un esame più attento, la scollatura profonda non era adatta a un pranzo con le ragazze.

Anche il vestito nero era un tranello. Non si sarebbe lasciata ingannare. Persino lei sapeva che il nero era riservato alle funzioni formali e ai funerali. Si fermò per un attimo, pensierosa. Se solo avesse potuto approfittare della competenza delle sue amiche e trovare un tailleur idoneo per eventuali colloqui con gli studi legali. Scacciò quel pensiero. Quel giorno non doveva concentrarsi sul lavoro che voleva, ma sulla vita che desiderava.

Fece scorrere la mano sui bottoni ricoperti di tessuto. Girò l'etichetta di un vestito grigio che Dotsie, amante del verde, avrebbe definito «scialbo, con una gonna a pieghe». Controllò l'etichetta: *Arnel acetato. $9.97*

Il prezzo esorbitante la spinse a decidere che era la scelta giusta. Avrebbe dovuto optare per capi costosi per un finto pranzo in un ristorante di lusso.

Quando lei e Asher erano arrivati a Philadelphia, due ingenue settimane prima, il pranzo sontuoso era stato reale, non immaginario. Ruth aveva stentato a credere che, dopo la fuga d'amore, Shirley volesse regalarle una giornata fuori. Una giornata molto speciale.

In realtà, Ruth aveva scoperto che, benché la gita fosse servita a mostrarle Independence Hall, la Liberty Bell, la casa di Betsy Ross e persino Wanamaker's, era un test di valutazione.

Persino il pranzo alla Grand Crystal Tea Room era stato una prova da superare. La sosta nel ristorante più grande ed elegante di Philadelphia (ostriche!), nonché uno dei locali più chic in cui Ruth fosse mai stata, era stata calcolata fin nel minimo dettaglio. Dopo l'arrabbiatura per il matrimonio, Shirley aveva detto che quella giornata era un modo per mostrare personalmente la città alla moglie di suo figlio.

Ruth aveva apprezzato lo sforzo, ringraziandola una decina di volte. Immaginava che le figlie partecipassero a pranzi raffinati come quello insieme alle loro madri, cosa che lei non aveva mai sperimentato, e questo l'aveva commossa. L'aveva fatta sentire un po' più simile alle altre ragazze.

Presa dalla gratitudine e dalla ricchezza della giornata, non aveva assolutamente badato alla moda. Non le era mai venuto in mente che l'abbigliamento potesse essere così importante.

A differenza della suocera, che era rimasta colpita, ma non sorpresa, dal ristorante, Ruth aveva guardato a bocca aperta i lampadari di cristallo e le sedie di velluto giallo. Aveva assorbito ogni dettaglio, osservando Shirley per imitarne le emozioni e i movimenti sfumati. Il modo in cui univa le mani e si tirava indietro i capelli, in cui ordinava il pranzo, sorseggiava il tè e sistemava le posate.

Benché Ruth sperasse che Shirley le volesse bene perché gliene voleva Asher, come aveva fatto Jacob con le sue nuore, non voleva correre rischi. Per amore di Asher, Ruth si augurava di instaurare un rapporto madre-figlia, ma si era resa conto che Shirley voleva solo trasformarla in una casalinga perfetta. Aveva accumulato con cura informazioni sulle preferenze della suocera – i nomi dei suoi amici, i suoi giochi preferiti, le riviste, i negozi, le pietanze – in modo da usarle per accattivarsi le sue simpatie, nell'eventualità che l'affetto verso la nuora non le fosse venuto naturale.

Ora si ritrovava in biancheria intima da Saks, con un segreto e un marito che sembrava aver dimenticato le sue promesse.

Quale capo era il più adatto? Non lo sapeva.

Si strinse al petto la camicetta blu e spinse la porta a stecche in stile saloon. Si stupì di non trovare né Lillian né Maryanne, ma non aveva importanza.

Avrebbe chiesto a Carrie.

Con la guaina, il corsetto e i collant in bella mostra, attraversò in punta di piedi l'area comune fino al camerino dell'altra ragazza e premette la guancia contro la porta.

«Psst. Carrie, puoi aiutarmi? Sono Ruth». È questo che facevano le amiche, no? Si aiutavano a scegliere i vestiti.

«Arrivo subito».

Non era la risposta che sperava. Si accorse che moriva dalla voglia di vedere quali vestiti fossero appesi nel camerino di Carrie. Si domandò se fossero molto diversi dai suoi. Chi era quella Ruth che voleva esaminare vari look, e che cosa aveva fatto alla Ruth che desiderava solo studiare? Tornò nel suo camerino, appese la camicetta a un ometto e frugò tra i vestiti. *Pantaloni di velluto a coste con giacca abbinata?* Mmh. Perfetti per il raccolto delle mele, non per un ristorante. L'opzione successiva: *una gonna e una camicia con lettere dell'alfabeto stampate, in poliestere e cotone*. Troppo estrose.

Si infilò il vestito grigio, abbottonò il corpetto a doppio petto e lisciò le minuscole piegoline prima di allacciare la cintura.

«Toc, toc».

«Avanti».

Carrie entrò con un vestito color pesca. *Pesca?* No, più color zucca. Con la scollatura generosa e il colletto ampio, a cui si aggiungevano due file di bottoni in tinta. Il modello metteva in risalto le sue curve e la sua carnagione calda e luminosa. Le donava moltissimo. Ma persino Ruth sapeva che il foulard rosso intorno al collo dell'amica non andava bene.

Carrie passò in rassegna i capi prima di voltarsi e annunciare la sua decisione. «Penso che tu abbia scelto quello giusto. Sei splendida».

Splendida. Non glielo aveva mai detto nessuno. Soprattutto con un vestito grigio. «Non è un po' triste?»

«Triste? No, è il colore delle ali di una tortora. È incantevole. E mette in risalto il grigio dei tuoi occhi».

Davvero? Ruth prese il portacipria dalla borsetta, lo aprì e si guardò. Allargò gli occhi. Niente grigio. Erano marrone chiaro.

«Fidati di me. Forse non te ne sei accorta, ma hai delle pagliuzze grigie nelle iridi. Le ho notate non appena ci siamo conosciute. È molto raro. Non posso essere la prima a fartelo presente».

Carrie era dolce ma piena di sciocchezze.

«Sì invece».

«Comunque, gli occhi marroni sono segno di empatia e quelli grigi di saggezza. Una combinazione potente che, guarda caso, si abbina al vestito».

Ruth guardò il pavimento, l'abito, la parete, qualsiasi cosa tranne la sua nuova amica. Era abituata a ricevere elogi per il suo cervello, non per il suo aspetto.

«Come definiresti quel colore?» Indicò il modello di Carrie.

«Zucca, credo».

«Giusto». Ruth si rinfilò le scarpe e distolse lo sguardo. «Non ti serve il foulard. È incantevole, non fraintendermi, ma ti chiederanno di toglierlo». Ruth si strofinò l'estremità del foulard tra le dita. Carrie fece un passo indietro, liberandosi dalla sua presa.

«Ho una cicatrice che preferisco coprire».

Ruth annuì. Dunque, era così che stavano le cose. Ora sì che i foulard di Carrie avevano un senso. Erano più di una tendenza della moda. «Chiediamo a Maryanne di trovarne uno che stia meglio con questo vestito».

«Non voglio essere una seccatura».

«Non potresti mai esserlo. Coraggio».

Le porte del camerino di Carrie si chiusero con un cigolio mentre Ruth andava a cercare Lillian e Maryanne. La sua amica doveva sentirsi troppo in imbarazzo per disturbarle con la sua richiesta, perciò l'avrebbe fatto lei.

Prima, però, si intravide nello specchio. Un'immagine molto diversa. Salì sulla pedana per guardarsi meglio e ruotò i fianchi. La gonna fluttuò e le pieghe si aprirono a ventaglio come il tutù di una ballerina prima di ricadere al loro posto.

Maryanne si avvicinò. Con tocchi fermi ma delicati, strattonò le cuciture delle spalle, la vita, i polsini e l'orlo, studiando il vestito. «Non ha bisogno di molte modifiche».

Era vero. Ruth lanciò un'altra occhiata al proprio riflesso e azzardò un sorriso. Era carina.

«Ottima scelta», si congratulò Lillian. «Ero certa che avrebbe messo in risalto il grigio dei tuoi occhi».

L'avevano notato tutti tranne lei?

«Prova questa», le suggerì la commessa aprendo una scatola di vetro. Le appuntò una scintillante spilla circolare sopra il cuore, mettendola subito a disagio.

«Sono diamanti? Perché...»

«Nessuno ti sta suggerendo di comprare dei gioielli», la rassicurò Lillian. *Che sollievo!*

Maryanne fece un passo indietro, la osservò attentamente, poi riposizionò la spilla. «È solo per dimostrare come un piccolo accessorio possa cambiare completamente il look».

In effetti faceva una bella differenza. Forse Shirley aveva una spilla che Ruth avrebbe potuto prendere a prestito. Naturalmente non era necessario che fosse tempestata di pietre preziose. «Oh, quasi dimenticavo! Carrie vorrebbe un foulard da abbinare al vestito color zucca».

«Lo scollo a barchetta non richiede un foulard», ribatté Maryanne.

Forse, ma non era quello il problema e non spettava a Ruth informarle della cicatrice. Strinse le labbra e guardò Lillian. «Carrie vorrebbe un foulard».

L'altra annuì, strappandole un sorriso. Aveva mantenuto la promessa di onorare qualsiasi dissenso da parte delle ragazze.

«Ti accompagno nel reparto accessori, Maryanne».

Ruth si sedette, dando le spalle allo specchio.

Lillian si girò. «Torno subito».

Ruth le fece ciao. «Okay». Quella parola le rimase incollata sulla lingua mentre le due donne uscivano dal salottino. Avrebbe potuto usarla alla facoltà di Giurisprudenza, ma ora non era all'università. Non era nemmeno a New York.

Ruth Appelbaum si stava divertendo.

14
LILLIAN

Lillian e Maryanne lasciarono le Diamond Girls alle prese con i vestiti e andarono in cerca del foulard perfetto per Carrie.

«Signora Diamond, sa bene che la ragazza non ne ha bisogno. Rovinerebbe l'effetto generale», disse la commessa mentre ripercorrevano i reparti bambino, scarpe e gioielli fino alla zona accessori.

«Sono d'accordo, ma credo che dovremmo permettere loro di imparare anche dagli errori».

Maryanne alzò le sopracciglia. «È lei che comanda».

L'esile commessa bionda del reparto accessori si fece da parte, e Maryanne scivolò dietro il bancone con la stessa disinvoltura con cui avrebbe calzato un paio di scarpe su misura. Quando tornò nel suo elemento, il suo respiro rallentò e il suo sorriso teso si rilassò.

Lillian non aveva pensato che il compito di aiutare le ragazze potesse essere arduo. Era così che si sentiva la commessa quando collaboravano? La donna tirava forse un sospiro di sollievo quando lei lasciava il negozio? L'ultima cosa che voleva era essere come una delle clienti rompiscatole di Anna.

La fissò, cercando di indovinare il suo stato d'animo, di intuirne i pensieri, ma l'altra si girò di scatto e Lillian vide solo la sua nuca. Non aveva mai avuto intenzione di provocare angoscia ma, a essere sincera, non aveva mai fatto nulla per mettere la donna a suo agio.

Si chinò sul bancone. «Posso aiutarti?»

L'altra sgranò gli occhi e scosse la testa, senza smettere di fare quello che stava facendo. Tirò fuori diverse scatole di foulard piegati, le aprì e le dispose a ventaglio come se fossero carte da gioco. Ne prese alcuni da ogni scatola e li posò uno accanto all'altro sul ripiano.

Lillian non si stancava mai di guardare la seta, quel bellissimo tessuto prodotto da umili bruchi, allevati per creare un delicato ornamento destinato agli esseri umani. Morbido. Sensuale. Un simbolo di lusso e cultura. Dalla lunghissima tradizione. «Sono tutti stupendi».

«Sì». Maryanne arricciò le labbra e le storse di lato.

«Che cosa c'è che non va?»

«Signora Diamond, mi perdoni se sono invadente, ma in tutti questi anni non l'ho mai vista cedere così rapidamente. Sa bene quanto me che la signora Blum non ha bisogno di un foulard. Abbiamo scelto quel vestito per la scollatura».

Era vero. Lillian si raddrizzò, cercando le parole giuste. «Da quanto tempo ci conosciamo?»

«Quattro anni. È stata una delle mie prime clienti».

«E mi sono fidata di te, anche se eri nuova».

«Avevo dieci anni di esperienza nel campo della moda».

«E Carrie Blum ha vent'anni di esperienza nel proprio corpo. Perciò se vuole indossare un foulard, le portiamo un foulard. Oggi non ha intenzione di comprare niente, dunque il suo errore non si ripercuoterà su di te». Lillian non voleva sembrare spocchiosa, ma doveva ammetterlo, ormai quella era diventata la norma per lei. Maryanne aveva ragione a stupirsi del suo comportamento, e persino a disapprovarlo. In passato, qualunque cosa concordassero andava bene. Erano sempre state sulla stessa lunghezza d'onda. Ora sua nonna avrebbe detto che Lillian aveva alzato troppo la cresta. Come se gliene fosse mai spuntata una.

«Signora Diamond, non è quello che intendevo».

«Certo che lo è». Lillian ridusse la voce a un sussurro, sperando di sembrare complice. «So che la tua clientela viene dal passaparola e che è formata dalle mogli che apprezzano i tuoi modelli. Non c'è da preoccuparsi. Le persone sono contente di poter prendere le proprie decisioni, non credi? Penso sia ora che le Diamond Girls siano responsabili delle loro scelte. Non le sto trascinando da nessuna parte; sto semplicemente indicando loro una strada da seguire. Se lo desiderano». Aveva parlato in tono categorico e risoluto, dolce ma convinto. *Irremovibile.*

Picchiettò con le dita sul bancone, aspettando la sua reazione. La commessa era stata l'involontario banco di prova del suo nuovo punto di vista, e Lillian capì che stava limando la sua risposta. Riconobbe i segnali perché anche lei aveva passato anni a reprimere i propri pensieri e a controllare le parole che pronunciava in presenza di Peter. La necessità di trattenersi davanti al marito la sfiniva.

Maryanne doveva sempre stare attenta a cosa diceva davanti alle clienti, si rese conto. Come in quell'istante. Non era quello lo scopo che Lillian aveva voluto raggiungere. La commessa distolse lo sguardo, lisciando e raddrizzando i foulard.

«Che cosa ne pensi? Non devi trattenerti. Puoi dire tutto quello che vuoi».

«Immagino che sia già abbastanza indaffarata con il signor Diamond, le sue figlie e queste ragazze. Non avrà voglia di ascoltare anche me».

«Ti sbagli». L'assunto universale secondo cui il marito e i figli erano le uniche cose importanti nella vita di una casalinga era errato. Ansiosa di ascoltare il pensiero di Maryanne, Lillian si appoggiò al bancone. «La tua opinione conta per me. Che cosa ne pensi del fatto che le ragazze trovino uno stile personale? Ritieni che potrebbe ritorcersi contro di loro?»

«Non se seguono il suo esempio. Potrebbero fare molto peggio. E lo scopo non è forse guidarle?»

Lillian non ne era sicura. Le regole della sua vita – della società, delle donne e del dovere – si stavano confondendo. Aveva un compito da portare a termine: *preparare le ragazze per il futuro*. Però il futuro di quelle giovani cominciava ad assomigliare a una Liberty Bell incrinata. «Le sto forse guidando se impongo cosa è giusto e cosa è sbagliato anziché dare informazioni e lasciare che siano loro a decidere?»

«Credo che dipenda da quanto vuole essere rigida. In passato si atteneva fedelmente alle sue regole. Colori, modelli, scollature, orli. L'ho sempre ammirata per questo».

«Hai figli?»

Maryanne alzò lo sguardo, spalancando gli occhi come se Lillian le avesse puntato una torcia sul viso. «Due ragazzine adolescenti».

Fu solo allora che Lillian notò le leggere rughe di espressione sul suo volto, le zampe di gallina intorno agli occhi. «Be', io ti ammiro perché lavori e cresci due figlie. Ne ho due anch'io, dunque so che non deve essere facile».

L'altra sorrise. «No, ma è una decisione che abbiamo preso io e mio marito Bill. I soldi in più serviranno per il college o per qualunque cosa scelgano di fare dopo le superiori. Bill guadagna abbastanza per mantenerci, ma abbiamo stabilito che non volevamo accontentarci di "tirare avanti"».

Lillian arrossì di vergogna. In tutto quel tempo non aveva mai mostrato interesse per la commessa. *Addetta alle vendite,* si corresse mentalmente. L'aveva sempre considerata una semplice lavoratrice incaricata di soddisfare le sue esigenze. «Le tue ragazze devono essere orgogliose di te e riconoscenti».

Lei ridacchiò. «Gli adolescenti non sono famosi per la loro gratitudine. Perlopiù sono contente che io non sia lì a infastidirle quando tornano da scuola».

«So cosa intendi. Anche quando sono a casa, sembrano vivere in un mondo a sé».

Maryanne fece un sorriso comprensivo. «Un giorno capiranno quanto avrei voluto essere presente. Non mi fraintenda, amo il mio lavoro, ma...»

«Vorresti restare a casa?»

«Esatto».

L'erba del vicino era sempre più verde. Lillian, invece, trovava meravigliosa l'idea di un lavoro che le permettesse di contribuire finanziariamente alla famiglia, di disporre del proprio denaro e di godersi la libertà.

Non poteva che ammirare la decisione, da parte dell'altra donna, di garantire un'istruzione alle figlie. Aveva sempre potuto dare per scontato che i guadagni di Peter fossero più che sufficienti per le esigenze sue e delle ragazze, college compreso. Pammie e Penny *dovevano* andare al college, e non per cercare marito.

Lillian si drappeggiò due foulard di seta sul braccio mentre Maryanne usciva da dietro il bancone. «Hai fatto delle ottime scelte per le ragazze oggi, ma non mi sorprende».

«È gentile da parte sua, signora Diamond».

«Mi piacerebbe che mi chiamassi Lillian e che mi dessi del tu».

«Sicura?»

«Sicurissima».

Maryanne fece un timido sorriso. «Grazie».

Si incamminarono verso il salottino, ma Lillian si fermò di colpo davanti a un espositore di abbigliamento per bambini. «Posso farti una domanda?» Non aspettò la risposta. «Che cosa ti piace di più del tuo lavoro? Sempre che ti piaccia veramente».

«Le clienti gentili come te».

«Non sono a caccia di complimenti. Vorrei saperlo davvero».

L'altra si guardò intorno come se cercasse delle spie o una trappola. «Amo fare qualcosa in cui sono brava, ma soprattutto amo l'idea che, grazie al mio lavoro, le mie figlie potranno andare al college, se vorranno. Con i soldi in più abbiamo potuto permetterci degli insegnanti privati quando le ragazze ne avevano bisogno, ed è così che pagheremo le rette. Il mio lavoro va al di là dei compiti che svolgo. Può creare il futuro delle mie ragazze».

Lillian la guardò con profondo rispetto. La sua risposta era stata candida, sincera, persino stimolante. Quella donna lavorava con uno scopo, e il suo obiettivo non era accasare le figlie.

«Si tratta solo delle ragazze? Cosa mi dici di te? Ti piace il tuo lavoro?»

Lillian sapeva che la domanda era diretta, ma era veramente curiosa. Sarebbe stato sbagliato se la donna avesse lavorato solo per le figlie e non per la sua crescita personale? Ora che stava mettendo in discussione le proprie priorità, Lillian voleva scoprire cosa desse un senso alla vita. Anche solo concedersi del tempo per rifletterci pareva un lusso. Eppure, non sembrava del tutto rassicurante. Assomigliava a un regalo indesiderato, avvolto in un fiocco di dubbi.

«Non ci ho mai pensato prima». Maryanne corrugò la fronte, forse cercando altre risposte. «Be', mi piace avere qualcosa di interessante di cui parlare quando torno a casa ogni sera. Le storie non mancano. Nulla di inappropriato o di privato, naturalmente».

Lillian ridacchiò. «Non devi giustificarti. Mia madre lavorava da Gimbels. Tornava a casa con un sacco di storie interessanti». All'epoca aveva avuto qualche difficoltà a immaginare gli eccessi borghesi descritti da Anna. Camicie da notte, tutine, copertine, mutandoni, coprifasce, bavaglini, cuffiette eccetera, tutti scelti dalle clienti prima del parto e consegnati in seguito. Come oggetti comparsi per magia in una fiaba, nulla a che vedere con la realtà della loro vita, la vita delle persone comuni, costrette a lavorare.

Anni dopo, l'esperienza di Lillian nell'acquisto di corredini aveva superato tutto ciò che sua madre aveva descritto. Aveva comprato ogni cosa prima in azzurro e poi in rosa. Oh, quanto le era mancata Anna quel giorno. Le era mancata la possibilità di condividere con lei la sua vita da favola. In qualche modo, parlare con Maryanne la spinse a pensare a sua madre e a ricordare le cose belle. *Dipendeva solo dalla mancanza di pretese? Dalla semplicità della conversazione? Come aveva fatto a non accorgersi prima dei parallelismi?*

Lillian e Maryanne sorrisero, scoprendo un'affinità che nessuna delle due aveva immaginato. La commessa allungò la mano e raddrizzò i vestitini sull'espositore. Completini da marinaio blu con berretti di lana in tinta.

«Scommetto che tua madre è felice per te», disse Maryanne. «Che tu sia dall'altra parte del bancone, per così dire».

La domanda guastò l'umore di Lillian. Sua madre? Felice per lei? Felice per qualcosa? La madre che ricordava, l'Anna Feldman dagli occhi scintillanti che le aveva consegnato un sacchettino di carta cerata con dentro pezzetti di pretzel ricoperti di cioccolato, era scomparsa da tempo. I frammenti erano troppo piccoli perché la ragazza del negozio dì dolciumi potesse esporli o venderli. Ricacciò indietro una lacrima.

«La perfezione è sopravvalutata», le diceva sempre. Se lo ricordava ancora mentre passava le giornate a guardare distrattamente fuori dalla finestra dell'ospedale?

Lillian avrebbe voluto ricordare l'autenticità del sorriso di Anna. Che fosse sincero oppure no. A quel tempo, nel sacchettino aveva visto solo uno snack appetitoso, non una metafora della vita. Che cos'altro le era sfuggito riguardo a sua madre?

15
RUTH

Ruth scattò sull'attenti quando Lillian e Maryanne entrarono nel salottino. Sorrisero entrambe e Lillian le mostrò la selezione di foulard. C'era solo l'imbarazzo della scelta. Di lì a qualche istante, Ruth entrò nel camerino di Carrie portando con sé i modelli consigliati, grata di farsi tramite del buon gusto della loro mentore. Era indipendente, non dissennata.

«Mi piace questo». Carrie prese un quadrato di seta a tinta unita, di qualche tono più chiaro del vestito, più color cantalupo che zucca, ma pur sempre incluso nello stesso gruppo di alimenti. «Esco tra un minuto».

«D'accordo».

Ruth spinse la porta e, quando i battenti si chiusero alle sue spalle, si fermò a guardare il rettangolo color crema, costellato di papaveri rosso arancione dipinti a mano, ancora drappeggiato sul suo braccio.

Il foulard, un'opera d'arte morbida e lussuosa, le riportò di nuovo alla mente *Il mago di Oz*. Ispirava bellezza. La sua amica avrebbe dovuto provare anche quello. La vita era fatta di scelte. Senza bussare, rientrò nel camerino e fece tanto d'occhi.

Un cerchio viola e nero delle dimensioni di una moneta, o forse più grande, spiccava sul lato sinistro del collo di Carrie.

Trasalì prima di riuscire a trattenersi. «Non è una cicatrice. È un *livido*».

Una cicatrice rappresentava il passato. Un livido il presente.

Carrie si passò una mano sulla gola. «So benissimo cos'è».

Alle ragazze come lei non accadevano cose del genere.

«Che cosa sta succedendo lì dentro?», chiese Irene da un altro camerino.

«Mi sono solo pizzicata con la cerniera», urlò Carrie per farsi sentire dalle altre.

«Ahi! Fa' attenzione», disse Irene.

«Ci vediamo tra un minuto», intervenne Harriet. «Carrie, tutto bene?»

«Sì, grazie».

«Ecco, lascia fare a me», si offrì Ruth.

Quando si avvicinò, Carrie abbassò la mano e distolse lo sguardo. Delicatamente, come se maneggiasse ali di farfalla, Ruth le avvolse intorno alla gola il foulard color crema a motivi floreali.

«Sono proprio imbranata». Carrie girò la testa a sinistra. «Ho sbattuto contro l'antina aperta di un mobiletto della cucina. Prima ho preso un'aspirina e ho fatto un impacco di ghiaccio. È più imbarazzante che doloroso. Non dirai nulla, vero? Io non ho detto a nessuno della facoltà di Giurisprudenza né dell'esame di abilitazione né del fatto che vuoi lavorare, nemmeno a Eli».

«Certo che non dirò nulla». Ruth le sistemò il foulard e glielo legò con un morbido fiocco sopra la clavicola destra. «Ma devi promettermi di stare più attenta». Un istinto protettivo le strinse il cuore, invisibile ma inequivocabile.

Si incamminarono verso il salottino, dove le altre le aspettavano davanti allo specchio per valutare le scelte reciproche.

Non c'era niente che Ruth potesse fare in quell'istante, così si godette il divertimento, volteggiando e ridacchiando come un'adolescente.

Circondata dalle nuove amiche, trovò quella giornata estremamente allegra.

Il resto della mattinata fu dedicato alle prove per coloro che avrebbero fatto acquisti. Cappelli. Guanti. Scarpe. Guaine.

Dopo che le ragazze ebbero scelto cosa comprare – Ruth optò per il vestito grigio, Irene per un twin-set color asparago e Harriet un cappello a tamburello color caffè e crema –, tornarono ad accomodarsi sulle sedie con gli abiti con cui erano arrivate. Sacchetti e custodie erano allineati contro la parete alle loro spalle.

«Che cosa avete imparato oggi, ragazze?», domandò Lillian.

«A comprare guaine di una taglia in meno», rispose Harriet, facendole ridere.

«Mi riferivo a cosa avete imparato su voi stesse», precisò Lillian.

Da Saks? Non era un'università prestigiosa, e nemmeno un college di second'ordine. Ruth non aveva immaginato di poter scoprire qualcosa su se stessa in un grande magazzino.

Eppure, era così. Aveva capito che i complimenti ricevuti mentre indossava il vestito grigio le avevano infuso fiducia per l'imminente ricerca di lavoro, e non vedeva l'ora di dirlo alle altre. Si domandò se sarebbe riuscita a estendere quella sicurezza dall'aspetto esteriore a tutti gli altri obiettivi che voleva raggiungere, soprattutto all'esame di abilitazione.

«Ho provato capi che non avrei mai scelto da sola e mi sono piaciuti», disse Irene. «Ho imparato a rischiare. Con il guardaroba, beninteso».

«È una grande lezione», commentò Lillian.

16

RUTH

Non appena Ruth entrò dalla porta d'ingresso, orgogliosa dei vestiti nuovi nei sacchetti infiocchettati, fu accolta da una bambina. Judy, la nipote di Asher, le corse incontro e le strinse le piccole braccia paffute intorno al polpaccio.

La ragazza fu sorpresa non solo dalle ospiti inattese, ma anche dalla reazione di gioia che quel caloroso benvenuto le aveva procurato.

Shirley ridacchiò per l'entusiasmo della nipotina, anche se Abigail allontanò subito la figlioletta perché non sporcasse i sacchetti.

«Sembra che qualcuno abbia avuto una giornata produttiva». Lanciò un'occhiata agli acquisti. «Possiamo vedere?»

Abigail era stata sempre amichevole con la cognata, accogliendola in famiglia senza mai rinfacciarle la fuga d'amore. Riconoscente per quelle premure, Ruth scartò il vestito e lo mostrò alle altre due.

Shirley fece un passo indietro, studiando il colore. «Riprende il grigio dei tuoi occhi».

Sembrava soddisfatta. Come se la nuora potesse già essere un'elegante donna Appelbaum.

«Grazioso», commentò Abigail. «Rossetto?»

Nel sacchetto ce n'era uno nuovo fiammante, e Ruth lo tirò fuori e lo aprì, mostrando un'intensa tonalità rosa crema che esaltava il vestito e i suoi capelli bruni.

Le donne fecero un cenno di approvazione mentre Judy esclamava: «Ossetto!» e gettava di nuovo le braccia intorno alla gamba di Ruth.

Che cosa stava succedendo? La ragazza era cresciuta in una famiglia di soli uomini, senza madre né sorelle, e quella situazione le sembrava ancora strana. Eppure, da un certo punto di vista, era rassicurante avere un legame con quelle donne, che ormai erano sue parenti. Almeno sulla carta. Era la stessa sensazione che provava con le Diamond Girls.

Prese in braccio Judy, che le riempì il cuore con la sua tenerezza e i suoi movimenti goffi. Non aveva mai provato nulla di simile con Heidi. Era forse diverso con un bambino della propria famiglia?

Strofinò il naso contro quello di Judy, strappandole una risatina.

Shirley e Abigail stavano ancora ammirando il vestito quando la porta si aprì. Leon e Asher entrarono salutando. Quando Asher cercò di prendere la nipote, la piccola non volle saperne di lasciare la zia. Persino Shirley inarcò un sopracciglio.

Ruth doveva ammetterlo, era bello far parte di quel clan. Anche se aveva le sue idee sul proprio ruolo al suo interno.

Dopo cena, quando le ospiti se ne furono andate e la cucina fu di nuovo in ordine, Ruth andò in camera, si sfilò le décolleté e si tolse le calze di nylon.

Asher entrò dopo di lei, chiuse la porta dietro di sé e si tolse la camicia.

«Quella è forse un'espressione accigliata? Deve dipendere dalla nostalgia di tuo marito, perché per il resto mi sembra che tu abbia trascorso una bella giornata».

Ruth aveva i vestiti nuovi appesi nell'armadio e spruzzi dei campioni di colonia che indugiavano sulla scollatura.

Quel giorno aveva pensato all'esame e ai potenziali colloqui di lavoro meno di quanto facesse da settimane, e ora un senso di slealtà e di delusione verso se stessa si era insinuato dentro di lei.

Come se curare il proprio abbigliamento fosse importante quanto lottare per le leggi che tutelavano le donne e i bambini maltrattati.

«Cosa c'è che non va?», chiese Asher.

«Niente».

Quel giorno si era comportata da casalinga, interessata solo al mondo che ruotava intorno a quel camerino. Doveva smetterla. Doveva ottenere l'abilitazione e usare il sistema legale per difendere i diritti dei più deboli. La giornata di distrazioni divertenti era terminata.

Tirò fuori il libro, chiuse il cassetto con un tonfo e si appoggiò alla testiera del letto.

«Perché sei così brusca?», insistette Asher. «Di solito non sbatti i cassetti».

«Rifletto semplicemente su quanto sta succedendo».

Lui la cinse con le braccia. «Credevo che ti fossi divertita a fare shopping. E che avessimo passato una serata piacevole con mia sorella e Judy». Aveva ragione. «Sei bravissima con la bambina. Si è affezionata molto a te».

D'un tratto il suo abbraccio sembrò una morsa.

Ruth si divincolò. «E questo cosa vorrebbe dire?»

«Niente. Pensavo che fossi contenta di piacere a Judy».

«Lo sono». Ruth si guardò le mani. «Ma sai che non voglio avere figli in questo momento».

Asher trasalì. «Perché reagisci in questo modo? Avevamo deciso che non volevamo ancora un bambino. Ho detto soltanto che sei brava con lei, perché è così».

Ruth gli appoggiò la testa sulla spalla robusta. «Mi dispiace. Adoro Judy». Si voltò, temendo che se l'avesse guardato, lui avrebbe capito cosa la preoccupava davvero. Chinò il capo. «Oggi mi sono divertita al punto di dimenticare che non sono una casalinga come le altre ragazze».

Lui rise. «Non sei mai stata come le altre». La abbracciò di nuovo, e questa volta fu un gesto pieno di calore e comprensione.

«È più difficile di quanto immaginassi», sussurrò Ruth.

«Il matrimonio?»

«La vita». Ruth guardò quell'uomo massiccio e gentile a cui era legata dalla legge e dall'amore. «Voglio essere una brava casalinga, dico sul serio. Ma appassirò e morirò se dovrò leggere un altro numero di "McCall's". Perché non posso leggere il giornale *e* preparare la cena?»

«Voglio solo che tutto questo ti piaccia», disse Asher.

Ruth gli prese le mani e lo fissò. «Mi piace essere tua moglie. E voglio essere una brava moglie. Voglio anche contribuire alla società, ma non organizzando buffet per la *Sisterhood of Wives*. Voglio avere dei figli, un giorno, e se avremo una femminuccia, voglio assicurarmi che abbia delle opportunità. Non solo perché ha un padre straordinario che glielo permetterà, ma perché è giusto così e perché ci saranno leggi a sua tutela. Voglio far sì che le figlie, le madri e le sorelle di tutti abbiano delle opportunità e che siano protette qualunque cosa accada. E anche i loro bambini».

Asher sembrò trattenere il respiro molto a lungo, cercando di dare un senso allo strano stato d'animo di sua moglie dopo una giornata così felice.

Ruth era seccata dal fatto di avergli dovuto rispiegare ogni cosa.

Quando lui espirò, aveva un'aria leggermente più triste. «Mentirei se dicessi che a volte non ho desiderato essere abbastanza per te. Ma allora non saresti la donna di cui mi sono innamorato. La prima della classe, che studiava con un gruppo di ragazze sul prato del Barnard, snocciolando fatti storici e agitando le braccia. Eri qualcosa di diverso allora e sei qualcosa di diverso adesso». La baciò di nuovo. «Il *mio* qualcosa di diverso».

Si sentì sollevata. Non aveva sbagliato a giudicarlo. «Odio i segreti. Odio mentire».

«Ai miei genitori, intendi?» Si grattò il mento. «Forse non è tanto una menzogna quanto una sorpresa».

Asher era intelligente, ma Ruth non riuscì a trovare conforto nella semantica. Lui capì di non averla convinta. «So che non vuoi una vita semplice come quella di mia madre».

Si sciolse dalla sua stretta. «Non credo affatto che sia semplice, Ash. Tua madre ha cresciuto tre figli. Ha gestito il suo matrimonio affinché Leon facesse sempre bella figura. Ha organizzato le proprie attività, la vita sociale con tuo padre e gli eventi di famiglia. Ha mandato avanti la casa pur potendo contare su una donna delle pulizie. Dava lezioni di etichetta. Ospitava le studentesse. Per non parlare della *Sisterhood of Wives*, del mahjong, del bridge e, sono sicura, dell'associazione genitori-insegnanti». Fece una pausa per riprendere fiato. «La stai sottovalutando. Sono certa che abbia sempre fatto dieci cose contemporaneamente. Non credo che avere una nuora avvocato la sconvolgerà. Potrebbe persino esserne orgogliosa».

Si era illusa che dirlo ad alta voce avrebbe placato i suoi timori, ma si era sbagliata.

Il marito la fissava con la preoccupazione scritta a chiare lettere sul volto. «Del fatto che lavori? No. Conosco mia madre».

Ruth si impuntò. «Voglio iniziare a studiare per l'esame senza dovermi nascondere».

«Più le piaci, e più sarà facile. Succederà, Ru. Sii paziente. Ti prego. È difficile anche per me, sai. Non voglio deluderti. Ma ho bisogno che mia madre ci appoggi».

«Siamo qui da due settimane; siamo sposati da settantotto giorni. Più aspettiamo, e peggio sarà. Si sentirà tradita».

«Secondo me, se aspettiamo è più probabile che i miei lo accettino».

«Ash, sosterrò l'esame e troverò lavoro. Voglio che i tuoi genitori siano soddisfatti di me, altrimenti non ti avrei assecondato. Ma non ho bisogno della loro approvazione. Non ho studiato Giurisprudenza per fare la casalinga. Voglio fare il bene che so di poter fare. L'hai sempre saputo».

Non aveva voluto essere così polemica. Si rimproverò per essere stata aspra con lui, ma non aveva altra scelta.

«Sì». Asher annuì.

Quando le affondò la testa nell'incavo della spalla, Ruth decise di credergli.

«Possiamo aspettare fino a dopo i giorni sacri?», chiese lui. «Se a quel punto non si sarà presentata l'opportunità di parlare con loro, ne creeremo una».

Mancavano solo due settimane e mezzo a Rosh haShana. Una richiesta ragionevole.

Forse. O era una tattica per rinviare ancora? Per non dover affrontare Shirley? Per rimandare il momento in cui avrebbe detto la verità? Harriet aveva forse ragione a dire che Ruth aveva bisogno del permesso dei suoceri per vivere la sua vita?

Forse. Ma a prescindere dalle altre sue convinzioni, aveva capito che il compromesso era la base di un matrimonio solido. Asher si sarebbe fatto avanti per difendere le scelte professionali di sua moglie quando fosse stato necessario. Harriet e tutti gli altri l'avrebbero visto. Ruth aveva bisogno di crederci. Non era pronta a rinunciare ai suoi sogni né al suo matrimonio.

«Me lo prometti? Qualunque cosa succeda?», domandò. «Dopo i giorni sacri?»

«Te lo prometto».

17

LILLIAN

Lillian canticchiava, cosa che non era da lei. Forse avrebbe voluto essere una persona più allegra. Gli altri la consideravano una donna realizzata ed elegante, non giocosa e simpatica. Ma eccola lì a muoversi per la cucina sulle note di una musica nella sua testa, con il cuore leggero di una ragazza spensierata. Cosa che non era. Era invece un'affermata insegnante di etichetta.

La giornata da Saks era stata divertente come aveva sperato. Aveva spiegato alle ragazze come esaltare la loro bellezza e insegnato loro che non occorreva essere prepotenti per ottenere ciò che si voleva. E il tempo trascorso con Maryanne le aveva ricordato Anna come non sarebbe accaduto se non avesse deciso di fare le cose diversamente.

Le confidenze con la commessa le erano state di conforto.

Anche se sua madre era ricoverata in un ospedale psichiatrico, in passato avevano vissuto momenti felici, come i pretzel rotti.

Forse anche Lillian era un pretzel rotto, e non ci sarebbe stato nulla di male in questo. Anna le aveva dimostrato che la perfezione era sopravvalutata. I frammenti erano altrettanto dolci, altrettanto croccanti.

Pammie entrò in cucina, come sempre con Penny alle calcagna. «Puoi insegnarmi a preparare la colazione?»

Lillian rise. «Non vuoi prima cenare?»

La primogenita fece un sospiro esagerato che esprimeva tutta l'esasperazione di un'adolescente davanti a una battuta dei genitori.

«Per Donald», disse. «Così sarò in grado di preparargli la colazione quando ci sposeremo. Gli piacciono i pancake con molto sciroppo».

Lillian si allontanò dai fornelli e si sciacquò le mani. «Hai quattordici anni. Non è necessario che pensi a come preparare la colazione per un marito immaginario. Sono sicura che qualsiasi cosa cucinerai per il tuo futuro consorte andrà bene. Nel frattempo, che mi dici di *te*? Qual è la *tua* colazione preferita?»

«Mamma! La mia colazione preferita sarà quella che consumerò quando mi sveglierò come moglie di Donald».

Sentendo accelerare il battito, Lillian fece un respiro. Lei, se non altro, aveva cominciato a pensare di sposarsi quando era al terzo anno di università. Ma a *quattordici anni*? Non poteva e non voleva lasciare che Pammie sprecasse la sua vita in quel modo.

Sospirò. «Volevo solo dire che sono interessata a *te*. E anche a tua sorella. Voglio sapere cosa ti piacerebbe mangiare a colazione insieme a Donald. Così sarete entrambi soddisfatti».

«Io vorrei dei pancake, per favore», si intromise Penny. Lillian era contenta che fosse così incline ad affermare le proprie preferenze alla sua giovane età. Forse non era una madre così cattiva.

«Perché alle altre ragazze puoi insegnare a essere mogli e a me no?!», esclamò, battendo il piede.

«Pammie!» Lillian la guardò dritta negli occhi. «Ti mostrerò volentieri come preparare la colazione, ma devi moderare il tono».

Lillian si asciugò le mani con lo strofinaccio e lo gettò sul ripiano. Quando si voltò per rompere le uova in una ciotola, si accorse che Peter era sulla soglia. Non aveva sentito aprire la porta d'ingresso.

«Che cosa succede?», chiese lui. «La cena non è pronta?»

Lillian lanciò un'occhiata all'orologio. Era in ritardo. Non di molto, ma abbastanza per non essergli andata incontro nell'ingresso.

«Ho solo tardato un po'. Posso prepararti un cocktail mentre aspetti». Sapeva di sembrare agitata, uno stato d'animo che di solito non mostrava agli altri. Quando guardò Penny, la ragazza aveva un'espressione confusa, ma Pammie non si era ancora calmata. Doveva sforzarsi di dare loro un esempio migliore.

«Come sono andate le cose al lavoro oggi?», domandò. «Sei riuscito a strappare quel cliente alla Fine Fabrics Mills?»

Peter la ignorò. «Cos'è questa storia del tono?»

«Stavamo parlando di shopping, tutto qui. Oggi ho tenuto la lezione di etichetta da Saks».

Pammie sbuffò. «Non è giusto. Sono io ad aver bisogno di un cappotto nuovo, papà».

«Quello che hai va benissimo», la zittì Lillian. «Nessuno qui ha bisogno di un cappotto nuovo».

Le figlie di Maryanne avrebbero preteso dei vestiti nuovi, sapendo quanto la loro madre lavorasse duramente? Lillian non aveva mai chiesto nulla. I nonni avevano provveduto alle sue esigenze senza viziarla. Aveva sempre avuto quello di cui necessitava e, di tanto in tanto, quello che desiderava. Non si era mai domandata se cedere a ogni piccolo capriccio delle figlie potesse trasformarle in giovani donne che si aspettavano tutto e non davano niente.

«Tua madre sa quello che dice», disse Peter.

Pammie, delusa, curvò le spalle.

«Posso andare?», chiese Penny. «Devo fare i compiti di matematica».

«Anch'io». La voce di Pammie tradiva la sua rassegnazione. «Di grammatica, però».

L'uomo indicò i piatti sporchi sul ripiano. «Metteteli nel lavello e poi sì, potete andare». Aveva preso di nuovo le sue difese di fronte alle ragazze, ma Lillian intuì che era contrariato per il ritardo e per la discussione. Le due sorelle salirono al piano di sopra e Peter si diresse verso lo studio. Lei sentì il clic del televisore e la voce del conduttore del notiziario.

Nel cuore della notte regnava un silenzio speciale, pensò Lillian, mentre guardava Peter che dormiva profondamente accanto a lei. A forza di girarsi e rigirarsi temeva di svegliarlo. Una moglie perfetta si assicurava che il marito fosse ben riposato al mattino, ma l'agitazione non le permetteva di rilassarsi.

Peter l'aveva salvata come un cavaliere su una Chevrolet scintillante. L'aveva salvata da due nonni invadenti in una casa a schiera a Overbrook Park, dall'immagine della ragazza con la madre in manicomio, che certo non attirava molti pretendenti. Sapeva di Anna e l'aveva sposata ugualmente. Era un uomo con la U maiuscola, senza dubbio. Ma per questo lei aveva sempre pensato di dovergli una fedeltà incondizionata. Se fosse rimasta nubile, come l'avrebbe etichettata la società? Come una zitella. Anche se avesse lavorato, non si sarebbe mai potuta permettere il tipo di agiatezza e di privilegi di cui godeva ora. Non avrebbe mai avuto le sue figlie.

Mentre guardava il marito addormentato, era grata che l'avesse vista come una potenziale Diamond. Se lui l'aveva salvata, lei aveva ricambiato diventando la casalinga perfetta, capace di far colpo su clienti e colleghi. Cosa che aveva contribuito al successo di Peter.

I pensieri assillanti, tuttavia, non le davano tregua. Scese le scale in punta di piedi. Non c'era nulla di male a buttare giù qualche idea, no?

Andò in sala da pranzo e tirò fuori il bloc-notes azzurro. Lo posò sul tavolo e cercò il primo foglio vuoto, sfilando una matita dal retro. Forse era ancora troppo presto per parlare a Peter, o a chiunque altro, dei suoi nuovi progetti per ampliare i corsi di etichetta, per migliorare l'autostima delle donne, ma poteva prepararsi. Poteva dar forma alle idee per quando fosse arrivato il momento giusto. Dopotutto, aveva forse bisogno del permesso di suo marito per impostare diversamente i corsi? Le giovani donne dovevano imparare molto altro, oltre alle buone maniere.

Scrisse furiosamente. Iniziò con le sue convinzioni errate sulla gravidanza e sulla maternità. Poi quelle sul matrimonio e sugli uomini sgorgarono come l'acqua da un idrante.

Quando rilesse gli appunti, fece un profondo sospiro. Sebbene il quadro che aveva dipinto fosse tetro, pieno di rinunce e di apatia perenne, più svuotava il cuore, e più quello si riempiva di speranza. Mettendo nero su bianco le soddisfazioni che si era tolta, avrebbe aiutato le ragazze a raddrizzare il tiro. Comprese le sue figlie. Avrebbero potuto condurre una vita stimolante e consapevole. Avrebbero capito che avevano la possibilità di scegliere.

Continuò a scarabocchiare, ottimista e ispirata, persa nel nuovo progetto. Quando udì i passi che scendevano le scale, sussultò. Raccolse i fogli e li nascose, poi chiuse il bloc-notes, sentendosi un gatto che aveva mangiato il canarino anziché una casalinga che era rimasta sveglia fino a tardi.

«Lillian, è mezzanotte passata. Che cosa stai facendo?» Peter era sul bordo della stanza, dove il pavimento di marmo dell'atrio incontrava la moquette della sala da pranzo. Pigiama azzurro. Niente pantofole, niente vestaglia. Lillian si commosse al pensiero che avesse sentito la sua mancanza o che si fosse preoccupato per lei.

«Sto solo pensando a come arricchire le lezioni di etichetta».

«A notte fonda?»

«Mi è venuta l'ispirazione. Non mi sono resa conto dell'ora».

Lui scosse la testa, chiaramente perplesso. «Bene, ma adesso vieni a letto».

Lillian ripose il bloc-notes nella credenza. «Ho qualche nuova idea. Potrebbe occorrermi un po' di tempo in più per metterle a punto. Qualche settimana, probabilmente».

«Purché non interferisca con le nostre esigenze, può tenerti occupata come meglio credi».

Come meglio credo? Lillian fremette di irritazione. «Non si tratta di *tenermi occupata*. Lo sono già abbastanza».

«E allora, Lil? Sono stanco».

Il cuore della notte era un momento come un altro per essere sinceri. «Non sono molto soddisfatta di me stessa». Si guardò bene dall'incolpare lui.

«Che cosa?»

All'inizio Lillian scambiò la sua smorfia per preoccupazione, poi si rese conto che poteva essere delusione. Avrebbe dovuto tenere per sé i propri pensieri, ma ormai era troppo tardi. «Non lo so. Ho solo bisogno di qualcosa in più».

Peter allargò le braccia e girò su se stesso, con la sonnolenza che cedeva il passo alla confusione. «Qualcosa in più? Mi stai dicendo che tutto questo non ti basta? Che cosa potresti mai volere di più? Dimmelo. Una macchina nuova? Una piscina? Non dirmi che si tratta del cane».

Gli oggetti materiali come elettrodomestici, ninnoli, gioielli, vestiti e automobili non c'entravano nulla.

«Ha a che fare con tua madre, vero?»

La domanda la stupì. Non era da Peter menzionare Anna. In passato era sempre stato comprensivo. Non le aveva mai rinfacciato la storia della sua famiglia come forse avrebbero fatto altri uomini.

«No, non proprio. Ha a che fare con le donne in generale». Lillian non aveva immaginato che esprimere i suoi sentimenti ad alta voce sarebbe stato così difficile. Le sue parole suonavano talmente bizzarre da sembrare una lingua straniera, anche alle sue orecchie.

Peter sospirò. «Se sei così infelice, forse dovresti rivolgerti a uno psichiatra, Lil. La moglie di Ben Parker ci va. Anche quella di Jerry Stern. Ha prescritto loro delle pillole che le aiutano a sentirsi normali. I ragazzi dicono che funzionano».

«Che cosa vorresti insinuare? Che sono...» Sull'orlo del pianto, Lillian allungò il braccio e gli puntò il dito contro. «Ritira quello che hai detto!»

«Allora non fare l'*isterica*!»

«Avevi promesso che non avresti mai usato quella parola!» Le lacrime le rigarono il viso. Peter sapeva che quella parola la addolorava ora come quando aveva undici anni, suo padre era morto, e sua madre era andata in ospedale.

Lui si passò la mano tra i capelli. «Per la miseria. Non volevo, Lil. Ma dici sul serio? Tutto questo non è abbastanza?»

Lillian non voleva ferire suo marito; lo amava. Non era colpa sua se era... cosa? *Fortunata? Privilegiata? Favorita dalla sorte?*

E scontenta. La parola *scontenta* le si bloccò in gola e le ingarbugliò i pensieri.

Doveva esserci qualcosa di sbagliato in lei: una donna con una vita come la sua non aveva nulla di cui essere insoddisfatta. Eppure, le idee le rimbalzavano nel cervello come le palline di un flipper.

«Lascia stare. Sono solo stanca». *E confusa,* pensò. *Disillusa.* Ma non era colpa di Peter. Era un buon marito, un brav'uomo, e lei l'aveva preso alla sprovvista. A notte fonda.

Peter le prese la mano. «Secondo me dedichi troppo tempo ed energie a quelle lezioni per casalinghe».

«Forse», disse Lillian mentre salivano le scale. Notò quanto si sentisse al sicuro quando le proprie dita erano intrecciate alle sue. Non era pronta a lasciarle andare.

18
LILLIAN

Il tempo cupo non era una giustificazione per un umore cupo. Non doveva lasciarsi deprimere dall'argomento dell'incontro di quel giovedì. La terza lezione doveva essere chiara e precisa. Il futuro finanziario di quelle ragazze e delle loro famiglie dipendeva dal fatto che sapessero contribuire al successo dei loro mariti.

Lillian dimenticò il cielo grigio e la pioggerella e si costrinse a sorridere mentre sistemava un piatto di cristallo pieno di caramelle e un altro di foglioline di menta piperita. Riordinò i cuscini sul divano e passò l'indice sulla mensola del caminetto in cerca di polvere inesistente. Raddrizzò le foto incorniciate e allineò i libri sul tavolino. La meticolosità era una dimostrazione di riguardo per gli ospiti e un modo per insegnare l'ordine tramite l'esempio.

Respiro profondo.

Mettendosi le mani sui fianchi, controllò prima la stanza e poi se stessa. Adorava l'abito stampato con i bottoni rivestiti. Il bordo ampio, pieno di prugne viola, foglie verdi e accenti dorati, le rammentava il piatto da portata di porcellana di sua madre, quando era carico di pollo alle prugne durante i giorni sacri. Amava quando i ricordi la rendevano felice anziché rattristarla. Con un sorriso spontaneo, aprì le tende sfidando il cielo coperto.

Shirley entrò in salotto senza neppure salutare, scartò una caramella tra i familiari fruscii del cellophane e se la mise in bocca. Lillian ne sentì lo schiocco contro i denti.

«Grazie per essere venuta un po' prima». Si sentiva in colpa per essersela presa con lei durante la prima lezione. Doveva dirle che aveva pensato di modificare il contenuto degli incontri? Era stata Shirley ad avviare quei corsi, che si basavano sui suoi insegnamenti. Forse si sarebbe offesa se avesse scoperto che l'amica voleva fare dei cambiamenti.

«Non volevo arrivare tardi».

Lillian non riusciva a immaginare di tenere nascosta la propria insoddisfazione all'amica, ora che l'aveva confessata a se stessa. Conosceva l'altra donna da molto tempo; avrebbe dovuto rivelarle il suo desiderio di novità? Lei l'avrebbe aiutata a superare questi problemi inattesi, oppure l'avrebbe ostacolata?

Lillian la guardò prendere una fogliolina di menta prima di accomodarsi sulla sua poltrona preferita.

Un altro respiro profondo.

Il campanello suonò, impedendole di parlare. Le ragazze non avrebbero potuto scegliere giorno peggiore per arrivare in anticipo. Lillian aprì la porta d'ingresso e la minaccia della pioggia portò un'afosa nuvola di umidità nella stanza. Ruth, Carrie, Irene e Harriet entrarono tutte insieme. Si sedettero sui divani nel solito ordine, ciascuna con un vestito dai colori autunnali – oliva, oro, ruggine, marrone – di gabardine, velluto a coste e cotone.

I capelli ondulati di Ruth rimbalzavano come se fossero appena stati messi in piega, il che significava che la giovane non aveva usato la lacca. Una piccola ribellione al conformismo, senza dubbio. Lillian notò la tonalità corallo del suo rossetto. Studiò le altre. Carrie indossava guanti bianchi corti, Harriet un cappello a tamburello e Irene aveva sfumato l'ombretto. Apprezzava quando le ragazze seguivano i suoi consigli di moda.

Tuttavia, nessuna sembrava il suo doppione. *Bene.*

Negli anni precedenti, qualsiasi tentativo di imitazione l'avrebbe riempita di orgoglio. Ora invece detestava l'idea di separare quelle giovani casalinghe da ciò che le rendeva uniche.

Shirley era seduta di fronte alle studentesse, ma Lillian sentì il peso del suo sguardo.

«Ragazze», esordì. Lanciò un'occhiata a Shirley, forse in cerca di approvazione, forse per chiedere il suo permesso. «La terza lezione riguarda le interazioni con il capo e i colleghi dei vostri mariti. Alcuni pensano che le ragazze intelligenti siano d'intralcio ai mariti. Io no. Tuttavia, un uomo viene giudicato in base alle scelte che fa, e un buon matrimonio è una di queste. Nelle situazioni sociali, dunque, non parlate se non venite interpellate».

Perché l'aveva detto così? Non sapeva nemmeno se ci credesse ancora.

«Va bene se siamo intelligenti, allora?» Ruth guardò direttamente la suocera e Lillian si chiese se avessero avuto qualche conversazione seria. Se non fosse stata sicura del contrario, avrebbe sospettato che lo sguardo della ragazza fosse una provocazione.

Lillian si schiarì la gola. Doveva stare attenta a non entrare in un territorio ostile per la sua amica. «Non si tratta di *essere* intelligenti. Si tratta di essere *percepite* come *troppo* intelligenti. Il fatto è che sono gli uomini a comandare, perciò dobbiamo lavorare all'interno del loro sistema. Usare la nostra intelligenza per favorire la loro carriera». Avrebbe voluto dire apertamente che era d'accordo con Ruth, ma in una certa misura credeva ancora nel sistema. Era così che stavano le cose, anche se cominciavano a non piacerle.

«Vuoi che faccia finta di non essere intelligente? È assurdo». Ruth sembrava aver dimenticato la presenza della suocera. «Non ho intenzione di nascondermi come se ci fosse qualcosa di male nell'essere intelligenti, nell'essere capaci quanto un uomo».

Shirley fece un respiro udibile, ma Lillian la ignorò. Poteva appianare la situazione senza il suo aiuto.

«Non è quello che abbiamo detto. Ti sto suggerendo di usare la tua memoria, la tua capacità di notare schemi e dettagli, per dare a tuo marito informazioni utili per favorire la sua carriera... e il tuo stile di vita. È una regola empirica sociale per semplificare le cose a tutti».

«Non a tutti. Solo agli uomini».

Oh, Ruth. Qualunque uomo l'avrebbe condannata per il suo atteggiamento saccente, un difetto che non avrebbe mai trovato nei rappresentanti del proprio sesso.

Motivo in più per fornire alle studentesse il maggior numero possibile di informazioni. Le sue figlie sarebbero state quelle ragazze di lì a qualche anno, e Pammie faceva già valere le proprie ragioni in un modo che irritava gli ascoltatori.

Quando si arrivava al dunque, Lillian ammirava il coraggio di Ruth, ma si preoccupava anche per lei, sicura che si sarebbe complicata la vita. Era certa che quando si fosse guardata allo specchio, avrebbe visto dei capelli grigi sulla testa e delle rughe sulla fronte.

Però aveva promesso di preparare le ragazze prima dei giorni sacri e non aveva tempo per un invecchiamento immaginario.

«Io sono qui per aiutare voi, e voi siete qui per aiutare i vostri mariti. Ricordate: pensate sempre prima di parlare e, quando siete chiamate a fare conversazione, chiedetevi cosa sia appropriato in quella situazione sociale». Lanciò un'occhiata a Shirley, che annuì mentre teneva gli occhi puntati sulla nuora. «Per esempio, Ruth, immagina di essere a un cocktail party con tuo marito, che si allontana per andare a prendere da bere. Sorridi a due dei suoi colleghi, che poi chiedono la tua opinione sulle ultime notizie». Lillian cercò di nascondere un fremito. Aspettava quella domanda da tutta la vita e nessuno gliela aveva mai fatta. «Che cosa rispondi?»

«Potrei sollevare l'argomento dell'ultimo disastro con la sonda spaziale della NASA, suppongo».

«Io rigirerei il quesito e chiederei cosa ne pensano *loro* delle ultime notizie», dichiarò Harriet.

«Non è mai una cattiva idea». Shirley chiarì perfettamente il suo punto di vista.

«Ammettiamolo, ragazze, nessuno chiede a una casalinga qualcosa di diverso dalle ricette», disse Irene.

«Asher mi ha sposata *per*, non nonostante, il mio cervello». Ruth alzò la testa con aria di sfida in direzione della suocera. «Si aspetta che io dia un contributo alla conversazione».

La ragazza era irritata e, a quanto pareva, anche sua suocera. «Dare un contributo, sì. Dirottare, no». Fissò la nuora con occhi penetranti, e Lillian fu contenta di non essere la destinataria di quello sguardo.

Le altre facevano commenti sommessi in sottofondo. Lillian non doveva perdere il controllo della lezione, non poteva deludere né Shirley né le ragazze. Alzò la voce per soverchiare il loro chiacchiericcio. «Signore, stiamo parlando di un comportamento sociale che si rifletterà su vostro marito. Viviamo in un mondo di uomini e continueremo a farlo anche nel prossimo futuro».

Per poco le parole non le andarono di traverso.

Per quanto volesse cambiare le cose, la stratificazione sociale sarebbe rimasta. Amava Peter, le sue figlie, il loro stile di vita. Sapeva che il suo successo era dovuto in gran parte alle sue capacità sociali. Ma...

Ruth interruppe i suoi ragionamenti. «E se volessimo di più?»

Scese un silenzio momentaneo. Lillian non aveva idea di come rispondere. Non con Shirley nella stanza. Annaspò.

Shirley intervenne come se avesse capito che era in difficoltà. «Questi rituali sono il fondamento della nostra comunità. Lillian intende che dovete usare l'intelligenza a vantaggio della vostra famiglia. Aiutate vostro marito a fare carriera. Comprate quella casa incantevole, quell'auto nuova fiammante. Mandate i vostri figli nelle migliori scuole. Non è necessario che vi vantiate del vostro ruolo. Anzi, dovreste evitarlo».

«Dunque, va bene essere intelligenti purché nessun altro lo scopra? Io diventerei isterica». Ruth gettò la prudenza alle ortiche. Sembrava incredula e non chiuse nemmeno la bocca dopo aver parlato.

Isterica. Di nuovo quella parola. Lillian rabbrividì ai ricordi della sua infanzia, quando avevano portato via sua madre.

Shirley scoppiò in una risata squillante, simile al tintinnio del ghiaccio in un bicchiere di vodka.

Lillian odiava i conflitti e quel suono aggravò il suo nervosismo, ma si sentiva in dovere di appoggiare Ruth quando chiedeva di liberarsi da quei soffocanti vincoli sociali.

«Certo, succederebbe a tutte».

Non a tutte. Solo a Ruth. E forse anche a Lillian.

«Non fraintendetemi», disse Shirley. «Credo in quello che facciamo qui. I rituali che state imparando consentono la sopravvivenza del nostro modello di vita. Ma non esistono soltanto i figli, i mariti e le buone maniere».

Lillian non credeva alle sue orecchie. E, a quanto pareva, nemmeno le ragazze, che raddrizzarono la schiena. Ruth non staccò gli occhi dalla suocera.

«Le casalinghe sono in una posizione unica per vedere cosa succede nel mondo e per fare qualcosa al riguardo. Ecco perché ho i miei hobby. Ma non stiamo parlando di me».

Oh. Hobby. Non era ciò che Lillian aveva in mente.

«Gli hobby non cambieranno il mondo». Ruth usò un tono sprezzante, umiliando pubblicamente la suocera.

Lillian trattenne il respiro, aspettando che Shirley tornasse alla carica, ma l'altra si limitò a fare un sorriso paziente, come a dire: «Vedi cosa devo sopportare?»

Rendendosi conto che la lezione le era sfuggita di mano, l'insegnante cercò di riprendere il controllo. «La maggior parte degli uomini e delle donne vuole che le casalinghe si concentrino sulla famiglia, ma io non credo che siate costrette a scegliere. Potete essere mogli e madri perfette e avere di più nella vita. Basta iniziare in piccolo».

«Perché in piccolo?»

Lillian si ricompose e aprì la bocca, ma Shirley la batté sul tempo. «Queste lezioni di etichetta sono un modo per iniziare in piccolo. Lo shopping. I pranzi con le amiche. Mantenere la pace in famiglia. *Rimanere felicemente sposate*». Lanciò alla nuora un'occhiata eloquente.

«Siamo tutte consapevoli che il nostro sistema sociale è radicato. Dobbiamo fare attenzione a come apportiamo i cambiamenti, evitando di esagerare. Se un cambiamento è troppo drastico, tutte le tessere del domino crolleranno».

«E gli altri penseranno che sia colpa nostra», disse Carrie.

«E che siete *isteriche*». Ora Shirley guardò Lillian.

Isteriche. Aveva scelto quella parola di proposito, senza dubbio. Lillian strinse i pugni per nascondere il tremore delle mani.

Fu Harriet ad allentare la tensione. «Ho sentito dire che esistono delle pillole per questo, e che funzionano».

Ridacchiarono tutte tranne Ruth e Lillian.

«Con quattro figli, mi farebbero comodo». Irene rise. Persino Ruth riuscì ad accennare un sorriso.

«Penso che... abbiate... capito come comportarvi. Benissimo». Lillian si sforzò di sorridere. «Per oggi basta così». Si augurava di non apparire pallida come temeva. La lezione non era andata come previsto. La presenza di Shirley l'aveva completamente sabotata.

19
RUTH

Le ragazze uscirono sotto l'acquerugiola, chiacchierando della terza lezione e di quanto fosse importante sostenere i loro mariti.

Prima che Ruth potesse seguirle, Shirley le mise la mano sul braccio e le domandò quali impegni avesse Asher per quella sera. Lei si sentì sollevata vedendo che la suocera non voleva rimproverarla per lo scontro pubblico di poco prima. Le altre, tutte armate di ombrelli, si avviarono lungo il vialetto verso la strada.

Dopo aver risposto, Ruth attraversò il portico e si avventurò nel pomeriggio grigio, lasciando la suocera a casa di Lillian. Le sue amiche se n'erano andate, così alzò il viso verso il cielo, respirando l'aria fresca anziché l'atmosfera soffocante del salotto.

Le goccioline sospese nell'aria le inumidirono il volto come lo spruzzo leggerissimo di un tubo di gomma. Mentre il vento sempre più forte agitava le chiome degli alberi, la pioggerella le lasciava una pellicola di condensa fredda sulla pelle e sui vestiti. Camminò lungo la siepe che si allungava fino al marciapiede e trovò le altre ragazze ad attenderla, sorridenti sotto gli ombrelli variopinti.

Fu una piacevole sorpresa. Durante la lezione, Ruth si era sentita come il Cavaliere solitario. L'unica voce dissenziente. La pecora nera. Eppure, ecco le sue amiche, che la volevano come parte del gruppo anche se si trattava soltanto di tornare a casa insieme.

«Grazie per avermi aspettata», disse. «Andiamo». Indicò l'angolo e tutte si affrettarono in quella direzione. Poi, come se avessero letto l'una nel pensiero dell'altra, o come se la voce di Lillian avesse risuonato nelle loro teste, rallentarono e procedettero con un'andatura più aggraziata.

Irene e Harriet davanti, intente a fumare; Ruth e Carrie dietro.

Camminavano al passo. Sinistra, destra, sinistra, destra. E si scambiavano risate e battute spiritose.

Ruth origliò le conversazioni sugli amichetti di Heidi e sulla festa di fidanzamento di Harriet. Ascoltò i segreti del brasato di Carrie. Disse che voleva andare a raccogliere le mele, acquistare altri vestiti e invitare a cena le altre ragazze e i rispettivi mariti quando avesse avuto una casa tutta sua. Le loro voci si sovrapponevano, ma in qualche modo Ruth sentì ogni cosa. Dimenticò la delusione per aver assistito a una lezione su ciò che le donne *avrebbero dovuto* fare e si godette quanto lei e le sue amiche stavano facendo in quell'istante. Voleva che le altre tre facessero parte della sua vita. Le cose sarebbero cambiate quando avesse cominciato a lavorare, ma per il momento era divertente, e avrebbe fatto piacere a Shirley.

Che cosa ne sarebbe stato del loro gruppo quando le lezioni di etichetta fossero finite? Quel legame sarebbe stato sufficiente per mantenere l'amicizia quando avesse trovato lavoro come avvocato? O quando Harriet si fosse sposata? E con Irene alle prese con quattro bambini e Carrie che voleva metterne uno in cantiere? Dopo aver superato l'esame, sicuramente si sarebbe fatta degli amici nell'ambiente professionale, ma con molta probabilità sarebbero stati uomini. Era piacevole avere delle amiche donne.

Irene controllò l'orologio. «Voi ragazze attardatevi pure. Io devo sbrigarmi, così mia madre non resta sola con i bambini. I più grandi escono da scuola tra poco».

«Anch'io ho promesso a mia madre che sarei tornata subito», disse Harriet, anche se Ruth non riusciva a capire il perché. Harriet non aveva figli ed era solo fidanzata. Doveva avere in programma un matrimonio in grande stile. A New York, Ruth aveva visto abbastanza amiche sommerse dalla lista delle cose da fare per essere grata di aver optato per una cerimonia semplice. Le due ragazze salutarono e scapparono via.

«Anch'io devo rientrare», disse Carrie. «Eli vuole che la cena sia in tavola alle sei». Ruth glielo aveva già sentito dire. *Eli usciva alle otto. Eli cenava alle sei.* Carrie glielo aveva ripetuto più volte. Forse era un rischio professionale dei vicepresidi, dover rispettare una tabella di marcia serrata, con moltissimi studenti di cui occuparsi. Smise di piovigginare e Carrie si voltò verso di lei. «Raggiungiamo le altre. Harriet passa proprio davanti a casa mia».

Ruth sospettò che non volesse restare da sola con lei. Aveva detto qualcosa di sbagliato? Aveva insistito troppo sull'intelligenza delle donne durante la lezione? Dopotutto, Carrie era intelligente. Aveva fatto l'infermiera.

In quel momento, Ruth era avida di altre conversazioni femminili. Shirley era la sua unica altra fonte, e di solito comunicare con lei era a dir poco imbarazzante. Di lì a un anno era certa che le cose sarebbero cambiate. Quel giorno aveva voglia di passeggiare nonostante la pioggia, ammirando le lucide foglie colorate e i vasi di crisantemi sui gradini e sui patii. Le zucche che aspettavano di diventare lanterne. Voleva godersi l'aria fresca. Voleva farlo con Carrie. L'indomani avrebbe dovuto ricominciare a studiare.

Desiderava qualunque cosa tranne una conversazione garbata sulle buone maniere.

Voleva fare quattro chiacchiere con un'amica.

Quando Carrie accelerò, Ruth agitò la mano. «Rallenta, qui si scivola».

La ragazza era già un passo avanti, così si allungò per fermarla, per attirare la sua attenzione, ma quando le sfiorò la mano, l'altra la ritirò con uno strattone.

«Non afferrarmi», sibilò, massaggiandosi il polso sinistro.

«Mi dispiace. Ti ho fatto male?», chiese Ruth.

«No, no. Scusa. È solo che non mi piace essere toccata».

«Lasciami dare un'occhiata. Prometto di non toccarti. Potresti aver bisogno di cure mediche».

Carrie si abbassò la manica. «Sei pazza!»

Nella testa di Ruth si insinuò un dubbio, così provò a insistere.

«Ascolta, sono tua amica. Credo che tu abbia bisogno di aiuto».

«Pensi che mi sia tagliata le vene?»

Ruth la fissò. Che cosa aveva provocato quell'osservazione inaspettata? Perché Carrie aveva detto una cosa del genere senza alcun motivo logico? Si era davvero tagliata le vene?

«Con me sei al sicuro». Ruth tese le dita e, quando l'altra gliele allontanò con un leggero schiaffo, le sfiorò di nuovo il polso.

«Ahi, smettila». Carrie fece una smorfia.

Ruth alzò le mani con un gesto conciliante, anche se sentì un formicolio gelido lungo il collo. Scrollò le spalle per soffocarlo, ma invano. La sensazione si estese alle braccia come se volesse renderle più forti.

Fidati dell'istinto.

Doveva agire. Se si fosse sbagliata, avrebbe sempre potuto chiedere scusa. Afferrò la mano di Carrie, abbassò il guanto e sollevò delicatamente il polsino. La pelle presentava un livido viola e verde, orlato di giallo.

Ruth temeva di essere stata troppo irruente. Un avvocato avrebbe dovuto essere più calmo, considerare tutte le prove. Quel tipo di segni poteva avere molte cause. Carrie aveva forse indossato un braccialetto di metallo scadente che le aveva macchiato la pelle?

«L'ho sbattuto sul bordo del ripiano in cucina». L'altra distolse lo sguardo.

Ruth abbassò la voce, cercando di esprimere preoccupazione senza giudicare. «È vero?»

«Perché dovrei mentire?», si indignò Carrie.

Ruth si strinse nelle spalle, ma non riuscì a leggere nulla nel suo sguardo. L'altra sollevò il mento con un'espressione di sfida. «Sono imbranata. Non è un crimine».

Gli incidenti potevano capitare. E anche le aggressioni.

Seduta sul patio di Eli, Ruth aveva bevuto un caffè e ascoltato Carrie parlare del lavoro di suo marito. Eli giocava a golf con Asher.

Si chinò verso la ragazza. «Posso aiutarti».

«Non ho bisogno di aiuto. Devo preparare la cena». Carrie allungò il passo, ma Ruth le tenne dietro, decisa a non lasciar correre. «È stato un incidente, te lo giuro. Non si rende conto di quanto sia forte. Lascia perdere. Non succederà più».

Lo stomaco di Ruth si strinse come se le avessero dato un pugno. Carrie l'aveva ammesso.

«Mi ha chiesto scusa. Dimentica quello che hai visto». Carrie scrollò il capo. «Non riesco a credere di avertelo detto. Mi ha comprato dei fiori e vuole imparare a dominare la rabbia, me l'ha promesso. Non parliamone più, d'accordo?»

Con il cuore spezzato, Ruth avrebbe voluto prenderla tra le braccia.

Non osò. Carrie non amava essere toccata. *Come darle torto?*

Ruth aveva visto così tante vittime di violenza che le loro immagini la perseguitavano ancora. Teneri bambini con occhi pesti, costole rotte, denti mancanti. Donne che avevano ricevuto pugni così forti da fratturarsi le ossa quando erano rimbalzate sul cemento o sul metallo. Aveva lavorato con ragazze che avevano fidanzati e mariti spregevoli, e le aveva aiutate a tirarsi fuori da quelle situazioni quando possibile. Quelle donne, però, non erano come lei e Carrie. Erano le emarginate, le indigenti, le operaie, le inquiline delle case popolari. Non le mogli dei vicepresidi. Di uomini istruiti.

La maggior parte di quelle donne era stata picchiata dai mariti o dai fidanzati. Occhi pesti, costole rotte, schiene costellate di ecchimosi. Non tutti i segni erano visibili. Molte avevano traumi nascosti, vittime di violenze verbali e psicologiche. Alcune avevano perso ingiustamente il lavoro o l'alloggio. Altre erano state arrestate senza ragione, come se non fossero le vittime. A New York, Ruth aveva setacciato i codici in cerca di leggi che le tutelassero. Ce n'erano pochissime.

Il livido di Carrie era lieve in confronto ad altre cose che aveva visto con i suoi stessi occhi. Eppure…

«Nulla che tu abbia fatto o possa fare rende accettabile tutto questo. Lo sai, vero?»

Gli occhi di Carrie lampeggiarono. «Non mi hai sentita? Ha detto che smetterà. Devi farti gli affari tuoi».

Ruth aveva visto anche questo: donne che proteggevano i loro uomini, anche quelli cattivi.

Non si arrese. «Come sarebbe a dire, ha detto che smetterà? Da quanto tempo va avanti questa storia?»

Carrie svoltò sulla 52ª. «Hai frainteso. *Vuole* smettere. È tutto sotto controllo».

Come aveva fatto a non accorgersene subito? Aveva pensato di aver trovato delle nuove amiche, ma il suo comportamento non era certo stato improntato all'amicizia. Era l'unica ad avere esperienza con le vittime di abusi. Come aveva fatto a non capire cosa stava passando Carrie? Era stata a casa sua. Aveva visto il livido sul suo collo. Le aveva raccontato il proprio segreto più profondo e non conosceva il suo.

Quel tipo di abusi tra persone rispettate e istruite era semplicemente un caso isolato, oppure c'erano altre donne come Carrie, che soffrivano in silenzio? Un piccolo sporco segreto di cui non si parlava mai nell'alta società. Se era successo a Carrie, poteva succedere a chiunque.

L'altra passò a un tono più dolce. «Fidati di me. Va tutto bene. Le cose si sistemeranno».

«Come fai a esserne così sicura?»

«Perché sono incinta». Carrie si fermò e si toccò la pancia. La guardò ardentemente per un attimo, come se stesse per ricevere un dono che le avrebbe conferito poteri speciali, un tocco magico capace di riparare tutti i torti e di tenerla al sicuro.

Ruth lottò contro la nausea. Avrebbe voluto urlare. Un bambino era l'ultima cosa di cui Carrie aveva bisogno. Sapeva per esperienza che quello era un intoppo, perché impediva alle donne di agire per chiedere aiuto. Deglutendo, camuffò la paura con un sorriso.

«Eli si sentiva frustrato perché non rimanevo incinta, ma ora non è più un problema».

«Avrai un figlio da un uomo che ti fa del male?»

«È mio marito e il padre del bambino, perciò certo che sì».

Una triste verità si abbatté su Ruth. L'aveva già visto. Neonati e bambini destinati a salvare una relazione, per poi essere usati come ostaggi, causando altre ossa rotte, altri lividi.

Non poté fare a meno di essere schietta. «Un bambino non è una bacchetta magica. Non metterà a posto le cose».

«Non essere ridicola. Un bambino cambia tutto». Carrie alzò gli occhi al cielo. «Non ti intendi ancora di matrimoni. Ti sei sposata da poco. Capirai meglio con il passare del tempo».

Ruth non avrebbe mai considerato la violenza normale. E se c'era una cosa che sapeva di sé, era che non sarebbe rimasta a guardare.

«Vieni a casa mia. Permettici di aiutarti».

«Fatti gli affari tuoi. Dico sul serio». Carrie era palesemente esasperata.

«Sei mia amica. Rientri negli affari miei».

«Allora sii felice per me. Diventerò madre. È la risposta alle mie preghiere».

Un velo di tristezza scese su Ruth. «Spero che tu abbia ragione».

«Certo che ho ragione. Finalmente darò a Eli quello che ha sempre voluto, così non avrà più motivo di... be', sarà soddisfatto. Saremo felici. Sarà un padre meraviglioso». Carrie la guardò negli occhi. «Per favore, non parlare a nessuno del bambino. Non l'ho ancora detto a Eli e voglio che sia il primo a saperlo. E non parlare della mia vita privata con nessun altro».

Ruth non promise nulla, ma annuì, soprattutto perché era stupita di vedere una ragazza come Carrie comportarsi in quel modo.

Carrie spostò il peso del corpo da un piede all'altro, corrugando la fronte. «Attribuisci a mio marito una colpa che non ha. Non puoi saperlo, ma non è facile vivere con me. Sono una rompiscatole».

«Essere rompiscatole non merita una punizione fisica. Che cosa succederà quando il bambino inizierà a rompere le scatole?»

«Smetti di assillarmi! Eli è un brav'uomo. L'avrei sposato se non lo fosse?»

Ruth soffocò l'ansia. Carrie era una ragazza intelligente; aveva finito la scuola per infermiere con le sue sole forze. Eli era un educatore rispettato. Essere irascibili non era un crimine. Sicuramente Carrie l'avrebbe mollato se lei o il bambino fossero stati in pericolo. Ruth non voleva perdere questa amicizia, né ferire la sua amica più di quanto avesse già fatto Eli. Non c'era nulla che potesse fare. «Voglio solo che siate al sicuro».

Carrie sorrise. «Lo siamo. Mi dai la tua parola che questa storia resterà tra noi? Non posso frequentarti se non rispetti la mia privacy.»

Ruth tacque. Non era disposta a fare promesse. Se fosse rimasta in silenzio, non avrebbe dovuto mentire.

Carrie accelerò di nuovo. «Ora so con chi ho a che fare». Sembrava furiosa. «In questo caso devo chiederti di non telefonarmi e di non farmi visita».

Sconcertata, Ruth si fermò. «Vuoi prendermi in giro!»

Carrie proseguì, dondolando le braccia.

«Voglio solo che siate al sicuro», ripeté Ruth.

L'altra si girò di scatto. «Quante volte ancora te lo devo dire? Devi smetterla di ficcanasare. Sto bene». Riprese a camminare, come se non volesse sentire altro. «Sto benissimo», urlò da sopra la spalla.

Ruth la raggiunse. «Non stai bene».

«No, non con amiche come te». Carrie attraversò la strada e si fece largo tra un gruppo di bambini. Quando si dispersero, alzò la voce. «Va' a casa. Forse se ti sforzassi di essere una brava moglie anziché concentrarti sulla carriera, non sentiresti il bisogno di criticare il mio matrimonio».

Ruth si chiuse in un silenzio allibito. Carrie aveva spostato la colpa da Eli a lei. Intuì che la ragazza non aveva mai parlato a nessuno dei maltrattamenti, che nessuno ne era al corrente. Doveva essere terrorizzata. Si sentì ancora più dispiaciuta per lei. «Non l'ho criticato. Non avrei mai...»

Carrie proruppe in una risata stridula come quella della Malvagia strega dell'Ovest.

Ruth fece un ultimo tentativo. «Lascia che ti aiuti con questo... *problema*».

«Non capisci? Sei *tu* il problema».

Carrie girò l'angolo e sparì.

Ruth arrancò verso casa, con i piedi che si trascinavano come se avessero dei pesi legati. Rimuginare non sarebbe servito a niente, ma non poteva lasciar perdere. Non ci riusciva mai. Un pregio per un avvocato, ma non per una moglie, una nuora o un'amica.

L'etica professionale le imponeva di mantenere il riserbo riguardo ai clienti. Però Carrie non era una cliente. Ruth sapeva di non avere la minima esperienza con i rapporti sociali in un posto come Wynnefield. Avrebbe voluto che Lillian parlasse di come essere discrete quando si veniva a conoscenza delle sofferenze di un'amica. Sarebbe stato molto più utile che imparare a tenere una tazza in equilibrio sul ginocchio o a piegare il tovagliolo in grembo. Sospettava che le regole dell'etichetta non si applicassero in casi simili.

Forse, se avesse interpellato Lillian in privato, la donna avrebbe potuto darle qualche consiglio. Era la loro guida e insegnante.

Un'altra considerazione era che tenere il segreto poteva mettere in pericolo Carrie. Perdere la sua amicizia sarebbe stato un piccolo prezzo da pagare pur di proteggere lei e il bambino.

Se Ruth fosse stata a New York, sarebbe andata da suo padre e poi da Dotsie, ma a Wynnefield non potevano aiutarla. Non c'era tempo da perdere.

Seconda parte

LEZIONI DI VITA

20

LILLIAN

Lillian era seduta al tavolo della sala da pranzo, con il bloc-notes aperto davanti a sé e la matita in mano. Sobbalzò quando sentì tre forti colpi alla porta d'ingresso. Abbassò lo sguardo. La matita era rimasta ferma su una pagina vuota. Non aveva scritto nemmeno una parola.

Controllò l'orologio da polso d'oro tempestato di diamanti. Da quanto tempo era in trance? Ormai da un po'. Da quando le ragazze e Shirley se n'erano andate. Aveva deciso di prendere appunti sulla lezione, ma era così distratta da non riuscire ad annotare nulla.

Altri tre colpi insistenti. *Quanta impazienza e impertinenza!*

Seguì un rumore di passi pesanti dai gradini del seminterrato. Sunny aveva sentito bussare da là sotto. «Arrivo», disse, come se il visitatore potesse udirla dal piano inferiore.

«Non correre», urlò Lillian. «Vado io».

Girò il bloc-notes su una nuova pagina bianca e, dopo aver scribacchiato la parola *campanelli* e posato la matita, si alzò. Anche se le lezioni di etichetta non le sembravano più così importanti, doveva ugualmente portarle a termine, pianificarle, fare in modo che fossero utili.

Poi si fermò e scrisse *bussare piano*. C'era un modo migliore per attirare l'attenzione, anche senza campanello. Quei suggerimenti erano punti fondamentali per un comportamento educato.

Toc. Toc. Toc.

Lillian schioccò leggermente la lingua contro i denti mentre si dirigeva verso la porta e il terribile frastuono.

Sbirciando attraverso la vetrata, vide la causa della seccatura. Gemette per la brusca interruzione, poi si girò di scatto per assicurarsi che non ci fossero testimoni a portata d'orecchio. Stringendo il pomolo di ottone lucido, inspirò, espirò, sorrise e aprì la porta con un gesto ampio e cortese. La cosa giusta da fare. Forse era combattuta, ma non era un'incivile.

Doveva ricordare che Ruth era ancora una studentessa.

«Ciao, Ruth... Sembra che tu non sia riuscita a trovare il campanello. Che cosa posso fare per te?»

«Mi dispiace. Sono troppo sconvolta. So che ero qui fino a poco fa, ma ho bisogno di parlarti. È importante».

«Entra». Lillian mantenne un sorriso garbato mentre la ragazza varcava la soglia.

Gli aromi intensi e speziati della cena si mescolarono con l'odore della candeggina, ed entrambe seguirono Sunny fuori dalla porta della cucina e in sala da pranzo. Lillian fece cenno alla ragazza di accomodarsi.

«Gradisce un caffè o un tè, signora Appelbaum?» Se Sunny era stata disturbata dagli energici colpi alla porta, non lo diede a vedere.

«Il tè sarebbe perfetto, grazie», rispose Ruth nello stesso momento in cui Lillian disse: «Non è necessario».

Si portò l'indice alle labbra come per rimangiarsi le parole, o per addolcirle. Era l'ultima persona a cui avrebbe dovuto contestare un'offerta di ospitalità. Peggio ancora, Ruth

– quella ragazza così sicura di sé, così combattiva – pareva aver appena perso una guerra.

«Panna e zucchero?», chiese Sunny.

«Sì, grazie», accettò Ruth, e la governante uscì.

«Mi dispiace disturbarti». Ruth picchiettò rapidamente con le dita sul tavolo. «Non sapevo dove altro andare».

«Calmati e spiegami cosa sta succedendo». Lillian non si considerava molto intuitiva, ma la giovane donna davanti a lei era visibilmente agitata.

«Si tratta di Carrie», sussurrò l'altra con voce appena percettibile. «Avrei dovuto informarti prima, non appena me ne sono accorta, ma non ho neppure... insomma, non l'avevo capito. Ho promesso di non dirlo, ma ora come faccio a tacere?» Le parole le uscirono a raffica.

«Rallenta, non riesco a seguirti».

Ruth inspirò. «Carrie ha dei lividi».

Lillian sbatté le palpebre. «Che cosa intendi?»

«Intendo che le ho toccato la mano, lei ha sussultato e io ho avuto una strana sensazione, un istinto, credo, così le ho tirato su la manica e ho visto il livido sul polso».

Perché Ruth le stava riferendo quei pettegolezzi?

«Non significa nulla, se non probabilmente che Carrie è un'imbranata e si è sentita in imbarazzo».

«Vuoi scherzare? Ha ritirato il braccio. Non voleva che le vedessi il polso». Ruth alzò la voce.

«Non tutti amano essere toccati. Immagino che il tuo gesto l'abbia messa a disagio».

Ruth ignorò la risposta. «Non capisci. Aveva paura di cosa avrei potuto vedere».

Per qualche ragione, nella mente di Lillian balenò l'immagine delle maniche lunghe di sua madre. La scacciò. «Che cosa ha detto Carrie?»

«Che lui non voleva».
«Lui?»
«Suo marito, Eli».
«Visto? È stato un incidente».
Sunny tornò con il tè. Sorrise a Ruth mentre faceva scivolare la tazza e il piattino di porcellana sul tavolo lucido. Quando si girò per andarsene, alzò un sopracciglio verso Lillian.
«Non hai visto il segno sul polso. E nemmeno l'altro». Ruth ridusse la voce a un soffio, come gli adulti durante l'infanzia di Lillian avevano sussurrato la parola *cancro*.
«L'altro?»
«Il motivo per cui lunedì ha insistito per indossare un foulard. Aveva un livido sul collo. Ha detto di aver sbattuto contro l'antina di un mobiletto. Che è stato un incidente».
«Sono sicura che è esattamente così». Non c'era altra spiegazione. Le brave persone dei sobborghi non facevano certe cose.
«Carrie ti sembra un'imbranata?»
Lillian doveva mettere fine a quella conversazione. Sarebbe stato terribile per Carrie ed Eli se quelle dicerie avessero macchiato la loro reputazione. Assolutamente ingiusto. Dopotutto, Eli faceva il *vicepreside*. E sarebbe stato controproducente per le lezioni, e per la loro comunità, se si fosse diffusa una simile voce, che fosse vera oppure no, cosa di cui lei dubitava fortemente.
Ruth era giovane, sposata da poco, appena arrivata nel quartiere. Le newyorkesi tendevano a essere facilmente impressionabili.
Ma Lillian aveva una predilezione per lei. «Mariti e mogli litigano. Alcuni più di altri. Con molta probabilità Carrie è caduta accidentalmente quando è successo».
«Dunque va bene se Eli la picchia?»

«Non sono affari nostri». Ciò che le persone facevano in casa propria non riguardava nessun altro. Lei l'aveva imparato dalla nonna, che aveva zittito tutte le domande della nipote sulla sorte dei suoi genitori. Alla fine, aveva smesso di chiedere. La pensava ancora così. Non voleva certo che qualcuno ficcasse il naso nel suo matrimonio con Peter.

«Carrie era qui oggi e stava bene. Non era turbata. Non ha chiesto aiuto. Dov'è andata dopo la lezione?»

Ruth curvò le spalle mentre sembrava studiare le venature del tavolo, trascinando un dito sul legno. «È andata a casa a cucinare la punta di petto».

«È andata a casa a preparare la cena per suo marito». Lillian si alzò. «È quello che dovresti fare anche tu. E anch'io». Guardò verso la cucina, poi si avviò verso la porta d'ingresso. «Se Carrie e suo marito stanno davvero attraversando un momento difficile, la cosa migliore che tu possa fare, *se* lei te lo chiede, è aiutarla a capire come superarlo. E direi che la punta di petto è un buon inizio».

Ruth si alzò e fece per uscire, poi si voltò verso Lillian. «Come fai a essere così tranquilla? Non sei preoccupata?»

«Per la cena che si brucia? Sì. Per Carrie? No. E non dovresti esserlo nemmeno tu».

«Come fai a esserne così sicura?»

«Perché qui non succedono cose del genere».

Ruth si spostò sul portico e Lillian chiuse la porta.

Dopo che la ragazza se ne fu andata, si girò e trovò Sunny nell'atrio, con le mani sui fianchi e la testa inclinata. La governante scrollò il capo, prese la tazza e scomparve in cucina.

Lillian recuperò il bloc-notes e le matite dalla sala da pranzo e raddrizzò le sedie. Fatto. Nulla indicava che la stanza fosse stata usata per qualcosa di diverso dal *fare scena* o dal tenere una riunione appropriata di tanto in tanto.

Peter sarebbe rientrato di lì a poco. Ruth seduta lì, agitata come una bambina, che ficcanasava nel matrimonio di Carrie, era l'ultima cosa su cui voleva dare spiegazioni o raccontare bugie. Doveva ricomporsi dopo quella visita inaspettata. Sembrava che lo sguardo incredulo di Ruth e la sua voce preoccupata e tremante aleggiassero ancora nella stanza, strisciando sulla sua pelle.

Non erano affari loro, eppure erano rimaste lì a bisbigliare della vita altrui. Anche se Carrie e suo marito avevano qualche dissapore tra sposini, si trattava solo di questo, niente di più. Ruth non poteva dimostrare nulla. Era la nuora di Shirley, ma quello non era un motivo valido per credere a lei anziché a Carrie.

Lillian si rese conto dell'ora quando sentì Sunny che apparecchiava in cucina. Avrebbe dovuto chiamare le ragazze, che stavano facendo i compiti al piano di sopra, ma francamente amava la quiete che precedeva il ritorno di Peter e la cena. Sunny doveva prendere l'autobus, e quel giorno lei l'aveva trattenuta più del solito. Lillian infilò la testa in cucina.

«Puoi andare». Inclinò il capo come se la governante non sapesse dove trovare la porta. Si era già slacciata il grembiule e se lo era tirato davanti.

«Vuoi parlarne?» L'altra strizzò il grembiule come se fosse stato appena lavato e dovesse eliminare tutta l'acqua.

Lillian tese la mano e le fece cenno di passarglielo. Poi lo appese dietro la porta che conduceva in garage. «Parlare di cosa?»

«Della giovane Appelbaum».

«Non so cosa tu abbia sentito...»

«Ho sentito abbastanza». La donna la superò, diretta verso l'armadio, e prese da un ometto un pesante maglione verde scuro. Anche se Lillian non l'aveva mai chiesto, l'indumento era stato fatto ai ferri da mani esperte, a giudicare dalle cuciture. Sunny infilò un braccio, poi l'altro.

«Non voglio essere coinvolta in nessun pettegolezzo. I pettegolezzi possono distruggere le famiglie», disse Lillian. Certe cose era meglio non dirle. «E tu dovresti seguire il mio esempio».

L'altra si abbottonò il maglione e si avviò verso l'uscita. «A me non è sembrato un pettegolezzo».

«Sì invece». Lillian schioccò la lingua come se volesse aggiungere una punteggiatura sonora.

«Se cambi idea...»

Era confortante avere Sunny nella sua vita. Se non poteva avere una madre, almeno aveva la sua migliore amica. Ma quello non era un argomento di cui discutere con una domestica.

«Buona serata». Lillian sarebbe voluta tornare indietro nel tempo di venti minuti e ignorare i colpi alla porta, o meglio ancora, avrebbe preferito che Ruth non fosse passata. «Qui non succedono cose del genere», ripeté.

Lo disse con convinzione, ma sentì una fitta allo stomaco, anche se cercò di ignorarla. Non poteva essere vero, altrimenti l'avrebbe saputo. Quello era un quartiere perbene.

«Succedono ovunque». Sunny aprì la porta e si voltò, stringendo le carnose labbra rosa in una linea sottile. Uscì sul portico e, guardando la giovane, inarcò le sopracciglia. «Non dimenticare di riscaldare i panini».

Lillian armeggiava in cucina come se avesse qualcosa da fare oltre a mettere in tavola i piatti da portata. Non riusciva a dimenticare la visita di quella ragazza. Generalmente gli uomini ebrei erano bravi mariti, ma sapeva che tutti gli uomini avevano i loro lati negativi. Carrie, che si era sposata da poco, si sarebbe abituata all'idea di essere la signora Blum, la moglie di un vicepreside. Eli lavorava con i bambini, *santo cielo*, ed era stato passato al vaglio dal consiglio scolastico, dall'associazione genitori-insegnanti e dal sovrintendente.

Mentre disponeva le fette di polpettone come petali intorno a un mucchietto di purè di patate che aveva preparato con le sue mani e insaporito con erba cipollina, recitò in silenzio una preghiera di gratitudine per l'abbondanza che a volte dava per scontata. Un'abbondanza a cui doveva restare aggrappata. Non solo per se stessa e per Peter, ma anche per le future generazioni della loro famiglia. Per i suoi nipoti e pronipoti.

Pamela e Penny conoscevano soltanto quello stile di vita. Avrebbero sposato uomini abbastanza facoltosi per potersi permettere una cuoca? Lillian avrebbe forse dovuto preoccuparsi del potenziale dei suoi futuri generi? Come avrebbe gestito la situazione se una delle sue figlie avesse voluto fare carriera? Il desiderio di diventare insegnante non contava davvero.

E se le ragazze avessero scelto di rimanere single o non avessero ricevuto alcuna proposta di matrimonio? *Non volesse il cielo.*

In un momento di dubbio, il pensiero dell'avvenire delle sue figlie la riempì di ansia. L'idea dell'indipendenza avrebbe dovuto entusiasmarla, eppure cominciò a sudare per la paura che Pammie e Penny venissero ostracizzate per qualcosa al di fuori del loro controllo.

Conosceva quella sensazione, la percezione di essere in qualche modo contaminata perché sua madre era in un ospedale psichiatrico. Di essere oggetto di pettegolezzi. Di essere stata colpita dalla sfortuna insieme alla sua famiglia senza avere alcuna colpa.

Era certa che Anna non avesse avuto il tempo di riflettere sul futuro della figlia prima di non essere più in grado di farlo.

Per questa ragione, Lillian si era sforzata di diventare ciò che sua madre non era riuscita a essere: una casalinga che si dedicava al marito e una madre che cresceva i figli fino all'età adulta. Erano obiettivi ambiziosi, o almeno così aveva pensato all'epoca.

Forse la mancanza di un esempio materno era un esempio a sua volta. Forse Pammie e Penny avrebbero voluto farsi valere come Lillian non aveva mai fatto. Avrebbero avuto tutte le opportunità che volevano? Oppure il loro avvenire sarebbe dipeso da un buon matrimonio?

E Carrie? Qual era la verità? Ruth non era una bugiarda, forse aveva solo avuto un'impressione sbagliata. Forse...

Basta con queste sciocchezze, si rimproverò. *È ridicolo preoccuparsi delle voci su Carrie quando Peter sta per tornare a casa.*

Lasciando sul bancone la placca da forno con i panini freddi disposti uniformemente, si spostò in fondo alla scala che portava al primo piano e tese le orecchie, captando silenzi intervallati da un chiacchiericcio sommesso e da occasionali risatine mentre le ragazze facevano i compiti.

Temendo di dover dare una mano, scendevano al pianterreno solo se qualcuno le chiamava. Lillian le aveva viziate sulla spinta del bisogno di dare loro un'infanzia più facile della sua. Era stato difficile non farlo.

Lei era figlia unica con entrambi i genitori che lavoravano; perciò, trascorreva ore e ore da sola quasi tutti i giorni ed era felice quando poteva passare del tempo con sua madre e suo padre, godendosi soprattutto le giornate al mare o le vacanze estive. Aspettava tutto l'anno quella settimana speciale per avere i genitori tutti per sé. Le ragazze, invece, si contendevano la sua attenzione solo quando andavano a fare shopping. Sospirò. Forse più facile non significava migliore. Pammie e Penny, però, potevano contare l'una sull'altra. Per quanto Lillian avesse odiato i cambiamenti fisici e i disturbi della gravidanza, non si sarebbe mai pentita di aver dato una sorella a ciascuna di loro. E loro apprezzavano molto la compagnia reciproca.

Da ragazza avrebbe voluto avere più parenti della sua età. Dopo la morte del padre e il ricovero della madre, i nonni avevano reciso bruscamente i suoi rapporti con gli amati cugini, senza mai spiegarle il perché. Erano i bambini con cui aveva giocato con le bambole e a campana e con cui aveva saltato la corda. Da adulta aveva capito che la causa era stata la macchia dell'esaurimento di Anna. Aveva sempre ipotizzato che fosse perché i suoi nonni non volevano che avesse contatti con il lato malsano della famiglia. Volevano che si concentrasse sul ramo paterno, quello integro e incontaminato. Volevano che la nipote migliorasse la sua condizione nella vita.

Quanto aveva desiderato una sorella! Sarebbe stata una compagna per la vita, una persona con cui condividere l'esperienza di perdere i genitori e di crescere con due nonni iperprotettivi che su di lei avevano avuto aspettative alte.

Rimpiangeva di non aver fatto loro più domande quando ancora erano in vita. Non aveva importanza. Avrebbe fatto meglio con le sue figlie, anzi l'aveva già fatto.

Ma forse ora avrebbe dovuto cambiare le cose. Era arrivato il momento di prepararle ad affrontare gli imprevisti sociali che la vita avrebbe potuto riservare loro. Pammie aveva ragione. Non era giusto che Lillian dedicasse così tanto tempo a addestrare altre ragazze. Un giorno lei e Peter non sarebbero più stati lì al loro fianco. Incoraggiarle a essere affiatate era importante anche per il loro futuro.

Dare loro qualche insegnamento in più non avrebbe guastato. Non aveva idea di cos'altro sarebbero volute diventare. Di come le loro sorti sarebbero cambiate nel corso del tempo. Dal giorno dopo si sarebbe assicurata che le sue figlie imparassero qualche strategia di vita.

Infornò i panini, impostò il timer, quindi si affrettò verso lo studio. Si tolse le scarpe, si sedette sul divano e rannicchiò le gambe fasciate nelle calze di nylon. Aveva qualche minuto per rilassarsi e se li sarebbe goduti fino in fondo.

Non riusciva a smettere di pensare al futuro delle sue figlie. Al suo futuro. A quello delle donne in generale.

Prese il piccolo bloc-notes che Peter aveva lasciato sul tavolino e scribacchiò alcune frasi.

Che cosa sono?
Casalinga e madre. Insegnante. Amica.
Sono brava in queste cose?
Sì.
La mia insoddisfazione è ereditaria?

L'ultima domanda le era venuta in mente prima che potesse rendersene conto.

È una cosa ereditaria? È stato questo a rendere mia madre...? Si rifiutò di usare quella parola.

Strappò il foglio e sfilò alcuni album di fotografie dalla libreria, tra cui quello blu con le pagine nere, che custodiva le immagini delle vacanze della sua infanzia.

Aveva bisogno di guardare i suoi genitori dritti negli occhi, di immaginare cosa avrebbero detto della sua vita, cosa avrebbe voluto che dicessero e quale tono avrebbero usato.

Riuscì a sentire facilmente la voce di sua madre nella propria testa, sempre calma, come il suo comportamento. Anna faceva sul serio, ma era gentile. Percy invece aveva una voce rauca, come se avesse della ghiaia incastrata in gola. Voleva ricordarli sulla spiaggia. Era quello il luogo in cui erano stati più felici, no?

Posò gli album sul pavimento e, siccome per fortuna indossava un vestito dalla gonna ampia, si sedette a gambe incrociate e si mise il più vecchio sulle ginocchia. Infilò il foglio strappato tra le pagine. Se l'avesse buttato via, Peter o le ragazze avrebbero potuto vederlo.

Quel giorno finì su una pagina con una fotografia quadrata in bianco e nero della sua famiglia sulla spiaggia di Margate City, la stessa dove lei e Peter si erano conosciuti anni dopo. Il nome era dipinto in nitide lettere azzurre sulla torretta del bagnino, visibile sullo sfondo. All'epoca doveva avere sette o otto anni.

Nell'immagine, stava scavando nella sabbia, strizzando gli occhi verso l'obiettivo. Staccò la foto dagli adesivi neri e appiccicosi. Era più spessa di una normale fotografia, più simile a cartoncino che a carta, e notò che sotto era rimasta incollata un'altra immagine. Le separò senza sforzo, con un danno minimo.

Una nuova foto che non aveva mai visto raffigurava lei con i suoi genitori, sulla spiaggia davanti a una scialuppa di legno. Il padre aveva un sigaro in bocca e un braccio intorno alla sua spalla. La madre, che indossava una modesta gonna chiara e una camicetta a maniche lunghe, sorrideva a denti stretti, lanciando un'occhiata di lato, come se fosse stata colta di sorpresa o se fosse in imbarazzo.

Girando la foto, trovò una scritta, tracciata nel corsivo ordinato e sinuoso di Anna: *Io, Percy, Lilly 1938 Margate City.*

Lillian guardò di nuovo la sua famiglia, desiderando di tornare a essere quella bambina, il cui mondo non era ancora imploso. Quella fotografia 13×13 non era altro che bianco e nero e sfumature di grigio; perciò, se non avesse ricordato che i calzoncini di suo padre erano blu scuro, avrebbe potuto immaginarli verdi o neri, oppure di una tinta vistosa come il viola.

Ma non era così, e quando Lillian studiò l'immagine, vide il blu.

Le fotografie erano fatte così. Si potevano guardare sapendo cos'era successo prima, durante e dopo lo scatto dell'otturatore.

Senza nessuno che potesse confermare o smentire i suoi ricordi, Lillian li diede per scontati: un'infanzia felice, finita troppo presto. I primi frammenti di memoria furono sostituiti da una nuova, dolorosa realtà. *La sua vita dopo la caduta di tutte le tessere del domino.*

Fu la fantasia a dipingere il costume di Lillian, così come la gonna e la camicetta di Anna. Giallo con passamano a zigzag rosso per lei, e gonna celeste e camicetta bianca con margherite blu ricamate per sua madre. Sfregando le dita, avrebbe giurato di sentire la consistenza dei ricami. Chiudendo gli occhi, inspirò e fiutò l'odore dolce del sigaro, misto a quello pungente dell'oceano.

Come sarebbe stata diversa la sua vita se fosse stata cresciuta da Anna invece che dai nonni? Loro erano ancorati alle abitudini del passato e volevano che lo fosse anche lei. Quante altre cose avrebbe scoperto sul mondo se sua madre l'avesse guidata durante l'adolescenza? Se le avesse rivelato i dettagli dell'essere donna?

«Lil?», chiamò Peter. «Lillian?»

Lei alzò lo sguardo. Peter. *Quando era arrivato?* Non aveva sentito né la porta né i passi. Poi entrarono le ragazze.

Quando erano scese? La donna nascose la foto nel cinturino del vestito e si tirò su.

Si sentiva un po' stordita. Era colpa dei ricordi? Della tensione durante la lezione? Delle voci su Carrie e della preoccupazione di Ruth?

Non riusciva a capire perché fosse così scossa. Perché qualcosa di profondamente sbagliato – o forse non sbagliato, ma *diverso* – le stesse rovinando la giornata, serpeggiandole nelle viscere come un cibo andato a male.

Doveva concentrarsi sul presente. Lasciar andare le ore precedenti. Lì davanti c'erano suo marito e le sue figlie, intenti a fissare la donna che era sempre stata la loro roccia e che ora guardava vecchie fotografie invece di preparare la cena.

Sentì il trillo del timer. Era ora di sfornare i panini.

21

RUTH

Ruth doveva ammettere che l'ora di andare a letto era il suo momento preferito della giornata. Si era lavata e aveva indossato la camicia da notte di raso e, una volta pronta, guardò Asher, che le sorrise e diede un colpetto al materasso.

«Hai intenzione di dirmi cosa c'è che non va?»

Era fortunata ad avere quell'uomo, che si era accorto del suo stato d'animo e si preoccupava per lei. Grazie a Dio non era come Eli. Ruth era cresciuta con la stima degli uomini della sua famiglia e avrebbe trasmesso quella tradizione a eventuali figlie, perché Asher sarebbe stato il loro padre. Si infilò sotto le coperte, con la camicia da notte che le fasciava sensualmente le gambe.

«Oggi ho scoperto qualcosa di inquietante. Su un'amica». Fu colpita da un dubbio momentaneo: Asher le avrebbe creduto? Non sapeva fino a che punto spingersi con le rivelazioni, e per di più suo marito aveva giocato a golf con Eli. Frequentavano gli stessi ambienti.

Era nuova di Philadelphia e stava ancora imparando i fondamenti. Se non fosse stata attenta, le cose avrebbero potuto sfuggirle rapidamente di mano. Che cosa avevano detto durante la lezione di quel giorno? *Che tutte le tessere del domino potevano cadere.*

«Una delle altre mogli al corso di etichetta?»

Ruth si chiese se rivelargli l'identità della diretta interessata, ma era ancora riluttante a tradire la fiducia di Carrie, persino con Asher. Non ancora. «Sì. E ne ho parlato a Lillian, ma non mi ha creduto».

«Perché?»

«Perché ha detto che non ho le prove. E che ciò che succede tra moglie e marito non deve riguardarci».

Lui rifletté. «Non ha tutti i torti».

Ruth lo guardò in tralice. «E se quell'amica avesse bisogno di aiuto?»

«E se fosse solo una tua ipotesi?»

Asher aveva ragione? Doveva aver notato il suo sguardo, perché le lisciò le coperte. Delicato. Premuroso.

«La reputazione delle persone è importante. Così come la riservatezza. Anche noi attribuiamo molta importanza alla privacy, alle cose che teniamo in famiglia senza dirle a nessun altro. Lillian sa come funziona. Probabilmente voleva impedirti di commettere un errore che avrebbe potuto danneggiarti. Danneggiare tutti noi, la nostra famiglia e la nostra reputazione. La mancanza di discrezione non viene presa alla leggera da queste parti».

Chi era quell'uomo, che aveva dimenticato tutto il lavoro svolto da Ruth a New York? Che non le credeva? Non era l'Asher che ricordava. «Ma credo che la mia amica abbia bisogno di me».

«Che cos'ha detto?»

Ruth chiuse gli occhi, facendo un respiro profondo. «Che non sono affari miei».

Asher ridacchiò. La stava prendendo in giro.

Lei arrossì.

Lui la tirò a sé. «È questo che amo di te. Il tuo grande cuore. La tua volontà di aiutare gli altri».

Si era sbagliata. Non la stava prendendo in giro. Così Ruth cercò di crogiolarsi nei complimenti. Ma Asher le stava forse suggerendo di mettere da parte le preoccupazioni per Carrie?

Non ci era arrivato. Non aveva capito. *Grazie a Dio.*

L'indomani mattina furono le ombre a svegliarla. La luce del sole filtrava tra i rami spogli, creando un movimento che danzava sulle pareti rosa e sulle tende morbide. Certe volte la natura si metteva in mostra, anche in un quartiere fatto di pietra e cemento quanto di erba e alberi. Ruth aveva moltissimo da studiare. Come aveva fatto a lasciarsi distrarre fino a quel punto?

Si godette la vista dalla finestra della camera, affacciata su una strada alberata anziché sulla scala antincendio del vicino, come a New York.

Forse Carrie doveva allontanarsi per qualche tempo, magari prendersi una piccola vacanza. Staccarsi da Eli avrebbe potuto aiutarla a chiarire le cose, a vederle per quelle che erano.

Asher era già uscito. Spostando il piede verso sinistra, Ruth sentì le lenzuola fresche invece del suo grosso polpaccio peloso e capì di essere sola. Assaporò la solitudine per un momento, allargandosi fino a occupare tutto il materasso.

Amava suo marito, amava condividere il letto con lui e sentire il calore del suo corpo massiccio, ma aveva sempre avuto poco tempo per se stessa. Prima aveva vissuto con il padre e i fratelli, poi con altre ragazze al Barnard e alla Columbia, e ora si era trasferita dai suoceri.

Non voleva vivere da sola, ma desiderava con tutto il cuore, avere qualcosa che fosse solo suo, come l'esame di abilitazione. Saltò su. Che cosa ci faceva ancora sotto le coperte? Doveva prepararsi per le sue amiche. Avrebbe studiato più tardi.

Doveva andare in panetteria, apparecchiare, trovare mattoncini e giocattoli per la piccola Heidi, preparare il caffè e, naturalmente, indossare qualcosa di sobrio e pratico. *Sobrio e pratico.* Magari avesse avuto un vestito così. Si ripromise di comprarne uno.

Incrociò le dita, augurandosi che la giornata andasse bene. Aveva invitato le ragazze a prendere un caffè prima della discussione con Carrie, e ora non era sicura che lei si sarebbe presentata. La conversazione del giorno prima si era conclusa con una nota a dir poco negativa.

I volti di Carrie e di Lillian le balenarono nella mente, riempiendole il cuore con un misto di tristezza e delusione. Se l'amica non fosse venuta, come avrebbe giustificato la sua assenza con Irene e Harriet? Non poteva dire loro che non la voleva nella sua vita.

Inoltre, Carrie avrebbe potuto spargere voci su di lei per nascondere il proprio problema. Avrebbe tranquillamente potuto farla passare per la cattiva della situazione, come aveva insinuato Lillian. Oppure dipingerla come una pettegola che parlava a sproposito di cose di cui non sapeva nulla. E Lillian avrebbe potuto confermarlo.

Ruth conosceva la verità, ma sembrava aver combinato un pasticcio.

Lillian Diamond aveva voltato le spalle a Carrie come uno di quegli aggraziati e bellissimi fenicotteri rosa che Ruth aveva visto allo zoo. Decine di persone erano allineate lungo la recinzione per osservarli, ma loro se ne stavano immobili e indifferenti, come se non le vedessero. Forse, semplicemente, non sapevano far altro.

Dopo essersi infilata un vestito verde a fiori e le comode scarpe marroni, si mise l'orologio da polso e un paio di orecchini, quindi lasciò il sottotetto.

L'aria fresca la spinse a scendere i gradini di corsa. Il freddo le serpeggiava intorno alle gambe, protette soltanto da sottili calze di nylon. Se Leon era frugale quanto Jacob, i caloriferi si sarebbero accesi solo a dicembre.

Mentre passava dal pianerottolo del primo piano alle scale e si dirigeva verso l'atrio, si sentì solleticare il naso da un aroma dolce e delicato. Probabilmente Shirley stava cucinando una torta, il che non era insolito. Ogni sera serviva un dessert alla fine della cena, oltre ad avere sempre a disposizione gelato e Oreo, due degli snack preferiti di Asher, che aveva cominciato a esserne goloso quando viveva al campus. Sua madre aveva sempre pronta anche una generosa scorta di dolci fatti in casa: pudding di riso, torta di mele, sfogliatine alle ciliegie, rotoli alla cannella, biscotti con gocce di cioccolato.

Ruth era cresciuta con la passione delle panetterie. Siccome ce n'era una al pianterreno del loro palazzo sulla 78ª, il suo profumo riempiva l'appartamento. Non aveva dovuto imparare a fare pane e torte; gli Osterman li facevano al posto suo. Non le sarebbe dispiaciuto offrire ad Asher dolci nostalgici e deliziosi quando avessero avuto una casa tutta loro. Sperava di diventare una brava cuoca, magari con l'aiuto di Shirley. Forse la cucina sarebbe diventata un pretesto per instaurare un legame con la suocera.

Ruth entrò in cucina e fece tanto d'occhi. Il bendidio di quel giorno era per lei. Shirley aveva disposto dei pasticcini perfetti su un vassoio, posato al centro del tavolo. Alla faccia dei preparativi per il caffè con le amiche.

Fece un sorriso che forse sembrava sincero, ma che in realtà serviva a dissimulare la delusione.

«Buongiorno», salutò. «Che profumino delizioso». Doveva ammettere che le era venuta l'acquolina in bocca.

«Asher mi ha detto che hai invitato le tue amiche per un caffè, così ho preparato il *kamish broit*».

«Non dovevi disturbarti». Ruth avrebbe preferito mangiare i panini di Liss. Morbidi. Friabili. Pieni di cannella e burro, con una spruzzata di cremosa glassa bianca. «Avevo chiesto ad Asher di dirti che mi sarei alzata per andare da Liss».

«Pensavo che un dolce fatto in casa avrebbe avuto un aspetto migliore. Un gusto migliore». *Migliore per chi?*

«Oh, va bene».

Ma non era affatto così.

Dopo la terribile giornata precedente, Ruth voleva che almeno una cosa andasse come aveva programmato, e l'unico elemento su cui aveva il controllo erano quei maledetti panini alla cannella.

Era ancora determinata ad aiutare Carrie. E non vedeva l'ora di ricevere le sue ospiti quella mattina. Se mai aveva avuto bisogno di alleati, era in quel momento. Quelle ragazze, tutte casa e famiglia, sarebbero forse riuscite a farsi avanti e a essere ciò che aveva bisogno che fossero? Riteneva che quando un'amica era in pericolo, parlare della sua situazione ad altre persone non fosse un tradimento della sua fiducia.

La missione che la aspettava la incupì. Forse avrebbe dovuto dirlo alla suocera. Valutare le circostanze in anticipo. Chiedere consiglio. E se Shirley avesse reagito come Lillian? O come Asher?

Era rischioso. Inoltre, se c'era una cosa di cui Shirley Appelbaum non doveva venire a conoscenza, erano i problemi di Ruth. Mancavano quasi due settimane a Rosh haShana, quando le avrebbero dato la notizia dell'esame e della sua decisione di diventare un avvocato. Occorreva che per allora la suocera si facesse un'ottima opinione di lei.

«Non volevo scavalcarti», disse Shirley. «So che non sai fare i dolci».

Certo che lo sapeva. L'ennesimo difetto di Ruth.

«A che ora arrivano le ragazze?»

«Alle dieci».

«Così tardi?»

Ruth annuì. Il giorno prima, quando aveva invitato le amiche mentre tornava a casa, non aveva pensato di chiedere se ci fosse un orario specifico, considerato appropriato. Avrebbe dovuto sospettare che ci fossero regole anche per il caffè. Era andata da Carrie alle otto e mezza, ma aveva ipotizzato che fosse perché Eli era già andato al lavoro.

«Puoi preparare il caffè poco prima delle dieci. Ti ho mostrato come si fa, vero?»

Ruth fece sì con la testa, insieme umiliata e infastidita. Preparava il caffè istantaneo per suo padre da quando era abbastanza forte per tenere in mano il bollitore. Lui lo beveva sempre nero. Ridacchiò tra sé e sé all'idea che Jacob usasse delle minuscole molle d'argento per distribuire le compresse di saccarina, e questo la rallegrò un pochino.

«Puoi prendere i piatti e la biancheria nella dispensa», aggiunse Shirley.

«Pensavo che potremmo sederci in cucina, se per te va bene».

«Certo. Sul secondo ripiano ci sono delle tovagliette rotonde piegate».

«Alle ragazze non dispiacerebbe un'atmosfera informale». Né i panini alla cannella. «Ma questo è meglio». Ruth cercò di non avercela con la suocera mentre prendeva delicatamente un pezzetto di *kamish broit*.

«Certo che no, ma non è questo il punto. Il punto è fare sempre del proprio meglio. Si tratta di te. Non hai detto che una delle ragazze aveva preparato un picnic? Irene, vero? Non è quella con tanti bambini?»

Ruth inghiottì. «Sì. È stato incantevole, oltre che delizioso». Irene aveva quattro figli e un marito, e teneva la contabilità, ma non corresse la suocera.

La ragazza pensò che quando Shirley la guardava, probabilmente vedeva una fannullona. Forse aveva ragione a credere che la nuora dovesse rendersi conto della necessità di darsi da fare. Ruth, tuttavia, stava investendo tutte le sue energie nella preparazione all'esame. Shirley non l'avrebbe considerata una battifiacca quando avesse saputo delle quattrocento ore di studio.

Nel mondo delle casalinghe di Wynnefield, tuttavia, Shirley aveva di nuovo salvato la situazione.

«Oh, quasi dimenticavo», disse ora. «Carrie ha telefonato questa mattina per avvisare che non verrà. Ha detto che tu avresti capito il perché».

Ruth rabbrividì. Sperava che stesse bene. Era l'inizio della fine delle sue nuove amicizie? Era destinata a rimanere sola in quella nuova vita? Ad attirarsi il disprezzo non solo di Lillian, ma anche di sua suocera? Forse anche di Asher, che le aveva sconsigliato di dare retta a possibili pettegolezzi?

«Qualcosa non va?»

Ruth spezzò il biscotto a metà. «No, no. Mi stavo solo gustando il tuo *kamish broit*. Ti... ti sarei grata se mi insegnassi a prepararlo». Le ricette erano una distrazione perfetta da tutto il resto.

Shirley fece un passo indietro e la guardò sorridendo, apparentemente felice di quella richiesta.

Almeno una cosa minuscola era andata per il verso giusto.

Poco dopo, Ruth, Irene e Harriet si riunirono intorno al tavolo della cucina con tazze e sigarette, sorseggiando il caffè appena fatto. Harriet, che si era complimentata per la biancheria da tavola e l'astuccio della saccarina, schiacciò il mozzicone nel posacenere verde, in tinta con gli elettrodomestici.

Ruth non aveva mai fumato, per quanto sembrasse chic e raffinato quando aveva iniziato il college, dove le ragazze non dovevano farlo di nascosto. Odiava il puzzo delle sigarette, per non parlare del sapore.

Anche se Ruth non era d'accordo, le faceva piacere che quelle donne condividessero le loro abitudini in sua presenza. Sopportava di buon grado persino il fumo soffocante e il cattivo odore. Le ricordavano Dotsie e la vera amicizia. Le davano conforto e speranza. Dotsie pensava che dessero un tocco di classe. Probabilmente Harriet le avrebbe dato ragione.

Il fumo puzzolente sarebbe stato un piccolo prezzo da pagare per far parte di quel gruppo. Era combattuta tra l'aspirazione di fare carriera e il desiderio di essere una Diamond Girl. Chi avrebbe mai immaginato che si sarebbe trovata di fronte a un simile dilemma?

Harriet controllò l'orologio e spense la Lucky Strike, una sigaretta molto maschile per una ragazza così femminile. «Carrie è molto in ritardo, dovremmo chiamarla?»

Ruth si sentì un po' in imbarazzo. «Ha telefonato per avvisare che non sarebbe venuta».

Di solito Harriet dava ogni cosa per buona. Doveva proprio scegliere quel giorno per corrugare la fronte con un'espressione interrogativa? Fissò Ruth, aspettando che parlasse.

«Aveva da fare», spiegò lei.

«Strano. Mentre tornavamo a casa, ha accettato volentieri il tuo invito. Spero che sia tutto a posto».

Ruth percepì la loro curiosità. E se avesse peggiorato le cose? Voleva risolvere un problema, non crearne altri.

Forse non si conoscevano da molto tempo, ma erano diventate amiche. Erano coetanee di Carrie. Forse le stava sottovalutando. Che cosa ne sapeva del *loro* istinto? Del loro intuito?

Voleva fidarsi di loro, persino di Harriet. Erano persone premurose, no? Forse avrebbero capito il suo punto di vista. Forse se ne sarebbero addirittura venute fuori con altri fatti o osservazioni, altre cose che avevano notato in Carrie. Fatti che avrebbero potuto avvalorare la tesi di Ruth, secondo cui la ragazza correva un serio pericolo, e aiutarla a intervenire prima che accadesse qualcosa di grave.

Prima che Carrie finisse come le donne che Ruth aveva visto alla Legal Aid. Costrette a fuggire per salvarsi la vita.

Sì. Quelle ragazze erano amiche di Ruth, oltre che di Carrie, e forse si sarebbero rivelate delle alleate preziose. Quindi sondò il terreno: «Le cose non vanno molto bene a casa, credo».

«Mi stai facendo preoccupare», disse Irene, con la sigaretta che ballonzolava a ogni parola.

Nutrivano dei sospetti, dunque. Irene era una madre. Era naturale che fosse stata la prima a notare qualcosa di strano. Ruth fece loro cenno di avvicinarsi.

Irene, incuriosita, appoggiò il gomito sul tavolo.

Harriet inarcò un sopracciglio come a dire: «Sputa il rospo!»

Ruth scelse con cura le parole. Aprì la bocca.

Shirley entrò insieme a Heidi. «Qualcuno ha bisogno del bagno!»

Tutte e tre si raddrizzarono di scatto, fissandola.

«Mi dispiace, signora Appelbaum». Irene allungò la mano sotto il tavolo per recuperare la borsa dei pannolini.

«Ci penso io». Shirley gliela prese. «Se non è un problema».

La bambina annuì e le ragazze risero.

«Oddio, Ruth, tua suocera è un sogno», commentò Irene.

Shirley si girò e salì al piano di sopra, borbottando qualcosa a Heidi, aggrappata al suo fianco.

Quando il rumore dei passi si spense, Ruth inspirò. Meglio venire subito al dunque. «Ieri Carrie aveva dei lividi sul braccio. E da Saks ne aveva uno sul collo».

Harriet scrollò le spalle. «E allora?»

«Be', non è maldestra». Ruth sapeva che avrebbe dovuto rivelare altri dettagli, anche i più scabrosi. Chiamare suo padre o Dotsie non sarebbe servito a niente. Aveva bisogno di un aiuto immediato. Stava per tradire di nuovo Carrie, ma non aveva altra scelta se voleva salvare lei e il bambino. «Eli la maltratta».

«Che cosa stai cercando di dire?» Irene arricciò il naso.

Ruth sbuffò. Non avrebbe dovuto essere così difficile da capire, ma d'altra parte non era inconcepibile anche per lei? Non aveva forse scartato quell'ipotesi all'inizio? «Voglio dire che suo marito la picchia. Immagino che stringa così forte da lasciarle il segno».

«Non è vero», disse Harriet.

«E anche se lo fa, non sono affari nostri», aggiunse Irene. «Forse non hai visto quello che credi di aver visto».

Dal suo tono Ruth non riuscì a capire se le stesse dando della bugiarda o dicendo che non aveva abbastanza prove.

«Che cosa ha detto Carrie?», insistette Irene.

«L'ha ammesso. Be', non l'ha negato».

«Che cosa non ha negato?», chiese Harriet. «Stai usando ciò che non ha detto per accusare suo marito? Un vicepreside? È un modo molto approssimativo per convincersi di una cosa così terribile».

«Che cosa diresti se accusassi il tuo fidanzato di averti lasciato dei lividi sul collo e sul polso? Negheresti, no?» Ruth sentì il calore che le saliva nel petto.

«Ti direi che sei pazza, che non lo farebbe mai. Ti chiederei come osi fare simili insinuazioni e ti esorterei a farti gli affari tuoi».

«Appunto. Prima Carrie ha detto che era stato un incidente. Poi ha detto che Eli le aveva chiesto scusa, promettendo di non farlo più».

Harriet alzò gli occhi al cielo. «Qui non succedono cose di questo genere».

Era il presupposto da cui era partita anche Ruth, poi ribadito da Lillian.

Si sbagliavano. Ne era certa.

«Ieri era con noi». Irene sembrava molto irritata. «Stava bene. Le coppie litigano. Alcune arrivano alle mani. È una cosa tra loro e sono sicura che non sia nulla di pericoloso».

«Stai esagerando». Harriet si accese un'altra sigaretta.

«No». Ruth avrebbe voluto battere i pugni sul tavolo per costringere qualcuno ad *ascoltarla*. Invece ridusse la voce a un sussurro. «Penso che Carrie corra un grave rischio. Pensa che andrà tutto bene quando dirà a Eli che è incinta». Si sentiva in colpa per quella nuova rivelazione, ma era troppo in pensiero per l'amica. Non poteva tacere.

Irene trasalì. «Aspetta un bambino!»

«Carrie non andrebbe a letto con lui se la maltrattasse», osservò Harriet.

«Non credo che abbia altra scelta. Avrebbe paura a dire di no».

«Lascia perdere. Sii felice per loro», suggerì Irene. «Dai loro il tempo di abituarsi alla notizia. Sono certa che stanno bene».

«Irene ha ragione», disse Harriet. «Ed Eli non farebbe mai del male a suo figlio».

Irene controllò l'orologio. «Santo cielo, si è fatto tardi».

Le ragazze spensero le sigarette e recuperarono borsette e occhiali da sole. Ruth intuì che era una scusa, ma non sapeva se essere più arrabbiata, ferita o delusa. Di una cosa era certa: *non avrebbe potuto sentirsi più sola.*

«Tutto qui?», chiese. «Ve ne andate?»

«Non possiamo intrometterci nel matrimonio di qualcuno», disse Irene.

«L'ha picchiata». Ruth non sapeva quali altre parole usare per farglielo capire.

Avrebbe voluto che Dotsie fosse lì. O una delle sue compagne di college a New York. O qualcuno della Legal Aid. Loro sì che l'avrebbero ascoltata e avrebbero capito la necessità di proteggere Carrie.

«Questo lo dici tu», ribatté Harriet. «Il matrimonio è una questione personale. Credo che tu stia diventando invadente».

«Anch'io. Non sono affari nostri», rincarò Irene. «E se fosse vero, cosa di cui dubito, non c'è niente che tu possa fare».

D'un tratto Ruth ebbe la sensazione di non sapere più nulla. Era invadente? Troppo sicura delle proprie conoscenze? Tutti gli altri avevano ragione e lei torto?

Shirley tornò coccolando Heidi, e le ragazze iniziarono a vezzeggiare la bambina. Shirley notò che le ospiti avevano preso le borsette e stavano per accomiatarsi. «Andate già via?»

Harriet doveva aver intravisto la possibilità di entrare nelle grazie della padrona di casa sfoggiando la sua conoscenza delle buone maniere. «Abbiamo iniziato alle dieci. Un po' più tardi del solito».

Ruth le salutò senza rimpianti.

Qualche ora dopo, mentre Shirley era fuori, Ruth telefonò a Carrie. Non rispose nessuno. Se non altro aveva la casa tutta per sé, senza obblighi sociali fino all'ora di cena. Quella sì che era una manna dal cielo. Ne avrebbe approfittato per studiare. Non poteva sprecare nemmeno un minuto. Corse al piano di sopra, si lasciò cadere sulla panca sotto la finestra e aprì il libro.

Dopo qualche pagina, alzò lo sguardo. Era in gioco tutto il suo futuro, eppure non riusciva a concentrarsi. Quel giorno era stato l'ennesimo disastro. Il pomeriggio precedente si era alienata Carrie e Lillian. Quella mattina Harriet e Irene. Tuttavia, non poteva fare a meno di preoccuparsi per lei.

Doveva aiutarla, ma come?

Mentre percorreva il vialetto verso la casa di Carrie, ricordò quanto fosse stata piacevole la loro conversazione sul patio coperto, quanto fossero entrate rapidamente in sintonia. Quando suonò il campanello, si augurò che lo ricordasse anche lei.

Drin.

Sperava che l'altra avesse avuto il tempo di calmarsi dopo la discussione del giorno prima, che le concedesse una seconda occasione per essere sua amica.

Drin.

Sentì un movimento all'interno. Passi leggeri. Ma nessuno andò ad aprire. Se Carrie avesse avuto una domestica, qualcuno avrebbe aperto e annunciato la visita alla padrona di casa.

La porta rimase chiusa.

L'istinto le diceva che Carrie era in casa, da sola, che in qualche modo aveva sbirciato fuori e l'aveva vista. Pensò di suonare ancora una volta, ma poi cambiò idea. Si voltò e percorse il vialetto in senso inverso.

Quando rientrò, non c'era nessuno. Shirley era alla riunione della Sisterhood, o forse era il giorno del mahjong. Ruth non era più sicura di nulla.

Andò dritta in cucina e tirò fuori farina, zucchero, latte e uova, oltre alla planetaria elettrica. Avrebbe preparato una torta per suo marito. Non riusciva a concentrarsi sui libri in quel momento. Se non altro avrebbe dato l'impressione di provare a essere una brava casalinga. Avrebbe dimostrato a se stessa e ai suoceri che era in grado di adeguarsi alla loro realtà. Poteva essere una brava moglie e un avvocato brillante. Era competente. Ma sapeva essere un'amica affidabile?

Mentre lavorava furiosamente, la cucina si riempì del profumo di un impasto delizioso. Il caldo effluvio dello zucchero le turbinava intorno. Sì, fare dolci migliorava decisamente l'umore.

Un'ora dopo, quando il timer suonò, Ruth aprì il forno e inalò l'aroma.

La sua espressione si afflosciò come il centro della torta.

Vi affondò delicatamente uno stuzzicadenti. L'interno era mezzo crudo. Il bordo era bruciato. Una porcheria, insomma.

Buttò via tutto e guardò la massa pesante affondare tra la spazzatura. La parte centrale, ancora molliccia, colpì la parete del bidone, imbrattandola mentre scivolava giù.

Ruth si sedette al tavolo e, prendendosi il viso tra le mani, pianse.

22

LILLIAN

«Constance, Susan e Peppermint». Lillian spense la caffettiera. Il caffè era venuto su qualche minuto prima, quando aveva servito a Peter la colazione del sabato mattina, a base di uova, patate e pane tostato. Ora prese i piatti sporchi dal tavolo e li mise nel lavello con eccessiva veemenza.

«Di cosa stai parlando?» Peter si alzò, aprendo la bocca e spingendo la mascella verso destra. Questa sua espressione la infastidiva. Non avrebbe fatto quella smorfia se avesse saputo che lo faceva assomigliare a un attore comico di bassa lega. I pantaloni da golf a scacchi non aiutavano.

«La moglie, la figlia e il golden retriever di Philip Tanner. E non menzionare la Russia se non vuoi farlo arrabbiare».

Peter annuì. Avrebbe visto Tanner di lì a poco.

Avrebbe dovuto farsi bastare quelle informazioni. Lillian aveva perso la motivazione per cercarne altre. Era stanca di fargli sempre da balia.

«Capito». Peter fece il saluto militare e un sorriso risoluto ma timido. «Augurami buona fortuna». Le diede un bacio sulla fronte.

«Buona fortuna», disse Lillian.

Lui uscì dalla porta della cucina per andare all'ultima partita di golf della stagione, che alla fine sarebbe sfociata in una riunione di lavoro. Aveva promesso di fare buca in uno per la Diamond Textiles, poi si era messo a ridere. Ci provava da luglio. Sarebbe stato un cliente importante, una generosa aggiunta al reddito della famiglia. *Constance, Susan e Peppermint*. Lillian stava facendo la sua parte.

Non c'è di che.

Posò una grande tazza su un piattino e la riempì fino al bordo. Il caffè del sabato mattina da sola era davvero «buono fino all'ultima goccia».

C'era stato un periodo, forse dieci anni prima, forse meno, in cui un sabato *senza* Peter, impegnato a giocare con le bambine o a ignorarle per lavare la macchina o leggere il giornale, l'avrebbe gettata in preda alla nostalgia, alle reminiscenze e al desiderio di passare più tempo insieme. Non più. Non dopo quindici anni di matrimonio.

Quel giorno Lillian sorseggiò il caffè mentre il vapore saliva dalla tazza, godendosi quei momenti di tranquillità e chiedendosi se non fosse il caso di andare da uno psichiatra per farsi esaminare la testa. Avrebbe dovuto tollerare le assenze di Peter, non aspettarle con impazienza. *Che cosa le prendeva?*

La realtà aveva sovvertito le sue fantasie giovanili e il divario tra le due cose le balenò nella mente come un déjà vu. Era quello il problema.

Oh, andiamo, si rimproverò. Amava Peter e lo trovava ancora attraente (e, a giudicare da alcuni uomini del quartiere, con la testa calva e il doppio mento, probabilmente non valeva la stessa cosa per tutte le mogli). Era grazie a lui se avevano una bellissima casa, il frigorifero pieno, una vita agiata e un futuro garantito per le ragazze. Suo marito provvedeva alla famiglia senza lamentarsi, ma...

Era lui a mandare a monte le sue idee per una vita più gratificante? *No.* Non immaginava neppure quali fossero quelle idee. Sapeva solo che sua moglie restava sveglia fino a notte fonda, e si preoccupava per la sua salute mentale. Era una preoccupazione sincera o dettata dalla paura del giudizio altrui se lei fosse diventata instabile come sua madre?

Tap, tap, tap.

Le sue unghie picchiettavano sul tavolo come se stessero cercando di trasmetterle un messaggio in codice Morse. Qual era la vera causa del suo turbamento?

La visita di Ruth si insinuò nei suoi pensieri. C'era ancora qualcosa che la inquietava. La ragazza aveva mosso accuse orribili contro il marito di Carrie, uno stimato vicepreside. Ma sicuramente non era un suo problema. Avrebbe tenuto per sé i dubbi di Ruth.

Ma aveva promesso a se stessa che avrebbe smesso di evitare le verità difficili, affinché anche le giovani casalinghe si sentissero in grado di sfidare lo status quo, affinché le sue figlie avessero delle scelte quando fossero diventate adulte.

Che cosa le impediva di mantenere quella promessa ora?

Peter e Lillian cenarono fuori, solo loro due. Lei si era stupita il giorno prima, quando suo marito le aveva chiesto di prenotare quel particolare ristorante. Era indubbiamente romantico. C'erano candele sul tavolo e un pianista che suonava splendide ballate, ma non così forte da impedire loro di godere della reciproca compagnia. Lillian attribuì il buonumore di Peter al fatto che finalmente avesse fatto quella buca in uno con Philip Tanner. Forse voleva ringraziarla per l'aiuto.

Dunque, si gustò la serata più di quanto avesse immaginato.

Forse passava troppo tempo a rimuginare su ciò che andava male nella sua vita e troppo poco a notare ciò che andava bene. Per esempio, il modo in cui Peter le sorrideva dall'altra parte del tavolo. O la delicatezza con cui tagliava pezzetti di bistecca e li intingeva nella salsa. Arrivarono a casa prima delle undici.

Lillian controllò le ragazze, che erano ancora sveglie ma a letto. Quando entrò in camera, Peter era già sotto le coperte. Lo guardò leggere un libro e dovette ammettere che lo trovava sexy.

Infilò il gancio nel chiavistello. Lui alzò lo sguardo dal romanzo, poi ricominciò a leggere.

Lillian attraversò la stanza. Gli orecchini, la collana e gli anelli tornarono ciascuno nel proprio scomparto dell'enorme portagioie di mogano che era il regalo di nozze dei nonni di Peter. Quello, e la tradizionale cassapanca di cedro per il corredo. Entrambi con il monogramma.

Ripose le scarpe nella scatola, che poi rimise sull'ultimo ripiano insieme alla pochette. Quando prese la spazzola, notò la foto dei suoi genitori che aveva scoperto nell'album e la appoggiò sulla toeletta.

Guardò ancora una volta se stessa, suo padre e sua madre, catturati in quel momento felice sulla spiaggia. Aveva memorizzato i dettagli, ma era l'immagine in sé ad affascinarla. L'inclinazione della testa di Anna, il sorriso di Percy. Il modo in cui ciascuno di loro le teneva una mano sulla spalla.

Avrebbe potuto fissare i loro volti per tutta la notte, ma si girò quando sentì gli occhi di Peter su di sé.

Suo marito aspettava un segnale. *Il* segnale.

Le venne in mente la lezione di etichetta della camera da letto, le cose più o meno impercettibili che avrebbe suggerito alle ragazze. Rendere felice un marito sotto le lenzuola poteva conferire un po' di potere, avrebbe detto.

Peter si aspettava una nottata d'amore, ma non l'avrebbe pretesa. Forse non era sempre attento alle sue esigenze o sulla sua stessa lunghezza d'onda, ma era sempre un gentiluomo. Gliene era grata: era una dimostrazione di rispetto.

Lillian si fermò ai piedi del letto, con la camicia da notte e la vestaglia morbide e semitrasparenti drappeggiate sul braccio.

Con un gesto ampio e inconfondibile, posò la vestaglia sul copriletto ripiegato. Portò in bagno soltanto la camicia da notte, senza chiudere la porta a chiave.

Una volta tornata in camera, lasciò le luci accese e accolse Peter dalla sua parte del letto.

La mattina dopo, Lillian preparò il caffè e scongelò il *kamish broit* di Sunny. Peter entrò in cucina e la baciò sulle labbra. Le ragazze dormivano ancora, così lei ricambiò il bacio e indugiò. Erano stati amici per tutti quegli anni. Peter si era dimostrato un vero amico, trasferendo sua madre in un istituto migliore e pagando le sue cure senza mai lamentarsi. Non le aveva mai rinfacciato i precedenti di malattie mentali della sua famiglia. Nemmeno l'altra sera, quando aveva accennato allo psichiatra. Era sembrato solo sinceramente preoccupato per il suo benessere.

«Per prima cosa pensavo di rastrellare le foglie», disse quando si staccarono. Avevano assunto un giardiniere, ma lui aveva sempre voluto svolgere personalmente quel compito. Pareva trarre un misterioso piacere dalla pulizia autunnale.

Lillian aggiunse panna e due cucchiai di zucchero alla sua tazza. «Vorrei andare a trovare mia madre?» Aveva usato un tono interrogativo, ma non era stato intenzionale

Peter soffiò sul caffè per raffreddarlo. «Quando?»

«Oggi».

Lui bevve un sorso e la fissò con una punta d'ansia. «Perché proprio oggi, Lil?»

«Mi manca». Si stupì di aver dato quella risposta.

«Non l'avevi mai detto prima».

Certo che l'aveva detto. Si sforzò di ricordare quando, ma invano. Dunque, Peter aveva ragione. Lillian deglutì, vergognandosi. Ma ora sentiva la mancanza di sua madre e voleva chiederle del suo passato. Non avrebbe saputo dire se dipendesse dalla foto sulla spiaggia, da Maryanne o dalla propria irrequietezza.

«Non me n'ero resa conto. Ho trovato una nuova foto di quando eravamo tutti insieme; era rimasta appiccicata dietro un'altra fotografia nell'album. Momenti felici in spiaggia. Ho pensato che avrebbe voluto vederla. Non ha molte cose belle nella vita. Potrebbe far affiorare dei bei ricordi».

«È per l'altra sera? Non volevo turbarti».

Se non altro era consapevole di aver passato il limite suggerendole di rivolgersi a uno psichiatra.

«No. No, è solo che non la vedo da un po' di tempo. Dopotutto, è mia madre».

Così, quel pomeriggio, Lillian e Peter percorsero il lungo vialetto che serpeggiava lungo una siepe di ortensie blu intenso dalle foglie verde brillante. Scelta azzeccata, perché le foglie sbiadivano ad autunno inoltrato. Dietro l'ultima curva comparvero il prato, i cespugli, gli alberi, e l'edificio principale del Friends Hospital. Era vasto quanto un isolato e lussuoso come un castello francese, con i suoi stucchi giallo pallido e le pietre incastonate intorno alle finestre. La struttura non assomigliava molto a un ospedale psichiatrico, ma non era forse quello lo scopo?

Avrebbero potuto essere ovunque.

Potevano fingere di essere ovunque.

Era stato impossibile far finta di essere in un luogo diverso da un ospedale psichiatrico quando Anna era stata ricoverata a Byberry, il manicomio statale che aveva sede in cinquanta edifici sparsi su novanta acri a soli sedici chilometri di distanza. Erano stati i nonni di Lillian a portarla lì subito dopo la morte di Percy, o almeno così le era sembrato. Non sapeva che fosse un istituto per persone affette da disturbi mentali. Aveva immaginato che la madre sarebbe tornata a casa, ma non era mai accaduto. Non aveva senso piangere, ripeteva la nonna.

Quando era successo, aveva solo undici anni. I medici avevano diagnosticato un esaurimento nervoso, una forma di isteria e, in seguito, una senilità precoce. Lillian non aveva chiesto né cercato altre informazioni. Era stata grata ai nonni per aver tenuto Anna al sicuro.

Ne era convinta anche se i trattamenti non avevano funzionato. Non glieli avevano descritti, dicendo che era troppo piccola per capire. Ogni volta però che sentiva i nonni bisbigliare dell'ennesimo approccio clinico, origliava, pregando che finalmente sua madre guarisse.

I tentativi si erano rivelati inutili, e Lillian si era rassegnata, smettendo di sperare che le cure potessero migliorare la vita di Anna e la sua.

La madre non si era mai ripresa né era migliorata. Non sarebbe mai tornata a casa.

Lillian era sostanzialmente rimasta orfana.

Lo era ancora.

A diciotto anni si era fidanzata con Peter, che dirigeva già la Diamond Textiles insieme al padre. Nonostante le sue insistenze, Lillian aveva organizzato un incontro tra il futuro marito e la madre, all'insaputa dei nonni, solo dopo il fidanzamento.

Una domenica di sole erano entrati mano nella mano in un lungo edificio tetro – edificio N6, lo chiamavano – e avevano percorso un corridoio che puzzava di urina e candeggina. Lillian si era tenuta un fazzoletto sul naso nel tentativo di coprire il tanfo, ma aveva dovuto fare uno sforzo di volontà per tenere a bada la nausea. Peter si era limitato a storcere il naso e aveva continuato a camminare.

Avevano oltrepassato una decina di porte chiuse, captando urla, pianti e momenti di silenzio inquietante, prima di raggiungere il dormitorio sovraffollato.

Anna era seduta vicino alla finestra. Messa in mostra per i visitatori, in un certo senso, con le braccia e le gambe disposte in quelle che parevano angolazioni scomode. La prima volta che Lillian le aveva fatto visita da bambina, aveva capito che la posizione degli arti non era naturale. La madre che ricordava era morbida e calda. Le braccia sottili di questa donna erano incrociate sulle ginocchia ossute come per impedirle di muoversi.

In quell'occasione, Anna non l'aveva riconosciuta, pur blaterando di una Lilly che pensava fosse un'altra persona. Lei si era sentita devastata. Si era illusa che si trattasse di una situazione temporanea, dovuta ai farmaci o ai trattamenti.

Doveva essere così. Una madre non dimenticava la sua unica figlia.

Dopo la prima visita di Peter, Lillian l'aveva riaccompagnato alla macchina, ascoltando con sollievo il cigolio del portone che si chiudeva alle loro spalle. Era riuscita a tenere a freno i sentimenti finché non avevano raggiunto il parcheggio. Era abituata a ignorare il dolore, e voleva vedere la reazione del fidanzato prima di dire qualsiasi altra cosa. Il suo amore per lei sarebbe forse cambiato?

Peter era rimasto in silenzio lungo il tragitto verso l'auto e Lillian aveva capito cosa pensasse solo quando erano arrivati e aveva sentito un rumore. Girandosi, l'aveva visto piegato in due, con il vomito che gli usciva dalla bocca.

Vomito. Non aveva avuto bisogno di chiedersi cosa significasse quella reazione. Era stata sciocca a pensare che l'avrebbe sposata dopo aver conosciuto sua madre, dopo aver visto chi l'aveva messa al mondo. Erano tornati a casa in silenzio. Era stata pervasa da un senso di torpore, ma era abituata a veder cadere le tessere del domino. *Ci risiamo,* si era detta.

Ma le cose non erano andate come aveva immaginato.

Non solo Peter aveva ancora intenzione di sposarla, ma una settimana dopo aveva fatto trasferire Anna al Friends Hospital, un istituto gestito dai quaccheri e primo ospedale psichiatrico privato del Paese. Uno dei migliori. In quei giorni, Lillian l'aveva guardato e aveva visto la sua generosità di spirito.

Era ancora lo stesso Peter?

Aveva cominciato a pagare il conto prima del matrimonio, quando ancora i nonni della sua fidanzata erano vivi. Negli ultimi sedici anni non si era mai lamentato né ne aveva mai fatto menzione. E due volte l'anno andavano insieme a trovare Anna. Le visite non duravano molto, e Lillian era sicura che Peter avrebbe preferito rastrellare foglie, ma lui la accompagnava senza protestare, come quel giorno.

Questa volta l'aveva portata al Friends Hospital perché lei glielo aveva chiesto. Era lo stesso Peter. Più maturo, più saggio, ma sempre lo stesso uomo devoto alla famiglia. Pronto a fare tutto il necessario pur di far funzionare le cose. Non aveva obiettato né alzato gli occhi al cielo, come forse avrebbero fatto altre persone.

Ora eccoli lì a percorrere la strada tortuosa verso lo sfortunato passato di Lillian, quello che di solito fingevano non esistesse. Nessuno dei due accennò ad Anna, e lei era grata per questo.

Sospirò, poi camuffò le emozioni incontenibili con un colpo di tosse. La collaborazione silenziosa di Peter era la prova che la amava, qualunque cosa succedesse o non succedesse tra loro. Lui la sosteneva, ed era per questo che lei faceva ciò che faceva. La sua dedizione alla vita e alla carriera di Peter, e persino il suo amore, erano intrisi di gratitudine. Fino a che punto doveva essere egoista per considerare la propria esistenza insoddisfacente quando lui aveva fatto così tanto? Quando aveva tenuto in piedi le tessere del suo domino?

Dopo che Peter ebbe messo in folle, Lillian gli strinse la mano. Era stata troppo critica nei confronti della loro vita, di lui e di se stessa. «Grazie», disse. Poi guardò attraverso il parabrezza. L'edificio in cui alloggiava sua madre, ricoperto di edera come un dormitorio universitario, faceva capolino tra le querce.

«Prego. Andiamo?»

Di lì a qualche minuto camminavano fianco a fianco lungo lo stesso corridoio assolato che avevano percorso sedici anni prima, quando avevano trasferito Anna.

Quel posto profumava sempre di limone.

Mentre Lillian accedeva al cortile, Peter le posò delicatamente la mano sulla spalla. «Non aspettarti troppo», le disse. Non era tanto un ordine quanto un avvertimento bonario. Aveva ragione. Lillian non doveva farsi illusioni. Anna non l'aveva riconosciuta l'ultima volta, e forse non l'avrebbe riconosciuta nemmeno in una vecchia foto.

Nonostante il commento del marito, Lillian sentì riaccendersi la speranza, una sensazione insolita, soprattutto lì. Stentava a credere di non aver mai mostrato alla madre delle foto che la immortalassero. Le aveva portato le fotografie delle nozze, delle ragazze e della casa, ma non aveva mai pensato di farle vedere qualche immagine che la ritraesse con Percy. Nessuno aveva suggerito che potesse essere un modo per rinfrescarle la memoria, per aiutarla a uscire da ovunque vivesse nella propria mente. Lillian accarezzò la borsetta.

Voleva cambiare alcune cose, tra cui consolidare il rapporto con sua madre, o almeno scoprire cosa avesse causato la sua malattia. Anna amava fare la commessa. Forse la fotografia l'avrebbe spinta a parlare della sua vita e della sua professione prima che si ammalasse, facendo così luce sul desiderio della figlia di avere un lavoro gratificante.

Si avvicinò un'infermiera con l'uniforme, le calze e la cuffietta bianche. «Siete qui per vedere Anna?»

Lillian annuì, accorgendosi che Peter era rimasto indietro di un passo o due. «Sì, sono sua figlia».

«Siete fortunati. È una buona giornata per lei».

Lillian non aveva idea di cosa significasse e aveva paura di chiederlo. Erano anni che non vedeva la donna che ricordava, la mamma che si divertiva sulla spiaggia e che le dava il bacio della buonanotte. Quella persona sembrava completamente scomparsa.

L'infermiera indicò una panchina in giardino. Come al solito, Anna era seduta al sole, con lo sguardo fisso davanti a sé. Lillian si fermò e Peter le diede una leggera spinta, ma non la seguì. Lei si avviò lentamente e si accomodò accanto alla madre, lasciando uno spazio tra loro. Non voleva rischiare di avvicinarsi troppo a quella donna fragile, causando una crisi o un crollo a una delle due o a entrambe.

«Ciao, Anna», la salutò. L'altra girò la testa e sorrise educatamente. Lillian rabbrividì quando vide gli occhi azzurri infossati, dello stesso colore dei suoi.

Si sforzò di ricordare un momento felice vissuto insieme, ma invano. Quella donna era sua madre, una presenza insieme familiare ed estranea, e questo la faceva soffrire.

«Mi hai portato il dessert?», chiese Anna senza salutare.

Lillian avrebbe dovuto portare qualcosa di dolce. Davanti agli occhi le tremolò l'immagine indistinta di loro due che, sedute al tavolo della cucina sulla 76ª Strada, inzuppavano i biscotti al cioccolato nel latte. «La prossima volta», disse. Armeggiò con la borsetta sulle sue ginocchia. «Ma ho qualcosa che potrebbe interessarti».

Anna aggrottò le sopracciglia. «Non mi piace l'uvetta».

«Lo so». Non piaceva nemmeno a Lillian e alle ragazze.

Sul volto di Anna, la confusione sostituì l'irritazione. «Davvero? Pensavo che fossi nuova di qui».

Lillian sentì una stretta al cuore e un nodo in gola. Si costrinse a deglutire. «No, vengo da molto tempo».

«Non mi ricordo di te».

«Non importa», replicò Lillian. «Io mi ricordo di te».

Anna sorrise come una bambina colta di sorpresa.

Peter, qualche metro più in là, le osservava mentre parlava con l'infermiera. Aveva le braccia incrociate per la preoccupazione, non per la costernazione, Lillian ne era certa. Il personale gli avrebbe detto qualunque cosa volesse sapere. Era diventato il tutore legale della suocera quando aveva iniziato a pagare il conto dell'ospedale.

La fotografia della famigliola sulla spiaggia di Margate City era ancora dove Lillian l'aveva riposta. Sorridendo, la mostrò alla madre, che però si limitò a fare una smorfia. L'infermiera fece un passo avanti, ma Peter le toccò il braccio e scosse la testa, poi fece un cenno a Lillian.

«Chi sono queste persone?» Anna fissò l'immagine. «La tua famiglia?» Tese la mano.

Lillian lanciò un'altra occhiata alla foto. *Sì, erano proprio loro*. Trattenne il respiro e gliela consegnò.

«Come l'hai trovata?» Per la prima volta sua madre sembrava stranamente interessata. Non necessariamente felice, però.

Le risposte semplici erano le migliori, decise Lillian. Niente di troppo impegnativo. «Ce l'avevo nella borsetta».

Anna indicò la bambina sulla fotografia. «Questa è Lilly, mia figlia». Lillian sentì la gola chiudersi ancora di più. *Sua madre l'aveva riconosciuta. Non si era dimenticata di lei.* Accorgendosi di avere le lacrime agli occhi, tirò fuori il fazzoletto. «Se ti soffi il naso quando piangi, le lacrime si fermano», le diceva sempre Anna quando era piccola. Funzionava ancora.

«Conosci Lilly?», chiese l'altra.

Lillian riuscì a mantenere un tono dolce e fermo. «Sì».

Anna girò il busto verso di lei. «È al sicuro?»

La voce era quasi implorante, e per la prima volta Lillian lesse una vera apprensione negli occhi della madre. Faticò a rispondere.

«Sì».

La decisione di parlare di sé in terza persona sembrava naturale. Sua madre aveva riconosciuto la Lilly bambina, ma pensava che la trentacinquenne lì davanti fosse un'estranea. Come mai non aveva mai capito chi fosse quando era andata a trovarla da giovane, ma d'un tratto la riconosceva in una foto?

«Sei sicura?» Anna si strinse le mani e picchiettò con il dito su Percy. «Perché è un uomo cattivo». Le restituì l'immagine come se scottasse.

Non doveva aver riconosciuto il marito. Aveva adorato Percy.

«No, non era un uomo cattivo. Era il padre di Lilly, un brav'uomo».

«Mi hai portato il dessert?», ripeté Anna di punto in bianco.

Lillian mise via la foto. «La prossima volta. Ti va di parlarmi di Lilly?»

Anna fece un sorriso malinconico, guardando l'ultima rosa che sbocciava su un cespuglio lì vicino. «È il mio fuoco d'artificio».

Fuoco d'artificio. Lillian aveva completamente dimenticato che sua madre la chiamava così. Inghiottì il groppo in gola e si asciugò una lacrima.

«Ma non la portano a farmi visita». Anna parlava al presente, come se sua figlia avesse ancora dieci anni.

«Chi?», chiese Lillian. Era più di quanto Anna avesse detto in due decenni. E tutto in reazione a quella fotografia. Pareva che una sbirciatina alla sua famiglia del passato le avesse stimolato la mente.

«I genitori di Percy vogliono bene a Lilly, ma non vogliono che lei sappia. Non vogliono che nessuno sappia». Anna fissò un punto lontano, come se fosse in trance. «Mio marito è morto», borbottò. «Io ero contenta».

Lillian si sentì raggelare. Chiaramente sua madre era confusa e non sapeva cosa stava dicendo. Di tanto in tanto i suoi genitori avevano litigato, il che era spaventoso, ma Percy era un brav'uomo, un buon padre, e se ne vantava.

Ne aveva abbastanza. Mormorando: «Ora devo andare», saltò su e si affrettò verso Peter. Gli afferrò la mano, grata per la sua solidità e per la vita a cui poteva tornare. «Andiamo».

Guardandosi indietro per l'ultima volta, vide l'infermiera mettere la mano sul braccio di Anna, anche se non avrebbe saputo dire se per consolarla o per calmarla.

Era lei ad aver bisogno di conforto e di serenità. Lì non avrebbe trovato i chiarimenti che cercava sulla sua infanzia, sul periodo della sua vita in cui era stata felice. Sua madre non le sarebbe stata d'aiuto. Nemmeno lei riusciva a ricordare. O non voleva.

Lillian fissò la foto mentre tornava alla macchina con Peter. Anna aveva visto qualcosa di diverso, qualcosa di non vero, in quell'immagine. «Avresti dovuto sentirla», disse Lillian. «Un minuto prima sembrava lucida, e quello dopo pazza. Mi ha riconosciuta, ma pensava che mio padre fosse un uomo cattivo. Invece sono certa che lo amasse. Quando è morto, è crollata e non si è più ripresa».

«Non c'è da stupirsi, dunque, che non si ricordi di quel periodo». Gli occhi di Peter erano gentili, più di quanto lei avesse il diritto di pretendere date le circostanze. La maggior parte delle persone non avrebbe neppure menzionato un parente rinchiuso in manicomio. Era come avere un genitore in prigione. Un'altra ondata di gratitudine la investì.

«Hai ragione».

Peter la aiutò a schivare una fioriera all'ultimo minuto. «Guarda dove vai. Forse la fotografia non è stata una buona idea». Le tenne il braccio con fare protettivo.

Lillian si fermò. «Ma sapeva che ero io la bambina sulla spiaggia».

«No, sapeva che la bambina sulla spiaggia era sua figlia. Non sapeva che la foto avesse più di vent'anni. Non è in sé».

«E se lo fosse? Di tanto in tanto, voglio dire. Sa che le piacciono i dolci e che odia l'uvetta, e su questo non si confonde mai. Ha detto che Lilly era il suo "fuoco d'artificio", ed è così che mi chiamava. Perché ha detto che mio padre era un uomo cattivo? Perché pensava che non fossi al sicuro? E che era contenta che fosse morto? È questa la parte peggiore. E se l'avesse detto ai miei nonni?»

Peter rifletté. «Sembra paranoia, vero? Una ragione sufficiente per rinchiudere una persona. Evidentemente non era lucida».

«Immagino di no. Ma come facciamo a saperlo per certo?»

«Ascolta, non hai altre prove oltre alle sue accuse di oggi. Non aveva mai parlato di questo prima d'ora?»

Lillian scrollò il capo, poi si girò e si avviò lungo la strada di mattoni verso l'edificio principale. Non aveva mai messo in dubbio quanto le avevano raccontato. Sua madre aveva perso la ragione. E se fosse impazzita *a causa* dei trattamenti, e non nonostante le cure ricevute? Aveva sentito parlare di casi simili.

E... se i ricordi di Anna fossero stati corretti? Dopotutto, aveva riconosciuto Lilly.

«Lillian!», urlò Peter. Lei si fermò e si voltò, pronta a rivendicare il diritto di ricevere risposte a domande che avrebbe dovuto fare decenni prima. Ma suo marito le tese la mano. «Meriti di sapere. Cerchiamo di risolvere questo mistero».

Il dottor Paul non era abituato agli appuntamenti inattesi. Entrò quasi incespicando nel suo ufficio, dove i due coniugi lo aspettavano come se avessero tagliato il traguardo di una gara.

«Grazie per averci ricevuti con così poco preavviso», esordì Lillian.

«La mia segretaria mi ha detto che volete vedere la cartella clinica di Anna Feldman». L'uomo guardò Peter, ma Lillian si schiarì la voce, attirando la sua attenzione su di sé.

«Sono sua figlia. Ero un'adolescente quando è stata ricoverata qui».

Avrebbe dovuto chiedere informazioni sull'anamnesi di sua madre dieci anni prima.

«Capisco, e mi dispiace. Siccome il signor Diamond è il tutore legale della paziente, mi serve il suo permesso per discuterne con lei».

«Il *suo* permesso? Sono sua figlia». Lillian alzò la voce più del solito.

«*Naturalmente* ce l'ha», intervenne Peter per rabbonirla.

«Molto bene», disse il dottor Paul. «Non lavoravo qui nel '46 e, purtroppo, la cartella di Byberry è incompleta. Posso solo dire che per sua madre è stata una fortuna che l'abbiate tirata fuori da lì».

Lillian si chinò. «Perché è stata ricoverata?»

Il medico controllò il fascicolo. «È arrivata qui con una diagnosi di senilità precoce».

«No». Lillian cominciò a spazientirsi. «Perché è stata ricoverata a Byberry?»

Il dottore sfogliò la pila di pagine. «Qui c'è scritto "follia da dolore"». Alzò le sopracciglia. «Parola mia, questa terminologia non si usa più. Aspetti, c'è una foto».

«Di mia madre? Mi faccia vedere».

«Non credo che...»

Lillian lo guardò dritto negli occhi. «Non sono una bambina, dottor Paul».

Evitando il suo sguardo, lui passò la foto a Peter, che la studiò con espressione cupa. «Non siamo certi che sia Anna».

Irritata dalla sua condiscendenza e sempre più curiosa, Lillian allungò la mano, ma Peter non mollò la presa. Lei inclinò la testa.

In silenzio, lui le consegnò l'immagine.

Niente volti. Solo il primo piano di un avambraccio. Al centro, vicino all'incavo del gomito, una pallida cicatrice circolare, che sembrava avere le dimensioni di una moneta.

La fotografia era stata inserita nella cartella di Anna, ma nulla la identificava come la proprietaria del braccio o della cicatrice. Lillian si sforzò di ricordare il braccio nudo della madre e si rese conto che non lo vedeva da anni. L'aveva sempre vista in maniche lunghe.

Capovolse la foto. La scritta blu era sbavata ma leggibile.

La paziente dichiara di essere stata bruciata con un sigaro.

La nausea le attanagliò le viscere. Quella bruciatura era orribile, crudele, ma non poteva trattarsi di sua madre. L'avrebbe saputo se Anna avesse avuto una simile ferita, se avesse avuto una cicatrice.

È un uomo cattivo.

Le parole pronunciate da sua madre meno di un'ora prima le echeggiarono nella mente. Dopo aver visto quell'immagine di ventiquattro anni prima, aveva riconosciuto Lilly. Aveva riconosciuto anche Percy? La foto era stata scattata sulla spiaggia in piena estate. Per la prima volta, Lillian si rese conto di quanto fosse strano che Anna indossasse le maniche lunghe in una calda giornata al mare.

«Fumava sigari», sussurrò Lillian.

«Chi?», chiese Peter.

Lei si alzò di scatto, facendo cadere la foto sul pavimento. «Devo rivederla».

Uscì di corsa e si lanciò lungo il corridoio. Prima era stata piena di trepidazione. Ora l'energia le pulsava dentro, spingendola ad allungare il passo.

Sua madre aveva confidato i suoi problemi a qualcuno? O peggio ancora, era forse stata internata senza motivo per nascondere la verità? Era già malata di mente o lo era diventata *dopo* che l'avevano rinchiusa?

Peter la raggiunse. «Il medico dice che potrebbe non ricordare nulla».

«Non è necessario che ricordi».

Lillian scrutò il giardino, ma non c'era traccia di sua madre.

«Sta cercando Anna? È in camera sua. Non può far tardi alla lezione di tessitura», disse una donna dai capelli color argento su una sedia a rotelle, lavorando qualcosa all'uncinetto con una lana color lavanda.

Lillian era abbastanza sicura che sua madre non fosse in grado di tessere un bel nulla, soprattutto a giudicare dalle sue membra svigorite.

Senza dire una parola, si girò e corse dentro, superando Peter e dirigendosi verso la stanza di sua madre.

Toc, toc.

«Mamma, cioè Anna, posso entrare?»

Niente.

Lillian girò il pomolo e spinse la porta. Sua madre era stesa sul letto, con gli occhi chiusi.

«Anna, sei sveglia?», sussurrò Lillian avvicinandosi. La camera, spartana ma pulita, non rifletteva alcun passato e alcuna personalità. Era sbagliato che sua madre vivesse in un ambiente così sterile, pensò. La volta successiva avrebbe appeso delle tendine a quadretti gialli. Un colore allegro, il preferito di Anna. Avrebbe riempito la stanza di giallo.

Si sedette sul bordo del materasso. Peter rimase sulla soglia, ma non disse nulla. Lillian le tirò su la manica della camicetta e le fece scorrere i polpastrelli lungo l'avambraccio. Le cicatrici sbiadivano ma, se ci fossero state, le avrebbe sentite.

Niente.

Sollevata, fece un respiro. Come aveva potuto credere che sua madre fosse stata vittima di simili abusi? O che il responsabile fosse il suo adorato padre?

«Sono sparite entrambe». Anna aveva ancora gli occhi chiusi.

«Che cosa è sparito?», domandò sua figlia. O forse avrebbe dovuto dire *chi*?

Anna alzò le palpebre e la guardò.

Lillian credette di vedere un lampo di consapevolezza nei suoi occhi ma, qualunque cosa fosse, svanì rapidamente.

«La mia cicatrice e la mia Lilly».

Lillian scosse la testa, tremando, come se il terreno si stesse spaccando. «La tua cicatrice?»

«Andiamo», disse Peter. «Basta così».

«No». Lillian riprese fiato. «Quale cicatrice?»

Anna si toccò l'altro braccio e lei capì di aver controllato quello sbagliato. Anche se le cicatrici esterne erano scolorite, quelle interne erano ancora profonde e irregolari.

«Chi è stato? Qualcuno dell'altro ospedale?»

Le storie raccapriccianti su Byberry e altri manicomi avevano inondato i notiziari negli anni Quaranta, ma qualcosa le diceva che sua madre era arrivata a Byberry con la bruciatura già impressa sulla pelle.

Anna non rispose, poi disse: «Non possiamo mangiare in camera, perciò se mi hai portato il dessert, dobbiamo andare nel salottino».

«La prossima volta ti porto il dessert. Sono... sono venuta solo... per confermati che Lilly è al sicuro».

«Mi fa molto piacere». Anna sospirò e fissò un punto davanti a sé, entrando in una dimensione tutta sua. «Se la vedi, puoi darle un messaggio?»

«Certo». Lillian le accarezzò la mano, chinandosi verso di lei. Finalmente avrebbe sentito un messaggio personale di sua madre, seppure involontario. Un messaggio solo per lei.

Anna richiuse gli occhi. Lillian sperò che non si fosse addormentata. Il silenzio si prolungò, così scosse il braccio di sua madre. «Cosa vuoi che le dica? Cosa vuoi che dica alla tua Lilly?»

Anna rialzò le palpebre. «Dille di essere sempre un fuoco d'artificio. La mia Lilly ha sempre amato il Giorno dell'Indipendenza».

Era vero. Con il permesso di rimanere sveglie fino a tardi per guardare lo spettacolo pirotecnico, lei e sua madre se ne stavano fianco a fianco, fissando il cielo. Mentre Percy accendeva la nitrocellulosa con un sigaro incandescente.

Per quarantacinque minuti, il dottor Paul le mostrò una decina di articoli scientifici e citò una miriade di ricerche. Solo alla fine il cuore di Lillian smise finalmente di battere all'impazzata. Il medico le spiegò che i pazienti affetti da demenza precoce, come Anna, potevano immergersi nei ricordi a lungo termine, come quelli legati a una figlia piccola, e dimenticare altri dettagli, come il dolore fisico e il passare del tempo.

Sua madre era contenta e ben assistita al Friends. Almeno quella era una grande consolazione. Ed era tutto merito di Peter, qualcosa che non sarebbe mai accaduto se lei non l'avesse sposato.

Il dottor Paul si rivolse a Peter, come se fosse lui il figlio di Anna. «Abbiamo scelto di non soffermarci sui...» Esitò. «Problemi coniugali che potrebbero aver scatenato la malattia. Se Anna ha subìto abusi da parte del marito, è meglio per lei che i ricordi siano vaghi, che il dolore sia offuscato».

Lillian annuì, fingendo che il medico avesse parlato con lei. Se Anna aveva soltanto ricordi sfocati di lei e di Percy, pazienza. Era un piccolo prezzo da pagare per la sua serenità. Soprattutto dopo tutti quegli anni.

«C'è qualcosa che possiamo fare per lei?», domandò Peter.

Per la prima volta, il dottore si rivolse spontaneamente a Lillian. «Anche se non si ricorda di lei, gradisce molto le sue visite, sa?»

D'un tratto Lillian si vergognò di essere stata solo una spettatrice nella vita di sua madre.

Il medico stava ancora parlando. «Il fatto che Anna abbia perso i propri ricordi non significa che lei non possa godere dei suoi. Può onorare sua madre a prescindere dalle sue condizioni».

«Come?» Lillian era consapevole che ora il dottor Paul stava gestendo il *suo* benessere mentale, e voleva attingere dalle sue competenze professionali.

«Facendo quello che sua madre avrebbe voluto che facesse».

Anna voleva che la piccola Lilly fosse un fuoco d'artificio. Sicuramente Lillian era troppo grande per saltare su e giù con entusiasmo, fare chiasso e costringere le persone a togliersi di mezzo. Era questo che facevano i fuochi d'artificio. Lillian si domandò cosa significasse essere un fuoco d'artificio per una moglie e una madre. Sarebbe stata all'altezza delle aspettative di Anna?

«Anche lei è una madre. Che cosa vogliono tutte le madri per le loro figlie?»

Un marito, dei bambini, una certa sicurezza, avrebbe risposto fino a non molto tempo prima. Sì, ma no. La vera risposta, chiara come il sole, si insinuò nella sua mente come il ritornello di una canzone familiare. Che cosa voleva un genitore per il proprio figlio?

«La felicità».

23

LILLIAN

Era da anni che Lillian non andava a casa di Sunny, e si sentì invadente quando arrivò davanti alla sua porta senza preavviso. Era contrario a tutte le regole dell'etichetta. Eppure, quando la governante aprì e la vide, disse semplicemente: «Ciao» e la invitò a entrare in salotto.

Normalmente Lillian si sarebbe guardata intorno, studiando l'ambiente circostante alla ricerca di dettagli da usare in seguito, per esempio per comprarle un regalo o per chiederle dove avesse comprato cose come i copridivano e le tende di chintz, ma era ancora scossa dalla visita al Friends Hospital.

Peter l'aveva lasciata parlare a ruota libera lungo il tragitto verso casa, limitandosi ad annuire di tanto in tanto, e Lillian gliene era grata. Quando erano arrivati, lui aveva iniziato a rastrellare le foglie. Nulla l'avrebbe dissuaso dal finire ciò che aveva cominciato. Pur essendo esausta per gli eventi della giornata, lei gli aveva detto che aveva bisogno della macchina per sbrigare alcune commissioni. Anzitutto era andata dalla migliore amica di Anna, quanto di più simile a una madre avesse mai avuto.

«Tua madre aveva quell'espressione quando non voleva dire cosa la tormentava, ma aveva bisogno di dirlo ugualmente».

Lillian ridacchiò. Sunny le conosceva bene entrambe. Avrebbe attinto dai ricordi affidabili della governante per ricostruire i propri. Ecco perché era lì.

Sunny indicò il divano e, quando Lillian si sedette, scivolò accanto a lei. «Si tratta della ragazza dell'altro giorno, vero?»

Lillian scosse la testa.

«Vediamo se la mia torta di ciliegie ti convince a parlare». Sunny si alzò e si diresse verso la cucina.

«Aspetta. Non si tratta di quella ragazza. Si tratta... di mia madre. Sono appena andata a trovarla».

«Non la vedo da un po'. L'ultima volta che le ho fatto visita non mi ha riconosciuta. Sarà stato un mese fa, forse due. Sta bene?»

«Non lo so. Non ne sono sicura. Credo di no».

I lineamenti contratti della governante tradirono la sua ansia. «Mi dispiace. Ma come posso aiutarti?»

«Oggi mi ha riconosciuta in una vecchia foto che avevo portato con me. Non era mai capitato. Non sa tuttora chi sono adesso».

«Però è una cosa buona, no? Un inizio, forse?»

«Forse». Lillian tacque per un momento. «Mio padre. Era un brav'uomo?»

Sunny la guardò dritta negli occhi, sbalordita. «Perché me lo chiedi?»

Lillian la fissò, stupendosi che non avesse risposto immediatamente di sì. «Ha... mai fatto del male a mia madre?»

Sunny si guardò le mani, schiarendosi la voce. «Temevo che questo giorno sarebbe arrivato».

Lillian, sull'orlo delle lacrime, allungò la mano nella sua direzione, incoraggiandola a continuare.

«Ho mostrato alla mamma la fotografia di mio padre. Ha detto che era un uomo cattivo. Sembrava felice che fosse morto e che io, o meglio la piccola Lilly, fossi al sicuro. Pare che abbia una bruciatura sul braccio e temo che lui possa... che possa averla...» Non riuscì a proseguire. Un rivolo di sudore freddo le corse lungo la nuca. Non voleva sentire la risposta, ma ormai non c'era modo di evitarlo.

Sunny aveva gli occhi lucidi. «Non l'ho mai saputo con certezza. Avevo solo qualche sospetto. Quando Anna ha iniziato a indossare maniche lunghe e calze scure in estate, e colletti che le coprivano la gola. Usava un trucco pesante e si spingeva i capelli su un lato della fronte. Quello che succedeva in privato tra marito e moglie... all'epoca la gente non ne parlava. Erano fatti loro, si diceva».

Lillian le prese la mano e gliela strinse, rimpiangendo che non fosse quella di Anna. Le echeggiarono nella mente le parole che aveva detto a Ruth riguardo a Carrie. «La gente non ne parla nemmeno ora. Povera mamma. Deve essersi sentita molto sola e spaventata».

«Avrei dovuto chiederglielo. Costringerla a confidarsi con me. Non aver aiutato tua madre – la mia migliore amica, che mi ha accolta quando avevo bisogno di lavorare – è il più grande rimorso della mia vita». Sunny evitò di incrociare il suo sguardo, chinando il capo come se pregasse.

L'indifferenza. Era quella la causa dei rimorsi. Se Lillian avesse saputo come stavano le cose, avrebbe cercato di fermare Percy, ma come avrebbe potuto scoprirlo? Nessuno menzionava mai le cose brutte, a meno che non accadessero a qualcun altro, e anche in quel caso solo per spettegolare, non per aiutare. Non era pronta ad accettare che la vacanza sulla spiaggia non fosse mai stata tale, almeno per Anna. «Hai fatto quello che potevi. La mamma era molto giovane. Lo eravate entrambe».

«Mi rincresce di non averle chiesto se ci fosse qualche problema, di non avervi aiutate a fuggire. È quello che dovrebbe fare una vera amica. È per questo che vado a trovare tua madre in ospedale. Vorrei solo poter rimediare in qualche modo. Avrei dovuto fare di più per salvarla. Dopotutto, in cuor mio sapevo che le stava facendo del male».

Lillian non riusciva quasi a respirare. Sunny era l'unica testimone della vita tormentata di Anna e finalmente si era decisa a parlare. «Ti prego... ti prego, perdonami», implorò con voce spezzata.

«Non devi chiedermi perdono. Non è colpa tua. Lei non te l'ha mai detto. Se solo l'avesse fatto, forse avresti potuto aiutarla».

Mentre accarezzava la mano della governante in lacrime, Lillian pensò ai sospetti di Ruth riguardo alla situazione di Carrie e si sentì in colpa per essersi rifiutata di ascoltarla o di intervenire, accusando lei anziché Eli. Tutto per mantenere lo status quo.

Assalita dalla nausea, si aggrappò al bracciolo del divano. La sua vita era stata stravolta in un solo giorno, quando suo padre era morto e sua madre era stata ricoverata in un istituto. E ora che sapeva di essere cresciuta senza madre per colpa di un uomo violento, perpetuava il problema ignorando Ruth e Carrie.

Anna voleva soltanto che lei fosse felice e al sicuro, ciò che ogni genitore desidera per i suoi figli. Forse aveva pensato che tacere avrebbe protetto Lillian dalla rabbia di Percy. Ma era stato proprio il silenzio, la paura di affrontare il problema, a far sì che Lillian restasse orfana e che sua madre vivesse una vita vuota. Si domandò che tipo di persona sarebbe diventata se l'avesse saputo. Si sarebbe trasformata nella donna che era o sarebbe rimasta segnata a vita?

«Stai bene, Lilly? So che deve essere stato uno shock per te».

«Sto benissimo», mentì. «Ma mi sono resa conto di dover fare una cosa». Ora che aveva capito quanto i segreti potessero essere dannosi, sarebbe stata, per Carrie, l'amica di cui sua madre aveva avuto bisogno. Alla luce degli eventi di quel giorno, non aveva altra scelta.

Al diavolo l'etichetta. Troppo agitata persino per salutare Sunny, si alzò sulle gambe tremanti e uscì vacillando, lasciando che la porta sbattesse poco elegantemente alle sue spalle.

24

RUTH

Ruth aveva sempre dato per scontato che le donne come Lillian fossero immuni da tutto ciò che causava problemi ai comuni esseri umani. Lo sporco. I maleducati. Persino i germi. Perciò si sorprese quando la donna chiamò Shirley all'ultimo minuto, pregandola di tenere la lezione di quel giorno al posto suo perché era malata. Ruth moriva dalla voglia di chiedere alla suocera quali germi fossero riusciti a mettere fuori gioco una persona forte e stoica come Lillian, ma sapeva che non erano affari suoi.

Negli ultimi giorni l'avevano accusata fin troppe volte di ficcare il naso dove non doveva. Si era alienata le amiche e Lillian. Persino Asher stava perdendo la pazienza. Il risultato era che si sentiva più sola e più incapace di quanto avesse mai immaginato.

Provò sollievo al pensiero che Lillian fosse malata ed era contenta che Shirley avesse accettato di tenere la quarta lezione, quella sull'intrattenimento elegante, dagli Appelbaum. Sperava che restare a casa, con la famiglia di Asher, le avrebbe dato almeno un pizzico di serenità che non avrebbe avuto nel salotto di Lillian. Dopotutto, la donna le aveva detto senza mezzi termini di farsi gli affari suoi e l'aveva accompagnata all'uscita.

Ruth non aveva idea di come le altre l'avrebbero trattata quel giorno e non aveva nemmeno fretta di scoprirlo.

Shirley stava portando in sala da pranzo ciotole di pasta fredda e insalata di cavolo. Si era data molto da fare per le Diamond Girls. Il tavolo era pieno di *pudding* di riso, quadrotti al limone e file di biscotti ricoperti di cioccolato e guarniti di scagliette colorate. Piccoli panini *challah* imbottiti con insalata di tonno e di uova formavano una pila a spirale. Ruth dubitava che quei piatti sarebbero stati gustosi quanto il picnic di Irene. Non era sicura che avrebbe definito quel banchetto un *intrattenimento elegante,* ma era appropriato per un abbondante pranzo informale. Le ospiti non sarebbero andate via affamate. Quel pensiero sembrava assurdo, dato quanto stava accadendo, ma era certa che Shirley ci tenesse molto.

Ruth si offrì di aiutarla e insieme sistemarono il cibo in modo da renderlo più allettante, spostando un vassoio un po' da una parte o un po' dall'altra e aggiungendo un cetriolino o una guarnizione di ravanello qua e là. La sensazione di lavorare in tandem con una donna che non fosse Dotsie o un'amica del college, di essere in sintonia con una persona della generazione di Shirley, era nuova per Ruth.

Aveva delle zie, ma questo era in qualche modo diverso, e si domandò se fosse così che si sentiva una figlia quando faceva qualcosa con la madre.

Le altre sarebbero arrivate da un momento all'altro.

Quanto a Carrie, non aveva mai risposto alle sue telefonate. Ruth non poteva fare a meno di preoccuparsi e temeva di deludere anche Asher, perché stava sabotando la loro nuova vita felice rovinando le amicizie che aveva appena stretto.

Stava deludendo tutti. Non era riuscita ad aiutare Carrie né a inserirsi nella vita di Asher e della sua famiglia, e trovava sempre più difficile concentrarsi sullo studio. Aveva sentito dire che alcuni non superavano l'esame di abilitazione al primo tentativo. Dato il ritmo a cui procedeva la sua vita, avrebbe potuto essere una di loro. E questo, più di ogni altra cosa, avrebbe rovinato i suoi piani. Spostò il vaso di fiori sul tavolo di qualche centimetro a destra, bilanciando le forme e le dimensioni. Quando alzò lo sguardo, notò che Shirley sorrideva, ma questo non bastò per risollevarle il morale.

«Ruth Appelbaum, dopotutto hai la stoffa della casalinga».

Era davvero un complimento? «Grazie. Mi piace aiutarti. Imparare a fare le cose a modo tuo».

Almeno per quel giorno, aveva una sostenitrice.

Harriet fu la prima ad arrivare, con una grande ciotola Tupperware tra le braccia. Ruth tolse il coperchio e mise l'aspic sul tavolo tra le insalate.

«Che tavola meravigliosa». Harriet si era rivolta solo a Shirley. Non aveva incrociato lo sguardo di Ruth e il suo atteggiamento nei confronti dell'amica era molto distaccato.

Shirley armeggiava intorno al tavolo, spostando piatti e ciotole di qualche centimetro a destra o a sinistra, e poi di nuovo a destra. «Non è elegante come sarebbe a casa di Lillian, ma non ho avuto molto preavviso, perciò dovremo accontentarci», si scusò.

Dopo l'arrivo di Irene con un altro aspic e biscotti con gocce di cioccolato, si riunirono nel salotto arredato con tessuti morbidi nelle tonalità del verde. Le ragazze camminarono qua e là finché Shirley non si sedette sulla poltrona reclinabile e non spinse indietro lo schienale. I braccioli, le doghe e le gambe di legno ricordarono a Ruth la poltrona preferita di Jacob, dove aveva trascorso molte ore felici seduta sulle sue ginocchia, ad ascoltare storie su sua madre o a cercare riparo dalle zuffe tra i suoi fratelli. Si aggrappò a quel bel ricordo inaspettato. Prima della fine della giornata avrebbe avuto bisogno di tutti quelli che fosse riuscita a recuperare dalla memoria.

Le ragazze si disposero lungo il divano, lasciando uno spazio per Carrie. *Ruth, posto vuoto, Irene, Harriet.* Ruth notò che le altre le avevano fatto il vuoto intorno, come se avesse una malattia contagiosa.

Erano le cinque passate, e di Carrie neanche l'ombra.

Ruth aveva lo stomaco sottosopra per l'angoscia. La preoccupazione la attanagliava. Carrie era sempre puntuale. C'era solo da augurarsi che fosse in ritardo perché era arrabbiata e non perché fosse in guai seri.

Ora il suo stomaco prese a fare le capriole. Se la ragazza stava evitando tutte le altre per colpa sua, forse aveva davvero peggiorato le cose. La sua amica avrebbe potuto non avere nessuno a cui rivolgersi se... Rabbrividì. Si impedì di finire il ragionamento.

«Aspettiamo Carrie prima di iniziare». Shirley raddrizzò la poltrona. «Faremo lezione in sala da pranzo. Spero che voi ragazze abbiate fame. Il cibo non è lì solo per bellezza».

«Che cosa faremmo se fossimo a casa di Lillian?», chiese Harriet.

Irene le diede uno schiaffo sul ginocchio. «Signora Appelbaum, non voleva insinuare nulla».

«No, ma devi ammettere che l'ambiente è diverso». Harriet lanciò un'occhiata a Ruth.

Shirley parve sorpresa dalla sua franchezza, ma sembrò non capire esattamente cosa intendesse.

Ruth lo sapeva e, pur essendo agitata, si offese per la suocera. Un conto era avercela con lei, ma prendersela con Shirley era assolutamente ingiusto.

«Harriet, non è carino», osservò Ruth.

Shirley, abbastanza esperta per intuire che l'atmosfera si stava surriscaldando, alzò il braccio come per stroncare sul nascere qualsiasi discussione.

«Io e Lillian affrontiamo le cose in maniera diversa, ma posso assicurarvi che la lezione è la stessa». Sorrise. «Credo di poter iniziare dicendo a voi ciò che ricordo a me stessa ogni giorno: *far sentire gli altri a loro agio nella mia casa non è solo il mio compito, ma anche un privilegio*. Eleganza è solo un sinonimo di *raffinatezza*. Elegante non significa necessariamente lussuoso».

Suonò il campanello. «Ecco Carrie», disse Shirley.

Ruth si rilassò leggermente. L'ansia le aveva irrigidito i muscoli e la postura, oltre a sfinirla. Shirley andò nell'ingresso e le ragazze udirono la porta aprirsi e la padrona di casa che salutava l'ospite.

Quando Shirley tornò, tuttavia, al suo fianco non c'era Carrie, bensì Lillian.

Sembrava in splendida forma, per nulla malata.

«Guardate chi è venuto a trovarci», disse Shirley.

Non era considerato estremamente scortese arrivare senza preavviso?

Ruth si alzò. «Dov'è Carrie?» Accorgendosi di avere tutti gli occhi puntati addosso, capì di aver parlato a sproposito.

«Ciao anche a te, Ruth», disse Lillian.

«Ti senti meglio?», chiese Irene.

«Sì. Ieri ho avuto una giornata frenetica e pensavo di dovermi concedere un po' di riposo ma, quando Peter e le mie figlie sono usciti, mi sono resa conto che era l'ultima cosa di cui avevo bisogno. Soprattutto sapendo che Shirley aveva preparato il pranzo».

«Restiamo qui, allora?», domandò Harriet.

«Sì. Sarebbe scortese andarsene, non sei d'accordo?» Lillian alzò il mento come se fosse decisa a non lasciarsi sfuggire di mano un'altra lezione.

«Suppongo di sì». Harriet si guardò le mani, umiliata da quel velato rimprovero.

«Non è quello che avevamo programmato all'inizio, lo so bene, ma non c'è da vergognarsi ad aver bisogno di una pausa», proseguì Lillian. «Ho avuto un fine settimana impegnativo, ma voi ragazze siete una buona medicina. Avere ospiti può essere molto terapeutico. Ci si circonda di persone piacevoli». Si prese un momento per sorridere a ciascuna di loro.

Ruth non sapeva se fosse più sorpresa o sollevata dalla gentilezza di Lillian. Le sue amiche le avevano detto di farsi gli affari suoi, e quel giorno Harriet e Irene erano scostanti. Lillian no. Probabilmente, concluse, aveva più a che fare con l'intrattenimento elegante e con l'etichetta che con i veri sentimenti della donna nei suoi confronti. Ricordava fin troppo bene il disagio che aveva provato quando l'aveva cacciata da casa.

Shirley controllò l'orologio. «Vogliamo iniziare?»

Ruth era sulle spine. Il posto accanto a lei era ancora vuoto. «Mi dispiace, so che le buone maniere e il pranzo sono importanti per tutte voi, è solo che di solito Carrie non arriva in ritardo». Le tremava la voce, e sperò che le altre non se ne accorgessero.

Irene inarcò un sopracciglio e Harriet sbuffò. Chiaramente avevano le loro idee sulla ragione dell'assenza di Carrie. Oppure non gliene importava nulla.

«Sono sicura che sarà qui a momenti», disse Shirley. «Perché non la aspettiamo di là?»

Lasciarono il salotto e si riunirono intorno al tavolo della sala da pranzo. Mentre le ragazze armeggiavano con blocnotes e matite, il campanello suonò di nuovo.

Il trillo suonò stridente alle orecchie di Ruth, ma le altre sembrarono non notare nulla di strano. L'avevano ascoltata? Le sue parole avevano almeno insinuato un dubbio?

«Visto?» Harriet le gettò uno sguardo penetrante.

Ruth era così sollevata che non si offese per quell'atteggiamento altezzoso.

Se i suoi sospetti erano fondati, Eli non avrebbe smesso di essere violento e Carrie avrebbe avuto più bisogno che mai delle sue amiche. Non aveva famiglia o altri conoscenti in città. Ruth si girò di scatto, impaziente di precipitarsi nell'ingresso.

«Lil, ti dispiace andare ad aprire?», chiese Shirley.

Ruth si tese mentre Lillian annuiva e si allontanava. Shirley continuò a blaterare di inviti, disposizione dei tavoli e mappe dei posti a sedere, mentre le ragazze scribacchiavano furiosamente sui bloc-notes. Ruth, concentrata sull'ingresso di Carrie nella stanza, non ascoltò una parola.

Lillian, però, tornò da sola.

Ruth sentì il respiro morirle in gola. *Niente Carrie. Dov'era?*

Lillian si avvicinò e, tirandola per il braccio, le sussurrò all'orecchio. «Posso parlarti un momento?»

Ruth era turbata. *Che cosa c'è adesso?*

Alzando la mano, Lillian si rivolse alle altre. «Continuate pure, signore, torniamo subito».

«Tutto bene?», si informò Shirley.

«Sì».

Soddisfatta, Shirley indicò il cibo e cominciò a descrivere i piatti alle ospiti.

Lillian diede a Ruth un colpetto sulla spalla. «Vieni».

Una volta nel corridoio, la giovane domandò: «Che cosa succede?»

«Seguimi».

Tornarono in salotto, dove un'estranea era seduta sul bordo della poltrona.

Troppo vestita per quella stagione, indossava un lungo cappotto, occhiali da sole e un foulard intorno alla testa. Non aveva il rossetto, non era truccata, e le labbra parevano gonfie...

Oddio. Ruth ebbe un attacco di nausea.

Era Carrie.

L'altra si tolse lentamente gli occhiali, rivelando un occhio nero. Distolse lo sguardo mentre si liberava del foulard, e Ruth cercò di non trasalire. Il viso era coperto di lividi dai colori innaturali, grotteschi per un essere umano. La guancia mostrava tracce di sangue secco e il labbro spaccato le impediva di sorridere, anche se ci provava.

«Oh, Carrie!» Ruth cercò di dissimulare l'orrore. Non voleva che l'amica si sentisse ancora peggio. Una cosa era incontrare le sconosciute che si presentavano alla Legal Aid dopo essere state picchiate, un'altra era vedere una simile brutalità inflitta a qualcuno che conosceva. A un'amica. A una persona che aveva tentato inutilmente di aiutare. Era arrabbiata, ma decisa a non ripetere l'errore.

«Scusa, Ruth. Non... Non sapevo dove altro andare».

Ruth corse al suo fianco. «Non hai nulla di cui scusarti. Hai fatto la cosa giusta. L'importante è che tu sia qui, al sicuro». Le accarezzò i capelli, poi guardò Lillian. Avrebbe voluto urlare: «Te l'avevo detto» o «Non sarebbe successo se mi avessi ascoltata». Invece sussurrò: «Dobbiamo chiamare la polizia».

Carrie trasalì. «Niente polizia».

«Carrie, per favore».

La ragazza scosse la testa e fece una smorfia. Ruth poteva solo immaginare quanto i movimenti dovessero essere dolorosi. Ma si rese conto che Carrie aveva ragione.

Ruth non conosceva le leggi della Pennsylvania, non sapeva quali vie legali potesse adire una donna maltrattata. La polizia era notoriamente riluttante a intromettersi tra marito e moglie, e lei aveva visto i risultati di quell'inerzia troppe volte per rischiare in quell'occasione. Non aveva idea di dove fossero le sedi locali della Legal Aid o di chi potesse aiutare Carrie in quella situazione.

Se solo Dotsie fosse stata lì. Era un'assistente sociale. Avrebbe saputo chi chiamare. Shirley aveva l'elenco telefonico e le pagine gialle, ma Ruth dubitava che ci fosse una categoria per gli abusi coniugali.

Guardò di nuovo Lillian. «Che cosa facciamo?»

Per una volta, la donna rimase assolutamente immobile. Sembrava sotto shock.

Era molto diversa da quella che, solo pochi giorni prima, era così sicura di sé, delle proprie conoscenze sulle famiglie, sulla riservatezza e su come comportarsi. Diversa anche da quella che aveva liquidato Ruth con tanta disinvoltura, dicendole di andare a casa a cucinare il manzo.

Il silenzio fu rotto da un rumore di passi e da un fruscio di gonne quando entrarono Shirley, Harriet e Irene.

«Qual è il problema?», domandò Shirley. «Il pranzo si sta...»

«Oddio!» Irene corse da Carrie e si portò la sua mano alla guancia. «Mi dispiace tanto».

Carrie girò la testa, cercando di nascondersi.

«Chi è stato?»

La domanda sorprese Ruth, finché non si rese conto che Irene stava fingendo di essere all'oscuro delle percosse. Si sentì pervadere dalla gratitudine.

Carrie non aveva bisogno di soffrire più di quanto facesse già. Non era necessario farle sapere che le sue amiche avevano parlato di lei alle sue spalle, che non le avevano creduto. Forse Irene usava un ombretto troppo verde, ma l'incapacità di truccarsi adeguatamente non era indice del valore di una persona. Ciò che contava era un cuore gentile e compassionevole.

Con gli occhi bassi, Carrie bisbigliò: «Eli».

«Eli? Tuo marito?» Shirley sembrava sconcertata.

«Ruth lo sapeva. Ha cercato di mettermi in guardia», continuò Carrie a fatica.

«Ruth?» Shirley sembrava quasi arrabbiata. «Vorrei che me l'avessi detto».

Ruth aveva provato ad avvisare le altre, ma aveva ricevuto solo accuse e reazioni incredule. Come poteva sua suocera pretendere che la mettesse al corrente in quelle circostanze? Forse si aspettava che la aggiornasse sugli ultimi pettegolezzi, come li aveva definiti Lillian. Era così che agivano le donne di una famiglia? Shirley non sembrava il tipo da voler sapere cose spiacevoli. E siccome tutti le avevano detto di farsi gli affari suoi, aveva dato per scontato che anche la suocera avrebbe reagito con sdegno. Forse si sarebbe accanita ancora di più contro di lei, dato che si aspettava che la nuora sapesse di non dover infangare la reputazione altrui e, soprattutto, di non dover far fare brutta figura agli Appelbaum con il mondo esterno.

Invece, Shirley avvicinò una sedia di velluto verde e prese la mano di Carrie.

«Non pensavo che mi avresti creduto», si giustificò Ruth.

Shirley alzò gli occhi al cielo. «Sciocchezze».

Ruth si aspettava di tutto tranne che quello dalla suocera. Ora, tuttavia, l'essenziale era che Carrie fosse al sicuro, che potessero aiutarla.

Shirley strofinò leggermente le dita sul dorso della mano di Carrie. Irene le strinse l'altra. Harriet e Lillian presero posto intorno a loro, in silenzio. Ruth cercò di decidere quale sarebbe stata la mossa successiva.

Carrie fissò il pavimento, poi liberò le mani e se le torse sulle ginocchia. Non indossava i guanti, ma le maniche lunghe le coprivano le braccia e i polsi come se nascondessero anch'esse dei segreti. «Non ho sbattuto contro un mobile o un ripiano. E non sono caduta. Be', sono caduta, ma non è stato un incidente».

«Sei caduta da sola?», chiese Harriet.

«Non dire stupidaggini», sibilò Ruth.

Harriet sbuffò.

Carrie alzò lo sguardo, sorridendo debolmente. «Aspetto un bambino. Il medico me l'ha confermato».

Ruth le accarezzò la schiena. Non c'erano dubbi su come Carrie avrebbe dovuto agire, ma sembrava incerta.

Carrie parlò tra i singhiozzi, ma le parole non erano coerenti. «Speciale». «Bottiglia». «Aspettando».

Shirley le posò la mano sulla spalla. Ruth si aspettava che si congratulasse o che le desse qualche consiglio materno, invece fece un'espressione pensierosa.

«Sst», fece Shirley. «Abbiamo tutto il tempo del mondo».

Ruth si sorprese della sua dolcezza. *Dov'era la suocera con tutte le opinioni e tutte le risposte?*

Le altre tacquero mentre Carrie prendeva il fazzoletto dalla borsetta e si tamponava l'occhio sano. «Volevo che fosse una serata speciale. Quando gli ho dato la notizia del bambino. Ho cucinato il controfiletto, ho tirato fuori una bottiglia di champagne. È quello che stavamo aspettando». Accennò un sorriso speranzoso, prima che le salissero di nuovo le lacrime agli occhi.

«Quando l'ho detto a Eli, era al settimo cielo. Mi ha abbracciata, mi ha fatta girare per la stanza. Ha detto che era orgoglioso di me. Era il mio adorabile Eli». Carrie abbassò lo sguardo sul pavimento. «Poi ha detto che vuole trasferirsi a Bala Cynwyd, perché è un posto migliore di Wynnefield per crescere dei figli».

Irene si spostò sulla sedia e Lillian espirò. In due, stavano crescendo sei figli in quel quartiere.

«Ho detto che non volevo trasferirmi. Tutto qui».

«Qual è il problema? È letteralmente sull'altro lato di City Line Avenue», osservò Harriet.

Ruth non sapeva quanto avrebbe resistito senza prenderla a pugni, o almeno senza metterla al tappeto come avrebbero fatto i suoi fratelli. Anche in una simile situazione, quella ragazza si rifiutava categoricamente di capire quale fosse la posta in gioco.

«Non ho la macchina e lì non conosco nessuno. Finalmente mi sono fatta delle amiche». Carrie le guardò a una a una. «Non voglio andare via. E gliel'ho detto».

«È un tuo diritto». Ruth scoccò un'occhiata torva a Harriet.

«Mi ha accusata di cose terribili. Mi ha chiesto se il bambino è suo, ha detto che non intende crescere il figlio del lattaio. Mi ha dato della puttana ingrata. Poi mi ha mollato un ceffone e, indietreggiando, sono caduta su una sedia della cucina».

Le altre fecero una smorfia. Carrie sollevò cautamente la camicetta, mostrando le costole piene di lividi, come se avesse bisogno di fornire una prova. «Sinceramente, se si trattasse solo di me, non mi importerebbe».

Era la cosa più triste che Ruth avesse mai sentito. Carrie era disposta a farsi picchiare pur di rimanere sposata con quell'uomo. Come se la sua incolumità e felicità non contassero nulla.

«Ma il bambino...», ricominciò Carrie.

«Hai perso sangue?», la interruppe Shirley.

Ruth sbatté le palpebre, perplessa. Sua suocera era in pensiero per eventuali disturbi di salute, oppure stava cercando di stabilire se gli altri avrebbero creduto a Carrie senza la prova del sangue?

«Hai dolori all'addome?», insistette Shirley.

«No».

Harriet fece un sospiro esagerato. «Eli deve vivere in città per lavorare al liceo, no? Forse...»

L'ignoranza ostinata di Harriet era esasperante.

«Forse cosa?», sbottò Ruth.

Harriet la ignorò e continuò imperterrita. «Andiamo. Se è così cattivo, perché sei rimasta? E perché sei andata a letto con lui?»

«Come osi mettere in dubbio la...» Ruth aveva il viso in fiamme.

«Smettetela, tutte e due», intervenne Irene. «Non possiamo capire la situazione».

Aveva ragione. Scese il silenzio.

«Lo amo», riprese Carrie dopo qualche istante. «Era fissato con il trasloco, non voleva lasciar perdere. Ha detto che non gli importa di cosa dice il suo contratto di assunzione, che se ne frega delle misure restrittive».

«Bastardo presuntuoso», mormorò Shirley.

Ruth si lasciò sfuggire un minuscolo sussulto. *Sua suocera.* La regina dell'etichetta, quella che esortava le donne ad appoggiare i mariti a qualsiasi costo.

«Cos'altro è successo?», domandò Irene.

«Che cosa ti fa pensare che sia successo qualcos'altro?», disse Harriet.

Irene si strinse nelle spalle. «Una simile esplosione improvvisa deve pur avere una spiegazione».

Ruth cercò di decidere cosa dire. Irene sapeva che c'erano stati altri episodi ma, se Ruth l'avesse rivelato e le altre ragazze non avessero mostrato alcuno stupore, Carrie avrebbe intuito che avevano parlato alle sue spalle, che lei aveva tradito la sua fiducia. Non aveva senso infliggerle altro dolore, così tacque. Le altre non capivano, perché non avevano visto ciò che lei aveva visto a New York. Avrebbe voluto difendere Carrie, ma non era quello l'importante. L'essenziale era aiutarla a uscire da quella situazione.

Il colorito di Lillian era passato dal rosa pesca al grigio. «Una volta basta e avanza». Aveva la voce arrochita da un silenzio troppo lungo.

Finalmente qualcuno diceva cose sensate.

«Hai ragione. Perciò dobbiamo chiamare la polizia», disse Irene.

«Ho detto di no!», ribadì Carrie. «Metterebbe a rischio il suo lavoro».

«Finché non ti picchia di nuovo. Credo che rivolgersi alla polizia sia l'unica strada percorribile. Se non altro lo spaventerà. Gli farà capire che qualcuno lo tiene d'occhio».

«Il sistema non la aiuterà. Crederanno alla parola di Eli anziché a quella di Carrie», ribatté Shirley, sprezzante.

Ruth non immaginava che sua suocera si intendesse di diritto. La guardò con occhi nuovi.

«Dunque gli è permesso fare questo?» Lillian sgranò gli occhi.

«Assolutamente sì», rispose Shirley.

Lillian si mise le mani sui fianchi come se volesse mettere in discussione quel lato inaspettato di Shirley. «Come fai a saperlo?»

«Non tanto permesso quanto tollerato», spiegò Ruth. «Dovrebbe ucciderla per finire davvero nei guai».

Carrie sobbalzò.

Lillian si coprì la bocca con la mano, soffocando un gemito.

Ruth aveva il cuore che le galoppava nel petto, con l'indignazione che aumentava a ogni battito.

Non potevano accettarlo.

Carrie, pallida sotto i lividi, fissò Ruth.

Lei aveva un nodo in gola. Se solo l'avesse convinta a lasciare Eli. Ma non poteva fare nulla. Dipendeva tutto da Carrie.

Nessuno parlò. Il rombo di un'automobile di tanto in tanto, il cinguettio di un uccello, tutti i suoni sembravano più forti del normale in quella stanza piena di trepidazione e paura.

Il cibo raffinato, i bei vestiti, la ricchezza e l'istruzione non avevano importanza e l'etichetta poteva andare all'inferno. In quel salotto c'era una moglie maltrattata. *Una simile situazione riduceva all'impotenza persino quelle donne privilegiate?*

Shirley si spostò in cucina.

Dov'era andata, ora che avevano tutte bisogno di lei?

Ruth era torturata dal senso di colpa. Avrebbe conosciuto le leggi e i precedenti giurisprudenziali della Pennsylvania se avesse finito di studiare per l'esame, oppure vi avrebbe avuto accesso attraverso professori, bibliotecari e compagni di corso. Avrebbe avuto lo stesso tipo di agganci e informazioni che aveva lasciato a New York. I dettagli che aveva perso tra picnic, pranzi e shopping.

Rimasero in silenzio mentre Shirley tornava con un sacchetto di piselli surgelati e lo posava delicatamente sul viso tumefatto di Carrie. Dopo cinque minuti, scanditi dall'orologio sulla parete – equivalenti a cinque ore sull'orologio interno di Ruth –, Carrie finalmente parlò. «Non avete idea di quanto sia difficile».

Shirley spostò cautamente la confezione su un altro livido, affinché la pelle non si raffreddasse troppo in un unico punto. «Sì invece. Lo so benissimo».

Ruth fu sorpresa e commossa dalla sua compassione, da quel tentativo di mostrare solidarietà verso una povera ragazza che a malapena conosceva.

«Come puoi saperlo? Nessuno immagina quanto sia dura». La voce di Carrie era un sussurro carico di rabbia.

«Perché è successo anche a me», dichiarò Shirley.

25

LILLIAN

Calò il silenzio. I volti intorno a Lillian manifestavano incredulità, confusione, irritazione e shock. E, nel suo caso, nulla, o almeno così sperava. Mantenne volutamente un'espressione neutra, anche se il cuore le batteva forte sotto la camicetta di seta color corallo.

Era sicura di aver sentito male, o quantomeno di aver capito male. Shirley era la sua migliore amica. Avevano chiacchierato in quel salotto moltissime volte nel corso degli anni. Cose di quel genere non succedevano a donne come loro. Non venivano picchiate o maltrattate dai mariti. Non lì.

I genitori di Lillian erano un'altra storia. Percy faceva l'operaio, Anna la sarta. Nel loro quartiere era prevedibile che accadessero simili episodi.

Ma Carrie? E Shirley? Santo cielo, era stata lei a insegnarle a essere una perfetta casalinga e padrona di casa, a dare lezioni di etichetta.

Lillian si guardò intorno. Carrie, Irene e Harriet guardavano Shirley, e non c'era da meravigliarsi. Ruth, pallida come un lenzuolo, sembrava sbalordita. Per una volta non disse nulla.

La delusione era insopportabile. Non *Leon*. Quell'uomo dolce adorava sua moglie; chiunque poteva confermarlo.

Non avrebbe mai potuto picchiarla, neppure nel lontano passato. Eppure, Shirley non mentiva mai. Forse ometteva la verità o usava qualche eufemismo, ma non ricorreva mai alla menzogna.

Fu Shirley a rompere il silenzio. «Ero fidanzata con un altro prima di sposare Leon».

Udendo un sospiro collettivo, Lillian si rese conto di non essere stata l'unica a trattenere il fiato per tutto quel tempo.

«Il mio primo fidanzato era... molto violento».

Nei suoi occhi Lillian lesse qualcosa che le fece venire voglia di confortarla. «Mi dispiace tanto. Non ne avevo idea. Non me l'avevi mai detto».

D'un tratto si chiese se Shirley avesse pensato che nessuno le avrebbe creduto, come lei non aveva creduto a Ruth riguardo a Carrie.

La cicatrice di sua madre. Il sigaro. Tenere nascosti gli abusi del marito per proteggere se stesse, la propria famiglia. Per non incorrere nella vergogna o nella riprovazione. Dopotutto, nel quartiere in cui era cresciuta si diceva che probabilmente le mogli se lo meritavano, che il matrimonio era una questione privata, che nessuno doveva interferire.

Shirley annuì prima di continuare. «No, non te l'ho mai detto. Mi vergognavo. È stato terribile. Mi ha rotto il braccio e le costole. Ho avuto una commozione cerebrale. E poi, dopo, mi chiedeva sempre scusa».

Scusa? Dopo averle fratturato le ossa?

Ruth sussultò e posò la mano sul braccio della suocera. Lillian notò con piacere che la ragazza non aveva esitato a esprimerle il suo sostegno. Non aveva avuto la minima incertezza nemmeno quando era venuta a conoscenza della situazione di Carrie e Lillian non aveva mosso un dito per aiutarla. Peggio ancora, l'aveva praticamente buttata fuori dalla porta.

Irene era visibilmente turbata. Persino Harriet sembrava scossa. Quanto a Carrie, era in preda a un pianto incontrollabile. Piccoli rivoli di lacrime le rigavano il viso.

«Quando siamo andati al pronto soccorso, ha detto che ero caduta dalla bicicletta», raccontò Shirley. «Penso che non gli abbiano creduto, ma nessuno ha fatto nulla. Né la polizia né i miei genitori. Dio non volesse che il fidanzamento andasse a monte. Mia madre mi ha chiesto cosa avessi fatto per meritarmelo, e mio padre si è comportato come se la farsa della bicicletta fosse vera».

Lillian era grata che tutti gli occhi fossero puntati su Shirley mentre sentiva un'ondata di rabbia montare dentro di sé. Questa volta, doveva essere visibile anche sul suo viso.

I suoi nonni paterni dovevano sapere che il loro figlio aveva fatto del male ad Anna, che l'aveva torturata. E non avevano fatto un bel niente. A parte farla internare, affinché il resto del mondo non venisse a sapere la verità. Non l'avevano salvata. Le avevano rubato l'infanzia.

Stringendo i pugni, si guardò intorno alla ricerca di una sigaretta. Non esistevano regole del bon ton che prescrivessero come comportarsi in quella situazione.

Shirley continuò con voce calma e controllata. «Il mio fidanzato era molto istruito, di buona famiglia. Viveva da solo, studiava Giurisprudenza. Leon alloggiava nell'appartamento accanto al suo e stava per laurearsi in Economia. La polizia non l'ha mai interrogato su quanto poteva aver visto o sentito. Ma sapeva che stava succedendo qualcosa di grave e mi ha fatto visita in ospedale. Hanno deciso di ricoverarmi per qualche giorno, forse per proteggermi. Ma non ho voluto vedere nemmeno Leon, perché avevo un aspetto terribile».

Lillian strinse e allentò la presa intorno al braccio dell'amica.

Le altre annuirono, esortando Shirley a continuare.

«In seguito, mi ha detto che aveva iniziato ad avere dei sospetti, che gli dispiaceva di non essere intervenuto in qualche modo. L'ho rassicurato che non avrebbe potuto fare nulla in ogni caso. Non dimenticherò mai il suo sguardo quando ha affermato che non sarei mai più stata costretta a posare gli occhi su quell'uomo».

Irene voleva i dettagli. «Aveva un piano?»

«Credo di sì. Non gliel'ho mai chiesto. Ero disperata e ingenua, perciò ho dovuto fidarmi di lui. Volevo che allontanasse il mio fidanzato».

Ruth deglutì. «Che cos'è successo?»

«Leon è andato da un avvocato, ma ha scoperto che non c'erano leggi per la tutela delle donne nella mia situazione. Ero solo una fidanzata. Non che una moglie se la sarebbe vista molto meglio».

Lillian non riuscì a trattenere il gemito che le sfuggì dalle labbra. *Anche se sua madre avesse chiesto aiuto, probabilmente non l'avrebbe ricevuto.* Né dalla famiglia né dagli amici né dai medici. E sicuramente non dalla legge.

«Si è rivolto all'avvocato sbagliato». Ruth guardò Carrie. «Ora è diverso».

«Altri hanno detto che, siccome non avevo chiamato la polizia e non avevo sporto denuncia, era la mia parola contro la sua».

Shirley, che appariva sempre molto controllata, all'improvviso manifestò una tristezza che non era mai emersa in presenza di Lillian. Solo ora lei capì quanto la situazione stesse mettendo a dura prova la sua amica. Le dispiaceva che non glielo avesse detto prima, ma probabilmente non avrebbe saputo cosa fare. Le avrebbe almeno creduto?

«Anche se ti aveva picchiata al punto di mandarti all'ospedale?», domandò Ruth.

Shirley annuì. «Leon era il mio unico alleato. È andato dalla polizia ma, quando gli hanno consigliato di "essere prudente", ha concluso che erano stati pagati».

«Be', vedi, alla fine si è risolto tutto. Quell'episodio ti ha portata dal marito giusto. Dio opera in modi misteriosi», intervenne Harriet.

«Smettila». Lillian si tappò la bocca, scandalizzata per la propria mancanza di buone maniere, ma orgogliosa di aver preso le difese dell'amica.

Anche le altre sembravano scioccate dall'insensibilità della ragazza. A eccezione di Ruth, che la guardò in tralice.

Shirley lanciò un'occhiata a Harriet e inarcò un sopracciglio, poi si rivolse alle altre. «Leon mi ha promesso che sarei stata al sicuro, e non so il perché, ma gli ho creduto. Ho dovuto farlo. Prima nessuno aveva mai preso le mie difese. Non così».

Lillian, sentendosi improvvisamente instabile, si abbandonò contro lo schienale della sedia. *Sua madre aveva avuto qualcuno a cui rivolgersi? Qualcuno al suo fianco?* Doveva essersi sentita sola e disperata. E, una volta che l'avevano mandata via, non aveva più nemmeno potuto contare sull'amore e sul conforto di sua figlia. Lillian non poteva cambiare il passato, ma poteva e voleva cambiare il futuro. Per Carrie, si augurava, e per le sue figlie, che avrebbero dovuto essere informate anche su quell'argomento.

«Che fine ha fatto il tuo fidanzato?», chiese Irene.

«Non lo so», rispose Shirley. «Non l'ho più visto. Grazie a Dio».

«Wow». Irene si chinò come se così potesse ottenere delle risposte. «Credi che Leon l'abbia fatto fuori?»

Quella domanda inaspettata, fatta con tanto candore, strappò un sorriso a tutte.

Shirley ridacchiò. «Credo che sia fuggito. Hanno trovato la sua auto abbandonata a Fairmount Park».

«Può succedere ovunque, a chiunque», sussurrò Lillian.

«Ti ammiro per aver avuto il coraggio di parlarcene». Ruth cinse la suocera con il braccio. Shirley si appoggiò a lei per un attimo, poi tornò a raddrizzarsi.

«Non avevo altra scelta. Carrie doveva sapere che non è sola».

Alzando lo sguardo, Carrie lo puntò su Shirley. «Ti sei messa al sicuro», mormorò. «Ti sei allontanata prima di avere figli a cui quell'uomo potesse fare del male».

Girandosi, Shirley indicò Ruth, Lillian, Harriet e Irene. «Ve l'ho detto per il bene di Carrie. Ciascuna di voi deve onorare il mio passato fidandosi di me. E Carrie deve potersi fidare di tutte noi. So cosa fare per aiutarla, ma la mia soluzione si basa sulla segretezza. Non potete dire a nessuno cosa accade qui, mai». Le fissò a una a una.

«Farò qualunque cosa tu chieda». Irene si tracciò una croce sul cuore.

«Certo». Lillian annuì e si strinse le braccia intorno al busto per evitare che le altre intuissero quanto la storia di Shirley l'avesse colpita nel profondo.

«Anch'io. Senza dubbio», disse Ruth. «Dicci solo cosa fare».

Naturalmente la ragazza aveva accettato. Lillian provò un improvviso sollievo all'idea di poter fare ammenda per aver abbandonato lei e Carrie. Il coraggio. Anche quello faceva parte della buona educazione di una donna.

«Non farete del male a Eli, vero?», chiese Carrie.

«Resterà ferito nell'orgoglio, probabilmente, ma no, non subirà lesioni fisiche come le tue». Shirley parlò in tono fermo, senza alcuna compassione per quell'uomo.

«E se si trattasse di un episodio isolato?», obiettò Harriet, come se cercasse ancora di giustificare Eli.

Lillian la zittì.

Ruth non era l'unica a trovare irritante quella ragazza, perché Shirley corrugò la fronte. «Devi capire una cosa, Harriet. Può essere un episodio isolato solo se qualcuno muore».

Lillian rabbrividì. *Forse sua madre era stata fortunata.* Un pensiero terribile.

«Immagino che questa cosa vada avanti da tempo», disse Shirley a Carrie.

L'altra annuì impercettibilmente, poi tornò a guardare il pavimento.

Lillian si prese il viso tra le mani. *Per quanto tempo suo padre aveva maltrattato sua madre prima di morire? Ricordava tutte le volte che Anna l'aveva mandata in camera sua prima di un litigio. Lui urlava, lei supplicava. Come aveva fatto a non pensarci fino a quel momento?* Strinse le palpebre. Non doveva piangere, non ancora. Da bambina non aveva mai immaginato cosa stava succedendo. Da adulta ci riusciva a malapena.

Ruth le posò la mano sulla spalla tremante. «Non preoccuparti. Ci assicureremo che stia bene».

Pur sapendo che Ruth imputava il suo turbamento alla situazione di Carrie, Lillian non la corresse.

«Come fai a esserne sicura?» Ripensò agli anni che sua madre aveva trascorso in manicomio.

«Ora ci siamo noi ad aiutarla».

«Sì», confermò Shirley. «Ma c'è un'altra cosa. Possiamo aiutare Carrie solo se lei vuole essere aiutata». Fece una pausa, guardando la ragazza con aria interrogativa. «Tesoro, devi rispondermi sinceramente. Vuoi che ti aiutiamo ad allontanarti da Eli?»

L'altra sgranò gli occhi. «Allontanarmi? Andare via? Non voglio».

Le donne si mostrarono confuse, forse per la domanda, forse per la risposta.

Anche Lillian era incredula. *Anna sarebbe stata al sicuro se avesse preso sua figlia e se ne fosse andata prima che Percy morisse?*

«Ti capiamo». Shirley usò un tono consolatorio.

Anche se chiaramente non capivano.

«Certo che non vuoi. Se siamo fortunate, sarà una cosa temporanea, ma per ora dobbiamo mettere te e il bambino fuori pericolo. È l'unica via percorribile», proseguì Shirley.

«Non c'è un altro modo per farlo smettere?», domandò Irene.

Solo se qualcuno muore. Quelle parole echeggiavano senza sosta nella mente di Lillian. *Qualcuno. Non necessariamente la moglie.* Era questo che significava? Impossibile.

Carrie guardò Shirley con occhi imploranti. «Deve esserci. Non è così?»

«Vorrei poterti dire di sì». Shirley sospirò.

Carrie si accasciò sulla sedia, facendo una smorfia di dolore quando toccò i cuscini con la schiena. «Credo che tu abbia ragione. Ho bisogno del vostro aiuto. Per il mio bambino».

«Allora dovete fidarvi di me e fare quello che vi dico». Shirley agitò la mano in direzione delle altre. «Tutte quante, intendo».

La fissarono, impazienti di saperne di più.

«Non potete dire a nessuno, e intendo proprio a nessuno, cosa stiamo per fare», continuò Shirley. L'aveva già detto, ma Lillian era abbastanza sicura che quella frase fosse rivolta alle più giovani. Shirley sapeva di potersi fidare della sua vecchia amica.

«Nemmeno ad Asher?», chiese Ruth. «Nemmeno a tuo figlio?»

La nuova generazione, pensò Lillian. *Sono davvero in grado di mantenere un segreto?* Le donne schiette come Ruth avrebbero avuto difficoltà ad accettare di mentire ai mariti – o, se era per questo, a chiunque altro –, ma era in gioco la vita di una persona. Probabilmente uomini come Eli e Percy non si sarebbero fermati a meno che non fossero costretti.

Shirley annuì. «Nemmeno ad Asher. È un brav'uomo, ma è un uomo. E gioca a golf con Eli, vero? Perciò no. Nemmeno a lui». Poi le guardò a turno. «Dovete promettere tutte di non parlare di quanto accadrà qui nei prossimi giorni. Se dovete spiegare perché siete impegnate, dite che avete in ballo un progetto speciale. E se dovete mentire, mentite. È una questione di vita o di morte. Carrie è vostra amica. Se non sapete mantenere un segreto, per favore, in nome di tutto ciò che è sacro, andatevene subito. Ma non rivelate a nessuno ciò che sapete, altrimenti l'incolumità di Carrie e del bambino saranno in pericolo».

«Non ti sembra di esagerare?», interloquì Harriet.

Non aveva imparato nulla da quella conversazione?

«No, niente affatto», la rimbeccò Lillian. «Carrie ha bisogno della nostra empatia e comprensione. Anche questo fa parte dell'essere donne raffinate».

Harriet la ignorò. Infilò il braccio nel manico della borsetta. «Non posso. Non dirò nulla, ma il resto non mi riguarda. E non mentirò a Scotty. Non gliene farò parola a meno che non me lo chieda, ma...» Si avviò verso l'uscita, poi tornò indietro. «Mi dispiace, Carrie. Ci sentiamo». Si chiuse la porta alle spalle. Nessuno cercò di fermarla.

«Lasciatela andare. Tanto non è di alcun aiuto». Ruth si voltò verso Carrie.

«Ruth ha ragione. Lasciatela andare», disse Shirley alle altre. «Abbiamo bisogno di tutta l'energia che riusciamo a trovare, senza le obiezioni di Harriet, perché la situazione si farà sempre più difficile».

Lillian guardò le altre con una punta di orgoglio. Permettendo a Harriet di andarsene, le avevano inviato un messaggio più forte di qualsiasi protesta. La loro amicizia non avrebbe tollerato il suo comportamento.

Carrie appoggiò la fronte sulla spalla di Shirley. «Sta mentendo. Non lo direbbe mai a Scotty».

«Come fai a saperlo?» Shirley era scettica.

Ruth rispose per Carrie. «Non rivelerebbe mai che nella nostra comunità c'è un matrimonio imperfetto».

Le cinque donne si stiparono intorno al tavolo da quattro. I panini, le insalate e i dolci erano stati spostati sul ripiano della cucina. Gli aromi delle pietanze suscitavano in Lillian una sensazione simile alla nausea.

Alla faccia dell'etichetta. Stavano progettando di infrangere tutte le regole. Lo smantellamento del buffet sottolineava l'urgenza della situazione. Normalmente Lillian si sarebbe scandalizzata del disordine che regnava nella cucina di Shirley, ma non era il caso di fare la schizzinosa.

«Dovreste mangiare qualcosa», disse Shirley al gruppo. «Avrete bisogno di energia se vogliamo portare a termine questo compito».

Le ragazze piluccarono il cibo nei piatti come se cercassero cautamente un po' di appetito tra i maccheroni, vergognandosi di sprecare il cibo, ma troppo ansiose per mangiare. «Fate in modo di mangiare almeno quando siete a casa», raccomandò Shirley. «Dovete comportarvi normalmente per fugare ogni sospetto».

Aggiunse che in seguito sarebbe andata dal macellaio per comprare le costolette d'agnello. Era un esempio di cosa normale. Lillian ridacchiò. Sapeva come ragionava l'amica.

A prescindere dagli sconvolgimenti della vita, il suo cervello non smetteva mai di pianificare i menù. La sua determinazione era ammirevole.

«Il nostro "progetto speciale" modificherà le tue lezioni, Lillian. È un problema?», chiese Shirley.

Dopo quanto era successo, le lezioni non erano più una priorità.

«No, se non lo è per voi», disse alle ragazze.

Fecero no con la testa.

«Non voglio che qualcuno si sacrifichi per colpa mia», protestò Carrie. «Le ragazze aspettano le lezioni con impazienza, e sono sicura che Lillian ha lavorato duramente per prepararle».

«È l'ultima cosa di cui devi preoccuparti. Niente è duro quanto la tua situazione», la rassicurò Lillian.

«Giusto. Tu sei più importante delle lezioni di etichetta», disse Ruth. «Inoltre ora ci siamo solo tu, io e Irene, e siamo con te».

Irene annuì. «Assolutamente sì».

«Ma...», ricominciò Carrie.

«La tua sicurezza viene prima di qualsiasi altra cosa», la interruppe Irene.

Nella mezz'ora successiva, Shirley chiese a Lillian, Ruth e Irene di prendere appunti per essere certa che tutte avessero ben chiari i dettagli. Carrie avrebbe dovuto lasciare Philadelphia e andare in un luogo dove Eli non potesse trovarla. Nessuno mise in discussione il piano, ma un sopracciglio alzato di tanto in tanto rivelava un certo scetticismo sulle sue possibilità di riuscita.

«La fiducia tra noi è l'ingrediente chiave», ribadì Shirley mentre elencava le cose di cui Carrie avrebbe avuto bisogno, comprese le valigie. Camicie, gonne, vestiti, scarpe, calze, biancheria intima, prodotti per la cura dei capelli e della pelle, cosmetici. Non doveva sembrare una fuggitiva, ma una normale viaggiatrice, spiegò Shirley.

Lillian non avrebbe mai più dubitato di lei. Evidentemente Shirley sapeva di cosa stava parlando. Le lezioni di etichetta insegnavano a integrarsi in una certa comunità, ma non avrebbe mai immaginato che avrebbero salvato una vita. Meno Carrie avesse dato nell'occhio, più si fosse inserita nel nuovo ambiente, e meglio sarebbe stato. La capacità di mimetizzarsi sarebbe stata fondamentale per la sua sicurezza.

Avrebbero avuto bisogno di una sistemazione per Carrie. Shirley suggerì di contattare amici e parenti fuori dall'area di Philadelphia, preferibilmente con bambini, una camera degli ospiti e la disponibilità a sfamare una bocca in più.

Lillian non aveva altri parenti oltre a quelli di Peter, e non li avrebbe mai chiamati. Probabilmente non poteva essere d'aiuto su quel fronte, ma sicuramente poteva recuperare la valigia e i vestiti.

Shirley frugò nella borsetta e tirò fuori un foglio di carta stracciato. «Questo è il piano che abbiamo usato in passato per aiutare altre donne in situazioni analoghe. Copiatelo e imparatelo a memoria. Permetterà a Carrie di partire e di mettersi in salvo».

Non dovevano farne parola fuori da quelle quattro mura, sottolineò.

Lillian capiva quanto fosse importante la discrezione. Anna era stata portata via prima che potesse fuggire o difendersi. Quanto sarebbe stata diversa la sua vita se avesse trovato aiuto prima che le cose precipitassero, se fosse riuscita a scappare prima che i nonni la mettessero a tacere rinchiudendola in un istituto per il resto dei suoi giorni.

«Sei incredibile», commentò Lillian. «Non ne avevo idea».

«È la cosa giusta da fare», si schermì Shirley. «Agiremo alla vigilia di Rosh haShana. Le persone saranno troppo occupate con i preparativi per prestare attenzione».

All'inizio Lillian trovò strana quella scelta ma, riflettendoci, si rese conto che non sarebbe stato un sacrilegio. Il Dio in cui credevano avrebbe voluto che Carrie partisse, che fosse al sicuro.

«Qualcuno accompagnerà Carrie alla stazione della Greyhound a Easton o a Scranton. Solo io e l'autista sapremo chi l'ha portata e dove. Carrie lascerà Philadelphia e salirà su un autobus verso la sua prima destinazione mentre Eli è alle funzioni».

«Non capisco», disse Irene.

«Come sapete, la sera gli uomini si riuniscono per il *minian*. Eli parteciperà, vero?» Shirley guardò Carrie.

«Di solito sì». Se possibile, la ragazza sembrava ancora più in preda all'ansia.

«Il fatto che noi donne non possiamo prendere parte al *minian* gioca a nostro vantaggio. Eli darà per scontato che Carrie sia impegnata ai fornelli».

Solo che non sarebbe stato così.

I vestiti e gli effetti personali di Carrie sarebbero rimasti a casa di Eli, inducendolo a pensare che sua moglie fosse da qualche parte nelle vicinanze, mentre in realtà avrebbe recuperato l'occorrente per la sua nuova vita da Shirley, che l'avrebbe custodito fino ad allora. Quando suo marito si fosse accorto della sua assenza, sarebbe già stata lontana.

Nel tempo avrebbero dovuto sperare che Eli concedesse a Carrie un *ghet*, un divorzio ebraico, stipulato da un rabbino liberale di Omaha. La scelta della città aveva lo scopo di depistare Eli. Ovunque Carrie fosse andata, la destinazione non sarebbe stata Omaha. Lillian pensò che anche gli indirizzi del mittente sull'eventuale corrispondenza potevano essere pericolosi e si meravigliò di quanto fosse ben congegnato il piano della sua amica.

«Abbiamo pensato praticamente a tutto», dichiarò Shirley, e le altre posarono le matite.

Senza una parola, Lillian spinse indietro la sedia e si alzò. Era pronta a fare per Carrie quanto non aveva fatto per sua madre.

«Torno subito». Uscì rapidamente dalla porta di servizio.

Impiegò meno di dieci minuti per correre a casa, prendere ciò che le serviva e tornare da Shirley. Quando fece irruzione in cucina, le altre la guardarono sconcertate.

«Che cosa state guardando?» Lillian si sfiorò la testa con l'indice, poi si strattonò l'orlo. «Si vede la sottoveste?»

Shirley accennò al barattolo sotto il suo braccio. «Pensavi che avessimo finito il caffè?»

Lillian agitò il contenitore, che produsse un tintinnio metallico. «Settecentododici dollari e qualcosa».

La donna scrollò il capo come se avesse capito male. «Hai detto...?»

«Sì. Settecentododici dollari e settantacinque centesimi, per essere precisi. Qualunque cosa tu abbia in mente, il denaro ti sarà utile, giusto?» Il denaro era sempre utile. Mise il barattolo sul tavolo.

«Dove li hai presi?», chiese Irene.

Shirley alzò un sopracciglio. «Sembra che la nostra Lillian sia parsimoniosa... e generosa». Posò la mano sul contenitore. «Sei sicura?»

Carrie, che stava fissando il barattolo, spostò lo sguardo su Lillian. «Non posso accettare».

La donna le toccò il cuore. «I soldi sono miei e posso decidere cosa farne».

«Che cosa succederà quando Peter si accorgerà che mancano?», domandò Ruth.

«Impossibile». Lillian sorrise, mettendosi le mani sui fianchi in una posizione da Superman. «Non sa nemmeno che li ho». Si sedette su una sedia vuota, pronta a fare la sua parte, qualunque fosse. «Che cosa mi sono persa?»

26
RUTH

Dopo che Lillian le ebbe sorprese tutte con il barattolo pieno di soldi, le donne decisero di spostarsi in salotto.

«Carrie sembra esausta. Ha avuto una giornata difficile, e sapete come ci si sente all'inizio della gravidanza. L'odore del cibo può essere insopportabile. Nei primi tre mesi mi faceva sempre venire la nausea». Irene parlava piano, ma il suo sguardo era fisso su Carrie. «Le cose migliorano a mano a mano», la rassicurò.

Ruth sapeva che probabilmente, di lì a qualche anno, quello sarebbe stato anche il suo destino, dopo aver superato l'esame e iniziato a lavorare. Aiutò Carrie a stendersi sul divano mentre le altre si accomodavano sulle sedie.

Lillian si mise subito al lavoro, ripetendo: «Allora, che cosa mi sono persa?»

«Shirley stava per spiegarci come ha agito in passato. Come ha nascosto le ragazze dai mariti pericolosi, suppongo». Ruth stentava a credere che il soggetto di quelle frasi fosse sua suocera.

«O fidanzati», aggiunse Shirley.

«Ti conosco da più di dieci anni e non l'ho mai sospettato. Non mi hai mai detto...» Lillian si interruppe.

«Non era necessario che lo sapessi. L'ho rivelato oggi solo perché Carrie ha bisogno di aiuto. Il fatto è che sono membro di un gruppo chiamato *Esther Secret Society*», disse Shirley.

Sua suocera! Membro di una società segreta. Ruth la guardò con occhi nuovi, affascinata e colpita.

Shirley aveva mantenuto molti segreti. All'improvviso le sembrò di non conoscerla affatto. Forse sarebbe stata più comprensiva verso le sue aspirazioni professionali di quanto Ruth avesse pensato.

Anzi, di quanto avesse dato per scontato.

«Aiutiamo le donne minacciate dagli uomini della loro vita e, come gruppo, ci nascondiamo in bella vista finché non c'è bisogno di noi. Non abbiamo riunioni ufficiali. Comunichiamo via lettera o di persona, in gruppetti come questo. Se usiamo il telefono, come dovremo fare anche noi, non condividiamo informazioni personali; usiamo un nome in codice».

«Ho capito. Esther», disse Ruth. «Come nella Megillah».

Shirley annuì.

«Intelligente», disse Irene.

«L'intelligenza non c'entra nulla. L'organizzazione è nata per necessità. Non ero l'unica ad avere un partner violento».

«Scusa. Non volevo essere inopportuna. Era un complimento per la scelta intelligente del nome. E il significato che ha per le donne ebree».

Ruth avrebbe voluto esprimere la sua ammirazione alla suocera, ma non era il momento giusto.

«Da quanto tempo va avanti questa storia?», chiese Lillian.

«La violenza? Dall'inizio dei tempi, immagino», rispose Shirley con una nota di stanchezza nella voce.

Era possibile che suocera e nuora avessero davvero qualcosa di importante in comune? Il desiderio di prendersi cura delle donne in situazioni simili a quella di Carrie?

«Come vi è venuta l'idea?» Ruth sollevò la pagina di appunti. «Com'è nata la società?»

«Circa vent'anni fa, un'amica è venuta da me, preoccupata per sua nipote in California. Il marito la picchiava e lei voleva mandarla in un posto dove potesse riprendersi. Un posto dove lui non sarebbe riuscito a trovarla».

«E dopo quanto ti era successo, non potevi dire no», concluse Ruth.

Shirley scosse la testa. «Non volevo dire no. Volevo aiutare quelle giovani a cambiare vita. Dopo qualche tempo, si è sparsa la voce, e abbiamo cominciato a nascondere qualunque ragazza si rivolgesse a noi».

«È incredibile. E nessuno sa dell'esistenza dell'organizzazione tranne i membri?»

«Non abbiamo altra scelta. Perciò siamo vincolate da un giuramento di segretezza».

«Ecco perché non ne ho mai sentito parlare». Ruth avrebbe voluto poter contare su una rete analoga quando viveva a New York. Lì aveva conosciuto ragazze che avrebbero avuto bisogno di un nascondiglio sicuro.

«Bene. Nessuno dovrebbe sentirci nominare», replicò Shirley.

Per il mondo esterno, dunque, Shirley aderiva al sistema sociale perfetto, ma pochi sapevano che aveva un "controsistema" tutto suo.

Ruth si rese conto di averla fraintesa per tutti quei giorni. Forse sua suocera avrebbe compreso le sue ambizioni. «Sembra rischioso per tutti», disse Carrie dubbiosa. «Nonostante i nomi in codice».

Ruth sperava che non cambiasse idea.

«È meno rischioso che lasciarti in quella casa», disse Shirley. «E se va tutto secondo i piani...»

«Salviamo te e il bambino», Ruth rubò di nuovo le parole di bocca alla suocera.

«E ora che cosa facciamo?», domandò Irene.

«Un posto sicuro dove Carrie possa andare?», chiese Ruth.

«Sì». Shirley annuì. «Ruth, io e te faremo delle telefonate domani, quando Leon e Asher vanno in ufficio. Lillian, immagino che tu possa fare lo stesso quando Peter va al lavoro. Tu e Irene portatemi i vostri elenchi di numeri domattina. Chiameremo tutti coloro che non sarete riuscite a contattare e creeremo una mappa con i luoghi che abbiamo individuato. Ricordate, chiamate solo persone sulla cui empatia e discrezione potere contare. Meglio ancora, chiedete loro di indicarvi qualcun altro, affinché sia più difficile unire i puntini. Non è facile trovare collaboratori a questo livello, ma Carrie ha il compito più difficile: *fingere che le cose vadano bene*». Si chinò per sussurrare qualcosa all'orecchio della ragazza.

Carrie arrossì. «Shirley dice che posso essere affettuosa con Eli se mi sento abbastanza al sicuro».

«Non dici sul serio!», esclamò Lillian.

«Qualsiasi cosa pur di depistarlo», dichiarò Shirley.

«E se nel frattempo succedesse qualcosa? Prima della partenza di Carrie?» Ruth odiava sollevare dubbi e non voleva spaventare l'amica più del necessario, ma sapeva che probabilmente la violenza non si sarebbe fermata. Dovevano essere preparate, soprattutto Carrie.

«Credo che non correrà alcun pericolo per qualche giorno, perché Eli vorrà che i lividi spariscano prima delle funzioni di Rosh haShana, quando qualcuno potrebbe notarli».

«Ruth ritiene che dovremmo chiamare la polizia. Ce lo stai sconsigliando?», domandò Lillian.

Shirley non ebbe alcuna esitazione. Evidentemente ci aveva già riflettuto prima. «Dovremo lasciare la legge fuori da tutto questo. Non otterremo alcuna soluzione da *loro*. Sono tutti uomini, tanto per cominciare, e mantengono un fronte unito. Sta a *noi* aiutare le donne in difficoltà».

Ruth si rese conto di quanto la storia di Shirley fosse simile a quella delle donne che aveva cercato di aiutare alla Legal Aid, e che Asher sarebbe potuto crescere con un padre violento se Shirley avesse sposato il suo primo fidanzato. Provò una nuova ondata di tristezza. Sua suocera aveva provato a rivolgersi al sistema legale, e quest'ultimo l'aveva abbandonata.

Motivo in più per diventare avvocato. *Occorreva cambiare il sistema.*

«Dipende da tutte noi». Shirley radunò gli appunti in una pila ordinata, come per sottolineare le sue parole. Poi srotolò una cartina degli Stati Uniti, posata su alcuni volumi della libreria. «Segneremo via via con una X i punti in cui possiamo contare su un possibile rifugio per Carrie. Terremo un elenco dettagliato e i miei contatti useranno queste informazioni per mettere a punto l'itinerario».

Si picchiettò con la matita sul mento. Ruth aveva notato che lo faceva quando doveva riflettere.

«Dobbiamo aggiungere qualche altra cosa. Anzitutto l'occorrente per il bambino». Indicò i bloc-notes delle altre. «Aggiungetelo alle liste».

«Non è necessario. Ci penso io», disse Irene. «Ho tenuto da parte ogni cosa».

«E dovremo avvisare le famiglie ospitanti, affinché siano a conoscenza delle condizioni di Carrie. Non dimenticate gli indumenti pré-maman, oltre a calze più grandi, scarpe e biancheria intima modellante».

«Dunque, se riusciamo a reperire ogni cosa e a trovare queste famiglie, e se Carrie riesce a resistere per qualche altro giorno, credi che sarà al sicuro?», insistette Ruth.

«Sì».

«Hai mai nascosto qualche ragazza a Wynnefield?», chiese Irene.

«In realtà, sì», rispose Shirley.

«Dove alloggiavano?», domandò Lillian.

«Sai che non posso dirtelo».

Di lì a un'ora, dopo aver vagliato insieme tutti i dettagli, le istruzioni e le informazioni, Ruth e Shirley accompagnarono Carrie a casa. Camminarono in un relativo silenzio, molto diverso dal solito chiacchiericcio allegro. Tuttavia, dovevano evitare che qualcuno origliasse i loro piani. Se mai dicevano qualcosa, le loro conversazioni riguardavano solo il tempo, lo shopping, gli imminenti giorni sacri e qualunque cosa non attirasse l'attenzione dei passanti.

Ruth sperava che Carrie avesse il coraggio di andare fino in fondo e che nulla andasse storto. Ma non osava chiederlo ora che erano all'aperto. Non potevano violare la segretezza. La vita di Carrie dipendeva da questo.

Quando raggiunsero la porta della casa dei Blum, Ruth pensò che chiunque la vedesse dalla strada si sarebbe lasciato ingannare dal suo aspetto accogliente e ordinato.

«Promettimi che verrai da noi domani alle dieci», disse Ruth mentre l'amica entrava in casa. «Se non ti presenti, vengo a controllare come stai».

«Ci sarò», promise l'altra.

«E fino ad allora?», chiese Shirley.

«Farò come hai detto», sussurrò Carrie.

«Brava», disse Shirley. «Ciao. A presto», aggiunse ad alta voce nell'eventualità che qualcuno stesse ascoltando.

Ruth le accarezzò il braccio prima che l'amica chiudesse il battente e girasse la chiave, un suono insolito in un quartiere dove tutti lasciavano le porte aperte.

Ruth aveva un groppo in gola. Eli avrebbe potuto essere lì dentro. L'uomo che non si faceva il minimo scrupolo a picchiare le donne. Il groppo si sciolse sotto l'effetto dell'imbarazzante consapevolezza che lei e Shirley erano al sicuro, che Eli non era una minaccia per *loro*. Percorse rapidamente il vialetto e non parlò finché non fu certa che nessuno la sentisse. «Come possiamo lasciarla qui?»

«So che è difficile, ma non abbiamo altra scelta. Non siamo pronte. Se Carrie se ne andasse di punto in bianco, Eli la seguirebbe. Dobbiamo comportarci come se fosse tutto normale, per il suo bene».

Tornarono verso la casa degli Appelbaum. Il fruscio delle foglie e la brezza soave rendevano piacevole passeggiare. Ruth avrebbe voluto continuare a camminare. C'erano moltissime cose che avrebbe voluto chiedere alla suocera.

«Possiamo iniziare a preparare la cena. Dobbiamo cucinare la punta di petto». Shirley aprì la porta ed entrò.

La giovane la seguì. Voleva parlare ancora, non restare impantanata davanti ai fornelli.

«Forse ti va di darmi una mano». Shirley le lanciò un'occhiata.

Ruth fu pervasa da un'ondata di calore. Sapeva che la donna non permetteva mai a nessuno di aiutarla con la sua famosa punta di petto.

Incoraggiata, proseguì. «Credo di sapere dove hanno alloggiato alcune... alcune ragazze».

«Ero certa che ci saresti arrivata».

«Nel sottotetto?»

«Sì».

«La cugina Louise? Era la nipote della tua amica?»

L'altra corrugò la fronte, poi la spianò. «Sai che non posso dirlo».

«Quante ragazze avete nascosto?»

«Tra tutte? Molte».

«Dieci? Cinquanta?»

Shirley prese il manzo dal frigorifero, poi si raddrizzò e la guardò. «Ruth Appelbaum, è un controinterrogatorio?»

Udendo quel termine legale, Ruth provò una piccola scarica di adrenalina. Rosh haShana sarebbe arrivato presto, e lei avrebbe dovuto dare delle spiegazioni.

Aveva dato per scontato che i suoceri avrebbero reagito in un certo modo, ma quel giorno aveva capito che erano molto diversi da quanto aveva immaginato.

«Mi interessa. Vorrei solo sapere qual è la portata del problema, tutto qui».

«Personalmente, una decina di donne nel corso degli anni. Quando i miei figli sono cresciuti, sarebbe stato troppo difficile da giustificare, così ho aiutato il gruppo in altri modi: organizzando i trasporti, donando denaro, cose di questo genere. Ma da quando le ragazze si sono sposate e Asher si è trasferito a New York, ce ne sono state cinque o sei».

Ruth pensò a suo marito, a come avesse promesso di dire ai genitori del suo sogno, a come avesse rimandato e a come lei avesse dubitato della sua sincerità. Non aveva mai sospettato che anche loro avessero preso a cuore il problema delle donne maltrattate?

«Leon sa della società?», riprese Ruth.

«Sì. Puoi passarmi il coltello da carne?»

Ruth lo prese dal cassetto e lo porse alla suocera, che iniziò a tagliare la carne.

«Sa ogni cosa? Tutto quanto? E ti appoggia?»

«È stata sua l'idea di ristrutturare il sottotetto».

Suo suocero era un uomo con la U maiuscola, senza dubbio. Ruth si augurò che lo fosse anche Asher.

D'un tratto le tornarono in mente i graziosi ninnoli posati sul comò. Dovevano essere appartenuti alle ragazze che gli Appelbaum avevano aiutato. Trasalì quando un pensiero sgradevole le balenò nella testa. «Ci sono ragazze che non sanno dove andare, ora che io e Asher alloggiamo nel sottotetto?»

«No, ho trovato una sostituta nelle vicinanze, non preoccuparti. Per ora non ne abbiamo avuto bisogno. Non tutte le ragazze passano da Philadelphia».

«E le tue figlie? Alice e Abigail non lo sanno? Non sono curiose?»

«Sono impegnate con la loro vita, e le donne non si fermano a lungo. Una settimana, forse due, poi si spostano. Per Carrie sarà diverso perché è incinta, ma troveremo il luogo giusto, o qualcuno lo farà al nostro posto».

«Temi che Eli cerchi il bambino?»

«Sì, ma una cosa alla volta. C'è sempre un modo. Semplicemente non l'abbiamo ancora individuato».

Se c'era qualcuno che poteva risolvere il problema, era Shirley. Non era solo una casalinga educata e una suocera permalosa. Era un'attivista. Una pioniera, addirittura. Ma nonostante tutto questo, avrebbe compreso gli obiettivi e i sogni della nuora?

Forse. O forse no. Ma Ruth desiderava che Asher conoscesse questo lato di sua madre. Non poteva fare a meno di pensare che l'avrebbe rispettato.

Fu assalita dal senso di colpa. Viveva sotto al suo tetto, amava suo figlio, si era sforzata di compiacerla in ogni modo, ma l'aveva sempre giudicata solo in base ai pregiudizi che si era fatta su di lei e le aveva nascosto i progetti che lei e Asher avevano per il futuro.

«Puoi prendere il mix di spezie dalla dispensa? È il barattolo verde».

«Potresti fermarti un attimo? Per favore», ribatté Ruth, ormai decisa a ricambiare la sincerità della suocera.

Shirley si girò. «Che cosa c'è? Dobbiamo preparare la cena».

«Volevo soltanto dirti che mi dispiace».

«Non c'è nulla di cui dispiacersi. Hai fatto un buon lavoro oggi, in una situazione delicata».

«No, mi riferisco al matrimonio con Asher. Sono desolata per la fuga d'amore. Non te lo meritavi. Asher ha detto che non ti sarebbe importato».

«Be', si sbagliava, ma suppongo abbiate fatto ciò che ritenevate meglio».

Ruth sapeva che ci era rimasta male, ma ora pareva offesa da quanto suo figlio credeva di sapere sul suo conto e lei voleva appianare la situazione. «Mi impegnerò ancora di più per capire la tua posizione. Mi sono fatta troppe idee sbagliate sul tuo conto. Ora che vedo quanto tieni ad aiutare delle sconosciute, so quanto tuo figlio debba essere importante per te. Cercherò di coinvolgerti più spesso. Lo prometto».

«Grazie». La voce di Shirley si incrinò, e Ruth si domandò se si fosse commossa per le sue parole o se fosse semplicemente esausta per tutto ciò che era successo quel giorno.

«Lo amo davvero e voglio che sia felice», disse Ruth.

«Lo so».

«Anche lui vuole che io sia felice».

«Certo che sì».

Ruth fece una pausa per raccogliere le idee. Quel pomeriggio Shirley si era aperta con lei, condividendo una parte molto privata di sé, della sua missione nella vita. Non avrebbe dovuto aprirsi un po' a sua volta? Provare a consolidare il loro rapporto? «Voglio lavorare».

«Davvero?»

Ruth si chiuse a riccio perché si rese conto di aver commesso un errore. Avrebbe dovuto aspettare Asher. «Ti spiego dopo».

Shirley posò il coltello sul ripiano, guardandola con occhi penetranti. «Di solito le parole non ti mancano. Parla pure».

Ruth non riusciva a capire se volesse incoraggiarla o stuzzicarla. Indecisa, trattenne il respiro.

Uno. Due. Tre.

«Sto studiando per l'esame di abilitazione», disse tutto d'un fiato, fissando la suocera.

«Pensavamo che fossi andata al Barnard». Shirley sorrise.

«Sì, prima della specializzazione alla Columbia. La legge è lo strumento con cui penso di poter aiutare le ragazze come Carrie. Cambiando il sistema. Asher pensava che non avresti capito». Le parole le uscirono di getto. Ora che aveva confessato, si sentiva più leggera. Avrebbe gestito le conseguenze. Shirley meritava sincerità, soprattutto dopo quel giorno. Anche se questo avrebbe significato che non avrebbe più considerato Ruth una nuora promettente.

«Perché ci hai messo così tanto a dirmelo?» Shirley usò un tono piatto, più curioso che accusatorio.

«Avevo paura di deluderti, di non essere quello che volevi per Asher».

Shirley tacque per un istante. «Non permettere a nessuno di metterti a tacere. Nemmeno a me». Parlò in tono dolce, come se si rivolgesse a un neonato.

Ruth sbatté le palpebre. La suocera la stava forse autorizzando a vivere la vita come voleva? A non seguire più le regole della società?

Shirley aprì la bocca come per aggiungere qualcosa, poi la richiuse. «Dovrei seguire i miei stessi consigli», borbottò, poi si schiarì la gola. «Anch'io ho una confessione da farti. Io e Leon sapevamo della Columbia».

«Come?». Non poteva essere vero. A meno che non glielo avesse detto Asher. Ma poteva fidarsi di lui, no?

«Non avrei permesso a un'estranea di stabilirsi in casa mia. Ho fatto qualche ricerca. *Geografia ebraica,* insomma. Non è stato così difficile. E sai cosa abbiamo scoperto?»

«Non provo nemmeno a indovinare». Pur non avendo altri segreti, Ruth era ugualmente preoccupata.

«Una bella ragazza ebrea che aveva appena finito la facoltà di Legge della Columbia. Ho pensato che ti fossi iscritta solo per trovare marito. L'hai trovato, naturalmente, ma quando ho iniziato a conoscerti, ho capito che non era quello il motivo per cui avevi studiato Giurisprudenza. Immagino che tu voglia mettere a frutto la tua istruzione. Io non l'avrei fatto, ma i tempi stanno cambiando. Chissà come saranno le cose quando avrai dei figli».

Ruth arrossì. *Sì, c'erano moltissime cose che non sapeva di quella famiglia.*

«Te ne sei andata di casa e hai tenuto in sospeso i tuoi sogni per nostro figlio. Non hai nulla da dimostrare. Le lezioni di etichetta, i capelli, l'abbigliamento non hanno alcuna importanza».

Ruth ne dubitava e storse la bocca. «Non ti credo».

L'altra rise. «D'accordo, sono importanti, ma non *così* importanti. L'amore e la lealtà contano molto di più. E la sincerità, nelle giuste circostanze».

«Sono d'accordo». Ruth stentava a credere di averle dato ragione. I tempi stavano davvero cambiando.

Shirley annuì. La nuora andò a prendere il mix di spezie e le due lavorarono fianco a fianco in un silenzio gradevole. La ragazza trovò nuovo conforto nella quiete e sperava che valesse la stessa cosa anche per la suocera.

Fu Shirley a parlare per prima, dopo qualche minuto. «Sai, se non ti sbrighi a sostenere l'esame, dovrò rispondere a tuo padre».

«Che cosa c'entra lui?»

«La sua unica figlia stava per trasferirsi a casa mia, a centocinquanta chilometri di distanza. Non credi che abbia fatto il terzo grado a me e a Leon? Quando il polverone si è calmato e abbiamo capito che avevamo tutti a cuore gli stessi interessi, Jacob ha confermato quanto avevamo già scoperto sulle tue aspirazioni professionali».

«Oh no».

«È un uomo con la U maiuscola. Asher stava per portarti via, ma lui ha visto l'amore tra voi. Certo, aveva un vantaggio rispetto a noi. Aveva conosciuto Asher di persona». Shirley si portò la mano alla bocca, poi la abbassò. «Mi dispiace. A volte parlo senza riflettere».

«Conosco la sensazione».

Shirley rise.

«È stato difficile per tuo padre lasciarti andare così lontano, ma ti vuole davvero bene. Ci ha chiesto di promettere due cose: di trattarti come una figlia e di incoraggiarti a seguire sempre i tuoi sogni. Affinché non perdi te stessa, la persona che ti ha insegnato a essere. Non vorrai metterci nei guai con lui, vero?»

Santo cielo. Ruth deglutì e scrollò il capo. Sorrise. «Certo che no».

«Capirai quando sarai genitore a tua volta». Shirley si avvicinò e le prese le mani, trasmettendole affetto e orgoglio, o almeno provandoci. «Forse non ho avuto esperienze positive con gli avvocati, ma credo che tu sarai brava».

Ruth sorrise e arrossì. Forse non sapeva cosa significasse avere una madre, ma il calore che trovava nell'appoggio della suocera, di quella donna, della sua nuova famiglia, era qualcosa che voleva custodire nel cuore.

27

LILLIAN

Quando Lillian tornò a casa senza il barattolo, avrebbe dovuto sentirsi più leggera, ma non era così. Schiacciata dal peso di quanto aveva scoperto quel giorno, si sentiva come se avesse un sacco di mattoni sulle spalle.

Shirley, Carrie, moltissime donne costrette a portarsi dentro un segreto brutale. Compresa sua madre, che non aveva alcuna colpa. Era veramente ingiusto. E gli effetti si propagavano come increspature sull'acqua: donne maltrattate, bambini senza genitori. Anna doveva aver avuto un'enorme forza per sopravvivere e per assicurarsi che Percy non facesse mai del male a Lillian. Il minimo che potesse fare era onorarla dimostrandosi forte a sua volta.

Entrando in cucina, trovò Pammie e Penny che inzuppavano gli Oreo nel latte. Notò le briciole sul tavolo, i baffi bianchi sopra il labbro di Penny, e si sentì profondamente grata per quelle ragazze, che avevano la possibilità di vivere con lei, con il loro padre. Però avrebbe fatto in modo che capissero di essere fortunate, avrebbe spiegato loro che alcune donne soffrivano per mano dei mariti. Si sarebbe assicurata che le sue figlie non finissero con uomini di quel tipo, che sapessero difendersi, che fossero indipendenti.

Le salutò rapidamente e corse nel seminterrato.

«Mamma, vuoi dei biscotti?», urlò Penny. Lillian doveva ammettere che era dolce, anche se un po' viziata.

«Grazie. Magari più tardi». Lillian si chiuse la porta alle spalle e iniziò a selezionare gli indumenti che sperava potessero andare bene a Carrie, ora e dopo il parto, e alcuni dei vecchi vestiti pré-maman che aveva riposto in un baule. Ammucchiò ogni cosa in uno sgangherato carrello portabiancheria, che avrebbe ospitato anche gli abiti di Irene.

Prese dallo scaffale un barattolo di caffè usato. Ne conservava sempre alcuni, nel caso potessero tornare utili. Peter la prendeva in giro per questo. Portandolo al piano di sopra, vi gettò dentro qualche moneta. Invece di provocarle un senso di vuoto, il tintinnio le fece battere forte il cuore all'idea di risparmiare per aiutare le ragazze in difficoltà. Avrebbe donato tutti i soldi che aveva, quelli che le dava Peter, se avesse pensato che sarebbero stati utili a donne come sua madre.

Dalla gola le salì un singhiozzo soffocato. Non riusciva a togliersi dalla testa la foto che le avevano mostrato al Friends Hospital, quella della cicatrice. Corse nello studio e tirò fuori altri album. *Apri. Apri. Questo. Quello.* Staccò le immagini dalle pagine dove erano state incollate anni prima, cercando qualcosa.

Non c'erano altre foto nascoste, ma quelle disponibili la lasciarono incredula. *Perché non si era mai accorta di nulla?*

Dopo qualche minuto, aveva fotografie sparpagliate su metà del pavimento: immagine dopo immagine di sua madre in maniche lunghe, calzamaglie e foulard quando tutti gli altri indossavano maniche corte, pantaloncini e persino costumi da bagno.

Come aveva fatto a non notare quella discrepanza tutte le volte che aveva sfogliato gli album?

E anche se l'avesse vista, ci avrebbe creduto?

Si abbandonò al pianto senza trattenere i singhiozzi.

«Mamma?» Penny e Pammie entrarono portando un piattino di Oreo e un bicchiere di latte. Sembravano quasi troppo spaventate per avvicinarsi. Lillian tirò su con il naso e si asciugò gli occhi, sperando di non sbavare eccessivamente il mascara. Le sue figlie non erano abituate a vederla piangere, e non voleva impaurirle più di quanto avesse già fatto mostrandosi in quello stato. Sapeva fin troppo bene quanto fosse devastante assistere al crollo della propria madre.

«Ti abbiamo portato latte e biscotti», disse Pammie.

Lillian riuscì a sorridere. Il gesto confortante di una ragazzina. Anche Pammie sapeva essere dolce quando voleva.

«Cosa c'è che non va?», chiese Penny con sincera preoccupazione.

«Devo parlarvi di vostra nonna. Mia madre».

«Lo sappiamo. Vive all'ospedale», replicò Penny.

«C'è dell'altro».

«È un ospedale psichiatrico. Sappiamo anche questo», precisò Pammie.

Lillian, nuovamente sopraffatta dal pianto, si soffiò il naso nel tentativo di frenare le lacrime. Le ragazze meritavano di conoscere la verità.

«Non c'è problema se è pazza», la rassicurò Penny.

Pazza? No. La loro nonna non era pazza. Era stata maltrattata.

Al pensiero di sua madre e del motivo per cui si trovava al Friends Hospital, Lillian ricominciò a singhiozzare, inzuppando il fazzolettino. Anche Penny scoppiò a piangere, appoggiando la testa sulla spalla della sorella. Pammie era sempre stata la più forte, ma anche lei aveva il respiro affannato.

Lillian era quasi certa che le sue figlie non sapessero esattamente perché piangessero, forse per solidarietà, ma era chiaro che anche loro erano tristi.

«Devo dirvi una cosa. Vostra nonna non era... non era pazza. Non all'inizio. Mio padre la maltrattava. Capite?»

Annuirono, anche se Lillian non ne era sicura che avessero compreso bene. Fino a quel momento avevano vissuto protette dal lato oscuro e nascosto della società.

«Quando è morto, i suoi genitori l'hanno fatta internare in un ospedale psichiatrico perché nessuno scoprisse cosa le aveva fatto».

Pammie sgranò gli occhi. «Ha fatto del male anche a te?»

Penny corse ad abbracciarla. «È stato cattivo con te?»

Lillian scrollò il capo, sollevata quando le figlie espirarono. Era una cosa a cui faticava a dare un senso. Suo padre, ricordava, era severo, ma non violento, mai nei suoi confronti. Pretendeva che a scuola prendesse il massimo dei voti in tutte le materie. La costringeva a rifare il letto ogni mattina, a portare i piatti nel lavandino appena finita la cena e ad aiutare con le faccende domestiche e in giardino. Ma i padri non erano forse tutti così?

Però costruiva anche castelli di sabbia, le scartava i gelati e la faceva saltare sopra le onde. Credeva alle fotografie, agli appunti e a ciò che sua madre non era più in grado di dirle, perché nel suo cuore aveva una certezza: *un giorno Anna stava bene e quello dopo gliela avevano portata via.*

Era come se lei e sua madre avessero vissuto con due uomini diversi.

«Non capisco», disse Penny. «Perché è stata la nonna a dover andare via se era lui il cattivo?»

Lillian chiuse gli occhi, sospirando. «Non so esattamente cosa sia successo. Ero più piccola di voi. Ma era sbagliato.

Penso che nessuno le abbia creduto, e a quei tempi...» Esitò. Quello che stava per dire era ancora valido. Buttò fuori l'aria. «A quei tempi si riteneva che gli uomini sapessero cosa era meglio per le donne, perciò, se le aveva fatto del male, lei doveva esserselo meritato».

«Che cosa hanno detto i tuoi nonni?», chiese Pammie.

«Sono stati loro a mandarla in ospedale. O perché non le credevano, o perché non volevano che qualcuno scoprisse la verità. Ormai sono morti, perciò temo che non lo sapremo mai».

«È davvero triste», osservò Penny.

«Sì».

«Possiamo andare a trovarla? Portarle dei fiori o delle caramelle?», suggerì Pammie.

Lillian, stupita, concluse che forse non era stata una madre così incapace come temeva.

«A trovare chi?»

Peter, sulla soglia, guardò le tre donne e il guazzabuglio di fotografie con un'espressione confusa.

Lillian si passò le mani sulle guance e poi sulla gonna, sporcando il tessuto di nero. Sperava di non essere brutta come immaginava. Un marito non avrebbe dovuto trovare tre donne in lacrime al suo rientro.

«State bene?»

«Certo. Io e le ragazze stavamo parlando di una cosa triste». Lillian si alzò, guardandolo intensamente. Non aveva intenzione di discuterne ora. «Che ci fai qui così presto?»

Peter sembrava ancora perplesso, ma la assecondò. «È saltata la corrente in ufficio. In tutta la zona. Ci vorranno ore per ripristinarla. Abbiamo mandato tutti a casa».

Lillian annuì.

«Vogliamo vedere la nonna», annunciò Pammie.

«Era di questo che stavate parlando? Non credo sia una buona idea». Peter lanciò un'occhiata torva alla moglie.

«Ma non l'abbiamo mai conosciuta e vogliamo incontrarla», protestò Penny.

Lillian si gonfiò di orgoglio per la compassione e la gentilezza delle sue figlie. Forse, dopotutto, non aveva commesso troppi errori.

«Andate di sopra a finire i compiti. Io e vostra madre discuteremo della questione».

Le ragazze alzarono gli occhi al cielo e gli passarono accanto. Quando il rumore dei loro passi si spense, Peter sospirò.

«È stata una loro idea. Mi hanno sorpresa a piangere e ho dovuto spiegare il perché».

«Non dovrebbero andare in ospedale. Sarebbe troppo difficile, troppo spaventoso per loro».

«Sono più forti di quanto pensi. E dovrebbero conoscere la loro nonna».

«È una pessima idea. Sai quanto sia straziante quel posto. Quanto... inquietante... possa essere tua madre. Guarda quanto sei turbata. Perciò no. Niente visite per le ragazze».

A cena nessuno menzionò Anna. Mangiarono pollo arrosto con contorno di riso e pisellini. Parlarono della loro giornata come se niente fosse.

Lillian si costrinse a sorridere, mantenendo la conversazione leggera e piacevole. Ma in cuor suo giurò una cosa. Non sarebbe più stata una codarda in cardigan.

E avrebbe fatto le cose a modo suo.

La mattina seguente, la vita riprese come al solito, tra la colazione, il caffè e le aspettative di Peter. Doveva sembrare tutto normale, affinché potesse aiutare Carrie senza destare sospetti.

«Lillian, mi hai sentito? Vorrei invitare i Bookbinder a cena dopo i giorni sacri. Non devi annotarlo nell'agenda o qualcosa del genere?»

Lillian versò una seconda tazza di caffè a entrambi. Annuì.

«Che cosa ti ricordi di Art Bookbinder?», chiese Peter.

«Niente, perché?» Lei tornò a concentrarsi sulle barrette di fiocchi d'avena.

«Oggi viene in ufficio e voglio fare un po' di conversazione».

«Sono sicuro che te la caverai».

«Come si chiama sua moglie?»

«Non lo so».

«Quanti figli hanno?»

«Non ne ho idea».

Peter strinse i denti e alzò la voce. «Quando ha aperto la tappezzeria?»

Lillian infilò una fetta di pane di segale nel tostapane e abbassò la leva. «Non me lo ricordo».

«Cosa c'è che non va? Sai sempre queste cose».

Percepì l'esasperazione nella voce di Peter. «Scusa, caro, ho la testa altrove».

Avrebbe voluto sottolineare che probabilmente avrebbe dovuto essere lui a tenersi informato sui suoi clienti, invece disse: «Io, Shirley e le ragazze stiamo lavorando a un progetto speciale, perciò sarò impegnata fino ai giorni sacri».

Fece una pausa.

«Ha qualcosa a che fare con tua madre?»

Lillian tacque, aspettando che, senza una parola, le ragazze mettessero i piatti nel lavello e uscissero dalla cucina.

«Non ho voglia di parlarne».

«Sii prudente, Lil».

Era impossibile che Peter sapesse di Carrie. «Che cosa intendi?»

«Sai che non possiamo portare le nostre figlie in ospedale, perciò non insistere. Tua madre è affetta da demenza. Non possiamo prevedere esattamente cosa farà o dirà davanti alle ragazze».

Era a questo che si riferiva, dunque. Un argomento relativamente innocuo. «Non è sempre stata così. Voglio capirla. Voglio essere più empatica e meno incline a giudicare. Credo che possa aiutarci».

«Aiutarci?»

«Sì, tutti quanti. Tu, io, Pammie e Penny. Chi meglio di lei può insegnarci l'empatia?»

«Pensi che le nostre figlie debbano imparare l'empatia?»

«Sì. Nel mondo ci sono persone che hanno bisogno delle nostre premure. E... voglio che le ragazze sappiano che, qualunque cosa accada, possono parlare con noi e trovare ascolto».

«Lo sanno».

«Credo di no. Non abbiamo dato loro il buon esempio».

«Stai dicendo che non ti ascolto?»

«Sto dicendo che non sempre esprimo le mie opinioni».

Peter la guardò. «Ho fatto qualcosa?»

Lei colse l'incertezza sul suo volto e nella sua voce. «Non sto scaricando la colpa su di te. Non del tutto».

Lui smise di imburrare il pane tostato. «Che cosa significa?»

«È solo che se un uomo dice qualcosa, le persone gli credono. Quando una donna dice qualcosa di difficile, è incinta, isterica o in preda a una tempesta ormonale. Possono persino mandarla via, in modo che nessuno debba avere a che fare con lei. Se mai le nostre figlie saranno in difficoltà, voglio che gli altri le ascoltino quando dicono la loro verità».

Peter le prese la mano. «È difficile da accettare. Lo capisco. Se tua madre avesse raccontato ogni cosa...»

Non aveva colto il punto. Si trattava delle ragazze e della loro futura felicità. «Non siamo sicuri che non l'abbia fatto».

«Giusto. Ma se l'ha fatto, nessuno le ha dato retta». Peter la guardò negli occhi come faceva quando voleva baciarla, ma non si avvicinò. «Ti prometto che a te e alle ragazze non succederà mai».

«No, se insegniamo loro che devono trovare il coraggio di farsi valere, anche quando la situazione è difficile e nessuno è disposto ad ascoltarle. Non possiamo limitarci a dare per scontato che lo sappiano. Quale modo migliore per dimostrarglielo se non permettendo loro di conoscere la nonna?» Gli gettò uno sguardo. «Sono state loro a chiederlo, sai».

Peter fece un sorriso affettuoso. «Lillian Diamond, sei incorreggibile».

«Voglio che siano empatiche. Come il loro padre».

Lui scosse la testa e si chinò per baciarla. «In passato mi sono sempre fidato del tuo istinto. Se ci tieni così tanto, le porteremo al Friends».

Lei rise e lo baciò dolcemente. Quando si staccarono, disse: «Margaret».

«Prego?»

«La moglie di Art si chiama Margaret».

Risero. Lillian era grata che Peter si fidasse del suo istinto, che fosse disposto ad assecondare quella piccola richiesta. Questo, infatti, gli avrebbe permesso di fare pratica. Avrebbe dovuto abituarsi prima di affrontare il problema ancora più grande che stava per arrivare. Un problema che sicuramente non si aspettava.

28
RUTH

Ruth si stava rinfrescando prima di cena. Aveva indossato un vestito di lana pulito, un rossetto rosa e si stava spazzolando i capelli.

Trentuno.

Trentadue.

Trentatré.

Erano necessari cinquanta colpi per distribuire bene gli oli e mantenere le ciocche lucide.

Trentaquattro.

Si rese conto di voler apparire al meglio, anche in una giornata come quella. Come aveva detto Shirley, i tempi stavano cambiando.

Asher fece irruzione nel sottotetto, con un piattino di *rugelach* fatti in casa.

«Cosa c'è che non va?», esordì.

«Niente».

«Perché mia madre pensa che io debba portarti dei dolcetti? Perché non mi ha voluto dire cosa stai facendo quassù?»

Ruth avrebbe voluto ridere, ma aveva voglia di tenerlo un po' sulle spine. Di prenderlo un po' in giro prima di dargli la notizia. «Mi sto rinfrescando per la cena. Credo che tua madre abbia fatto i *rugelach* per te. Probabilmente pensava che ne avresti avuto bisogno più di me».

«Che cosa succede?»

«Lo sa. Della facoltà di Giurisprudenza. Dell'esame. Delle mie aspirazioni professionali. I tuoi genitori lo sanno entrambi».

«Tu e mia madre avete affrontato l'argomento?» Si sedette sul letto, con il viso pallido e il piattino inclinato tra le mani. Quando i dolcetti cominciarono a scivolare, lo posò sul letto. «Mi dispiace. Non volevo che li affrontassi da sola».

Ruth intuì dalla sua espressione che era sincero. Ma perché non punzecchiarlo un po'? «Tutta sola». Parlò con il tono più cupo possibile.

«Tesoro, vado a parlare con loro, a dire che ti sostengo al cento per cento. Che... se non accettano il tuo lavoro... ce ne andiamo».

Ruth si rese conto di aver esagerato, ma si commosse. Era fortunata che suo marito fosse un uomo così buono, cresciuto da genitori così buoni, fortunata che Asher avesse un padre che gli aveva insegnato a rispettare sua moglie, ad apprezzarla e a stare dalla sua parte.

In quel momento si sentiva più vicina a lui di quanto avesse mai fatto. Qualunque dubbio avesse svanì.

«Com'è saltato fuori?», chiese Asher.

Ruth ebbe un tuffo al cuore. Avrebbe dovuto aspettarsi quella domanda. Preparare una risposta. Quel giorno era stata sulle montagne russe – Carrie, la confessione di Shirley, la conversazione a cuore aperto che loro due avevano avuto – e Asher era stato l'ultimo dei suoi pensieri.

Ora, però, lui voleva i dettagli.

E lei non poteva rispondere. Non poteva dire la verità al suo migliore amico.

Asher era suo marito, eppure lei doveva mantenere il segreto. La vita di Carrie e delle altre donne dipendeva da questo. E nemmeno Shirley poteva parlargliene.

«Stavamo preparando la punta di petto insieme e mi è sembrato il momento giusto». Ruth si girò affinché non le leggesse la menzogna sul volto.

«Non permette mai a nessuno di aiutarla con la punta di petto», disse Asher. «Forse è per questo che questa sera ha un profumino ancora più appetitoso». Sorrise. «Che cosa ha detto?»

«Che lo sapevano già».

«Che cosa?»

Ruth sorrise all'idea di conoscere Shirley meglio di quanto la conoscesse Asher. Era onorata che la suocera le avesse confidato i suoi segreti più profondi.

Ma rivelarli spettava a Shirley, non a Ruth.

La cena fu più vivace del previsto, un bel cambiamento rispetto alla pesantezza della giornata. Mentre mangiavano la punta di petto cotta a puntino, i cavolini di Bruxelles e il *kugel* di patate, Ruth provò un senso di appartenenza. Leon le chiese dell'esame e volle sapere quali fossero i corsi più impegnativi della facoltà.

«Ruth faceva volontariato alla Legal Aid di New York», disse Asher. «Aiutava le donne maltrattate e i loro figli».

Per un momento scese il silenzio. Ruth si chiese esattamente fino a che punto fosse al corrente della storia di Shirley e del coinvolgimento di suo padre. Non molto, sospettava, se non addirittura niente, ma sapeva che chiederglielo era fuori questione. Avrebbe dovuto essere lui a parlargliene spontaneamente.

«È ammirevole», commentò Shirley.

«Qualcuno deve difendere chi ha bisogno di aiuto», disse Leon.

«Hai ragione». Ruth gli lanciò un'occhiata complice. «Grazie».

Il giorno successivo, dopo che Leon e Asher furono usciti per andare al lavoro, Ruth entrò in cucina come una furia e sbatté un foglio sul ripiano davanti a Shirley.

«È una lista di nomi e numeri di telefono. Mio padre e due dei miei fratelli vogliono darci una mano».

Shirley alzò un sopracciglio.

«Che cosa c'è? Non ho detto nulla che non avrei dovuto».

L'altra aspettò che continuasse.

«Quando ho parlato con loro ieri sera, volevano assicurarsi della mia felicità. Mi hanno chiesto di Asher, di te e di Leon, di come mi state trattando».

Shirley parve sorpresa. «Davvero?»

«Rilassati. Ho detto loro che era per le mie amiche della Legal Aid a New York. Sapevano che facevo volontariato lì. Non sospettano niente. Vogliono aiutarci. Fare qualcosa insieme li fa sentire più vicini a me, anche se sono a centocinquanta chilometri di distanza».

«In questo caso, va benissimo. Anch'io ho una lista». Shirley sembrò soddisfatta mentre le posava davanti una tazza di caffè. «Zucchero?»

Ruth annuì.

Alle dieci, Ruth, Shirley, Lillian e Irene erano sedute intorno al tavolo della sala da pranzo, ingombro di carte geografiche, a bere caffè e a mangiare girelle all'albicocca. Shirley e Lillian stavano scrivendo liste di nomi e indirizzi in ordine alfabetico e geografico, riempiendo una mappa di X. Ruth e Irene si alzarono e cominciarono a piegare indumenti per neonati, pannolini e coperte e a lisciare vestiti pré-maman, pronti per essere riposti in un baule insieme a prodotti da toeletta, libri e qualche ninnolo per personalizzare un luogo sconosciuto: una Liberty Bell in miniatura, un fermacarte d'ottone a forma di C e il vassoio d'argento preso dal comò di Ruth e Asher. Il baule sarebbe stato spedito nel luogo in cui Carrie si sarebbe stabilita.

«Perché, quando gli uomini si comportano male, la passano liscia per il semplice fatto di essere uomini?» Ruth stava piegando i pannolini. «Avremmo dovuto chiamare la polizia e avere la certezza che Carrie sarebbe stata al sicuro».

«Non funziona così», replicò Shirley.

«Dovrebbe», disse Ruth. «Potrebbe». Qualcuno doveva cambiare le cose.

«Sono d'accordo», intervenne Lillian. «Mi vergogno a dire che sono in parte responsabile del problema».

Ruth la guardò.

«Non ho creduto alle tue parole finché non ho visto Carrie. Avrei dovuto capire che avevi ragione. Avrei dovuto crederti. Mi dispiace per come ti ho trattata».

La ragazza annuì. In qualche modo la sua rivalsa non era dolce come si era aspettata, sapendo che pochissime persone credevano alle vittime di abusi e che poche leggi le proteggevano.

«Avrei dovuto essere la prima ad ascoltarti». La donna fece una pausa, poi sembrò prendere una decisione. «A quanto pare... mio padre ha bruciato mia madre con un sigaro. E chissà cos'altro».

Un sussulto collettivo parve risucchiare tutta l'aria dalla stanza.

«Non ce l'hai mai detto. Tutte abbiamo dei segreti di famiglia, suppongo», commentò Ruth.

Tra tutte, proprio Lillian.

«L'ho appena scoperto. Da mia madre».

«Hai una madre?» La domanda assurda di Irene riempì la stanza di normalità e di risatine fuori luogo. Anche Lillian ridacchiò. «In vita, intendevo», precisò Irene, imbarazzata.

Shirley si mise dietro Lillian e le diede un colpetto alla spalla. «Mi dispiace tanto».

«Ero una bambina. Non lo sapevo».

«Come l'hai scoperto?» Shirley si spostò davanti all'amica e le prese le mani.

«Dalla cartella clinica».

«Cartella clinica?», chiese Ruth.

Lillian sospirò. «Mia madre è in ospedale da ventiquattro anni». Guardò il pavimento. «Un ospedale psichiatrico».

«Che cosa terribile», osservò Irene.

Sì, pensò Ruth. *Sua madre era morta. Come doveva essere averne una viva, ma assente?* Una madre viva e vegeta che non potevi invitare a cena o con cui non potevi parlare dei tuoi problemi? D'un tratto Ruth sentì una nuova affinità con Lillian e ricordò che era più di un'esperta di etichetta.

L'altra alzò lo sguardo. «Non proverò mai più imbarazzo né vergogna. È al Friends. La trattano molto bene e si prendono cura di lei».

La rabbia di Ruth nei suoi confronti fu sostituita da una profonda compassione. Vedere le ferite di Carrie doveva averle provocato un dolore molto più profondo di quello di Ruth e Irene. La vergogna che circondava gli istituti psichiatrici, l'orrore di avere un padre violento. Per non parlare del fatto di essere cresciuta senza una madre.

«Tuo marito lo sa?», chiese Irene.

«Certo che sì», rispose Shirley. «Giusto?»

«Non che tenere un segreto sia al di sotto dei nostri parametri morali», scherzò Ruth. Le altre ridacchiarono.

«Non solo Peter lo sa, ma l'ha fatta trasferire al Friends sedici anni fa e paga il conto».

«Lui sì che è un brav'uomo. Quelli sì che sono amore e devozione», commentò Shirley. «Ve lo dice una che se ne intende».

Si affrettò ad aprire la porta quando qualcuno suonò il campanello.

Pochi istanti dopo accompagnò Carrie in sala da pranzo. I lividi stavano un po' sbiadendo, e la ragazza li aveva coperti con un trucco pesante, perciò non erano visibili, a meno che non si sapesse della loro esistenza. Se non fosse stata certa del contrario, Ruth avrebbe detto che sembrava quasi allegra.

Era orgogliosa della sua amica. Per lei era un sacrificio enorme lasciare Eli, lasciare la sua casa, ma era la cosa giusta da fare.

Carrie posò una scatola della pasticceria Liss al centro della mappa, coprendo il Kansas, che era privo di X.

«Che delizia. Non avresti dovuto», disse Shirley.

«Sono contenta che tu l'abbia fatto». Irene sciolse lo spago della scatola e si chinò oltre gli Stati Uniti occidentali per sbirciare dentro.

«Volevo ringraziarvi per essere state così gentili», disse Carrie. «E per dirvi che voglio riprendere le lezioni di etichetta».

«Che cosa intendi?» Ruth ebbe un'intuizione che le lasciò una scia di brividi lungo la schiena, come se uno dei suoi fratelli l'avesse colpita in faccia con una palla di neve.

«Restiamo a Wynnefield», disse Carrie, spensierata.

«Che cosa?» Ruth si rese conto di aver usato un tono più polemico di quanto avrebbe voluto.

«Chi?», domandò Irene.

«Oh cielo», disse Shirley.

«È una buona notizia, no?», proseguì Carrie. «Eli ha detto che se è così importante per me, resteremo. Lo amo, ragazze, e questa è la mia occasione per essere davvero felice. Vi sono grata per aver cercato di aiutarmi, ma non ne ho bisogno. Andrà tutto bene». Sollevò la gonna come per fare un inchino e girò su se stessa. «È molto dolce e premuroso».

Ruth fu assalita dalla nausea. Come poteva Carrie fidarsi di Eli dopo quanto le aveva fatto?

«Non gli hai detto niente del nostro piano, vero?» Il volto di Shirley tradiva la sua agitazione.

«No, sapere che non mi sono fidata di lui ferirebbe i suoi sentimenti».

«Non ci si può fidare di uomini come lui», disse Shirley. «Spero che anche Harriet se lo sia tenuto per sé».

Ruth intuì immediatamente il pericolo. Loro e il loro futuro lavoro sarebbero stati a rischio se Eli avesse scoperto che avevano progettato di aiutare la moglie a fuggire.

«No. Harriet non lo farebbe», disse Carrie.

Era troppo fiduciosa. Non aveva ancora capito? «Non esserne così sicura».

«Harriet è dalla mia parte. Vuole solo che io sia felice».

«Felice con un marito che ti picchia?», chiese Ruth.

«Ora è diverso, te lo assicuro. Sa che non intendo più vivere così».

Era proprio di questo che Ruth aveva paura.

A malapena assaggiarono i biscotti al burro di Liss. Sembrava che tutte avessero perso l'appetito. Ormai non aveva senso continuare a lavorare.

Carrie le guardò mentre Shirley riponeva la mappa, i fogli e le matite. Ruth aprì le ribalte del tavolo e impilò i piattini da dessert al centro. Mise a bollire l'acqua per il tè e il caffè istantaneo. Tutte, tranne Carrie, imballarono e riposero i vestiti sui ripiani del seminterrato e nell'armadio.

Nessuno lo disse ad alta voce, ma era chiaro che consideravano la sua decisione non solo sbagliata, ma anche pericolosa per lei e per il bambino.

«Mi dispiace che vi siate date tanto disturbo per niente». Ormai l'allegria di Carrie si era attenuata. Nessuno la contraddisse.

Come le altre, Ruth sapeva che, nella migliore delle ipotesi, probabilmente la loro amica avrebbe vissuto sul filo del rasoio. Il giorno prima, però, Shirley aveva detto che la Esther Secret Society non costringeva le donne, né con le buone né con le cattive. Avrebbe preferito che lo facessero ma, per sicurezza, aveva memorizzato i luoghi mentre fingeva di aver accettato la decisione di Carrie. Quest'ultima chiacchierava degli imminenti giorni sacri, dell'asilo dove avrebbe mandato il bambino e del pollo arrosto che avrebbe cucinato quella sera, come se fosse tutto perfettamente normale.

Come se le altre non fossero più terrorizzate per lei.

Alla fine, si alzò, dicendo che doveva andare a preparare la cena prima che Eli tornasse a casa. Mentre le donne la accompagnavano alla porta, Shirley le posò la mano sulla schiena. «Sai che puoi chiamarmi o venire qui a qualsiasi ora del giorno e della notte, per qualsiasi ragione».

Carrie annuì e, dopo una pausa, le diede un bacio sulla guancia. «Starò bene».

Irene le prese il braccio. «Mi assicuro che arrivi a casa sana e salva».

Come se fosse la strada il problema. Ruth fece ciao.

Anche Lillian sembrò sul punto di dire qualcosa, poi fece un passo indietro e giunse le mani. Dopo che le due ragazze furono uscite, le altre fecero un respiro collettivo.

Fu Ruth a rompere il silenzio. «Carrie non è stata la prima e non sarà l'ultima a scegliere di restare con un uomo violento».

«Non capisco. Come può rimanere?», chiese Lillian.

Shirley non usò mezzi termini. «La speranza e la vergogna sono un cocktail potente, che lascia le ragazze ebbre di tolleranza».

«Non c'è qualcos'altro che possiamo fare?», domandò Ruth.

Lillian scosse la testa. «La gente fa finta che il problema non esista, e il sistema legale favorisce questi uomini barbari».

«Anche quando sono in un letto d'ospedale, fasciate e ingessate, molte ragazze credono di "essersela cercata"», disse Shirley. «E se all'inizio non ci credono, il fatto che nessuno dia loro ascolto le spinge a dubitare della propria salute mentale e a convincersi di essere responsabili».

Ruth non poteva e non voleva lasciar perdere. «Dobbiamo fare qualcosa prima che sia troppo tardi».

Shirley le mise la mano sulla spalla. «Capisco come ti senti, credimi. Nonostante ciò, nessuno ha mai usato l'intimidazione o il senso di colpa per persuadere le donne ad accettare un aiuto».

Ruth, incredula, si trovò di nuovo d'accordo con la suocera.

29

LILLIAN

Alle nove del sabato mattina, Lillian si sedette sul dondolo di vimini del patio, con una tazza di caffè fumante in mano per riscaldarsi e svegliarsi mentre respirava la fresca aria autunnale.

L'autunno. La stagione dei cambiamenti.

Non aveva ancora accettato la decisione di Carrie di rimanere con Eli, ma si era rassegnata. Poteva solo sperare che andasse tutto bene, che lui fosse l'unico marito disposto a cambiare.

Quel giorno, anziché sbrigare le solite commissioni, avrebbe presentato le sue figlie alla nonna; perciò, aveva preferito l'eleganza alla praticità e aveva indossato il tailleur di gabardine marrone rossiccio.

Nei suoi ricordi fittizi, Anna ne aveva sfoggiato uno simile. Si sarebbe abbinato ai suoi capelli castano chiaro, che ingrigendosi si erano ormai schiariti di molte tonalità. Sua madre optava raramente per i tailleur. Aveva una predilezione per le gonne e le camicette, e pareva che l'avesse ancora. Un riflesso involontario del passato? Una preferenza effettiva?

In un caso o nell'altro, quelle scelte lasciavano intravedere la donna che Lillian aveva conosciuto, e questo la confortava, alimentando la speranza che si sarebbe in qualche modo rivelata alla generazione successiva.

Probabilmente Anna aveva goduto di uno sconto da Gimbels, ma i suoi vestiti non erano mai stati vistosi o eleganti, e nemmeno di alta qualità. Ma era bellissima, con il viso rotondo, grandi occhi azzurri, naso e bocca piccoli, tutti armoniosi e proporzionati. *Incantevole* era l'aggettivo che meglio descriveva non solo il suo aspetto, ma anche il suo carattere.

Le persone dicevano la stessa cosa di Penny.

Le perle perdevano la loro lucentezza e i fiori la loro vivacità, e allo stesso modo Anna aveva perso gran parte del suo splendore e della sua freschezza.

Ma non era *lei* a dover cambiare, bensì Lillian. E il mondo in cui vivevano le sue figlie. Quel giorno avrebbe segnato il primo passo verso quel traguardo.

Mentre entrava in casa per riempirsi di nuovo la tazza, Pammie e Penny scesero le scale di corsa.

Superarono il padre nell'ingresso e fecero irruzione in cucina, dove di lì a poco avrebbero gustato i panini alla cannella che Lillian aveva preparato sul tavolo.

Peter camminava avanti e indietro nell'ingresso, torcendosi le mani. Lillian sapeva perché era preoccupato. Pur essendo adulti, anche loro avevano difficoltà a visitare l'istituto psichiatrico. *Come avrebbero reagito le ragazze?*

Ricordando il periodo in cui sua madre era ancora sana di mente, Lillian gli propose il rimedio di Anna contro l'ansia. «Vieni a mangiare i panini alla cannella. Ti sentirai meglio».

In cucina, Pammie ingollò il latte. «Come devo chiamarla? Non voglio chiamarla *nonna,* perché non l'ho mai conosciuta».

Peter guardò Lillian.

«D'accordo», disse lei. «Potrebbe confonderla, in ogni caso. Chiamala Anna e basta».

«Possiamo chiederle di mostrarci la cicatrice?» Pammie si strofinò il braccio.

«No». Penny scosse la testa.

«Allora come facciamo a essere sicure che sia successo?»

«È importante credere ad amici e familiari», rispose Lillian. «Anche se è difficile. È nostro compito essere *di larghe vedute*. Sapete cosa significa?»

Pammie annuì. «Fidarsi di qualcuno anche se non si vuole?»

Peter sorrise. «Non proprio. *Essere di larghe vedute* significa vedere le cose o le persone in modi nuovi, anche se è difficile».

Lillian prese la mano di Pammie. «Se mai mi dicessi che qualcuno ti ha fatto del male, ti crederei, anche se proverei rabbia e tristezza».

«Non preoccuparti per me, non lo permetterei. Gli darei un calcio nelle...»

Lillian batté il piede. «Pamela Rachel, non essere sfrontata!»

«Be', lo farei».

Peter si schiarì la voce, irritato. «Non è così che parla una signora».

Ma era esattamente così che Lillian voleva che ragionassero le sue figlie, e tutte le ragazze. Sparecchiò. «Facciamo così. Se un ragazzo o un uomo è sgarbato con voi o vi mette a disagio in qualche modo, ditelo a me e a papà. Promettiamo di credervi e di aiutarvi».

«E se a voi piacesse?», domandò Penny.

Lillian ricordò il sorriso di Percy e il dolce aroma del suo sigaro. Che cosa avrebbe fatto? Avrebbe tradito il padre che amava? Poi pensò ad Anna, internata, privata della libertà, della sua famiglia. «Sì, ditecelo, soprattutto in quel caso. Voi siete più importanti».

Peter aveva gli occhi lucidi. «Sempre».

Sì, Lillian capì, *Peter era dalla sua parte, dalla loro parte.* Non sarebbe stato sempre facile. Forse non doveva neppure esserlo. Sarebbe stato difficile quando avesse trovato il coraggio di dirgli come voleva cambiare la propria vita, la *loro* vita.

«Perché tua madre non l'ha detto ai suoi genitori?,» chiese Penny.

«Suo padre era morto molto tempo prima. E forse si vergognava troppo per rivolgersi a sua madre».

«Perché non l'ha detto a qualcun altro?»

Quella domanda avrebbe dovuto tormentare Lillian, ma lei conosceva la risposta. «Può darsi che l'abbia fatto. Non lo sappiamo». Rabbrividì al pensiero che probabilmente Anna l'avesse detto a qualcuno, come Ruth l'aveva detto a lei. «È possibile che nessuno le abbia creduto. A quei tempi non si trattavano le donne maltrattate come si dovrebbe fare. Ecco perché è importante dirlo a qualcuno se si è in difficoltà, per farsi valere, per assicurarsi di essere ascoltate».

Uscirono sul marciapiede, ma Lillian si affrettò a rientrare in cucina. Raggiunse l'auto con un contenitore Tupperware. «Stavo per dimenticare i biscotti di mia madre».

Peter le aprì la portiera, ma si fermò prima di farla salire. «So di non averlo mai detto, ma sei una brava figlia». Si fece da parte. «E una brava madre».

Mentre si stipavano nella Lincoln, Lillian fu pervasa dalla gratitudine.

Quarantacinque minuti dopo, i Diamond arrivarono al Friends Hospital. Le foglie mimetizzavano gli edifici, ma Lillian vide al di là del giallo, del rosso e dell'arancione. Nemmeno gli scintillii dorati riuscivano a rendere quel posto ciò che non era. Non era un luogo di cura temporaneo o una tappa intermedia per Anna; era la sua casa. Lo era da molti anni. Anni in cui Lillian doveva ammettere di essersi vergognata di confessare che sua madre era in ospedale. Morire era la cosa migliore che suo padre avesse potuto fare per loro, ormai ne era convinta. Non era stata la morte del marito, ma la sua crudeltà a causare l'esaurimento nervoso di Anna e il suo ricovero nel primo manicomio. Ne era certa. Secondo il medico, la senilità precoce non era correlata. Lillian non ci credeva affatto.

Ma se suo padre fosse sopravvissuto, sua madre, e forse anche lei, sarebbero state in pericolo.

Come aveva constatato in prima persona nel caso di Carrie, la violenza domestica era raramente un episodio isolato.

Peter parcheggiò e le ragazze studiarono l'edificio. Penny fu la prima a parlare. «Sembra carino, come una scuola o qualcosa del genere».

Mentre si incamminavano verso l'ingresso, Lillian dovette riconoscere che sua madre stava meglio ricoverata che sposata con Percy.

Quando Peter aprì loro la porta, la donna smise di domandarsi come Anna avrebbe potuto affrontare la situazione se avesse ricevuto un po' di gentilezza dai suoi nonni. In particolare, dalla nonna. Fino a quel momento, Lillian aveva ignorato i sentimenti, soprattutto la rabbia, che provava nei loro confronti. La nonna le aveva dato una casa dopo che sua madre era stata portata via, ma avrebbe dovuto fare qualcosa per aiutarla molto prima. Eppure, lei non conosceva tutti i fatti. E probabilmente non li avrebbe mai saputi.

Mentre si avvicinavano alla camera di Anna, tornò a concentrarsi sul presente. Quella giornata era dedicata alla nonna delle sue figlie, non a sua madre, e si sarebbe focalizzata su questo. Quando il polverone si fosse calmato, avrebbe cercato i suoi cugini materni. Avrebbe riallacciato quei rapporti perduti. Avrebbe appurato cosa sapessero. Avrebbe affrontato a poco a poco la conoscenza, il dolore, di quanto era stato fatto a sua madre, a lei. Aveva avuto abbastanza scossoni negli ultimi tempi, e doveva andarci piano anche con se stessa. *Tutto a tempo debito.*

Quando raggiunsero la sala comune, Lillian strinse le figlie in un abbraccio rassicurante. «Forse non capirà che siete le mie figlie, ma non lasciatevi turbare da questo».

Lillian, Pammie e Penny lasciarono Peter appoggiato contro la parete e andarono verso il tavolino dove Anna sedeva da sola con un mazzo di carte. Era una donna esile e solitaria, ma graziosa, con lunghi capelli grigi e un vestito giallo.

«Ciao, Anna, ti ricordi di me?»

La donna sorrise senza rispondere alla domanda. «Sono le tue figlie?»

«Sì». Lillian le spinse avanti. «Questa è Pammie...»

«E io sono Penny». La ragazza allungò la mano e Anna la strinse.

Poi guardò Lillian. «Possono restare?»

Lei sentì un nodo alla gola che le impediva di parlare. Annuì e le ragazze si sedettero con Anna, che indicò le carte. «Vi va di giocare a rubamazzo?»

«D'accordo», disse Pammie. «Ma devo avvertirti, vinco sempre».

Lillian aprì la bocca per rimproverarla, ma Anna scoppiò in una risata inaspettata che insieme le trafisse e le riscaldò il cuore. Era passata un'eternità dall'ultima volta che aveva sentito quel suono.

«Lei sì che è un fuoco d'artificio», disse Anna. Quel nomignolo, una volta usato per descrivere Lillian, la riempì allo stesso tempo di felicità e di tristezza.

«Ti abbiamo portato dei biscotti», disse Penny. «Sappiamo che ti piacciono. Vero, mamma?»

Lillian posò il contenitore al centro del tavolo e Penny tolse il coperchio.

«Non preoccuparti», disse Lillian. «Niente uvetta».

La visita finì quando Anna si appisolò nel bel mezzo di una partita, con il mento sul petto. Lillian si era stupita della propria reazione a quell'incontro. Anziché vergognarsi del fatto che sua madre fosse una paziente, gioì vedendo che Anna e le ragazze avevano trovato il modo di godere della compagnia reciproca. Penny e Pammie avevano tenuto la nonna impegnata per quasi un'ora. Più Lillian le osservava, e più Anna sembrava normale.

Inquieta, sì. Semplice, sì, ma quasi normale.

Se giocare a carte per un'ora aveva prodotto risate e conversazioni, come sarebbe stata Anna ora, se Lillian fosse stata più consapevole negli ultimi sedici anni o più? Se le avesse fatto visita più spesso? Sarebbe voluta tornare indietro, ma poteva cambiare solo il futuro, non il passato.

Mentre si dirigevano verso l'auto, Pammie e Penny raccolsero da terra alcune foglie rosse e oro.

«Ha il permesso di uscire?», chiese candidamente Penny.

«Chi, Anna?» L'idea suonò estranea a Lillian.

«Sì. Credo che le piacerebbe il nostro patio».

«Ha detto che le piacciono i fiori», disse Pammie.

«Quando l'ha detto?»

«Mentre giocavamo a carte», rispose la ragazza. «Eri accanto alla parete con papà. Le piace anche il succo d'uva, ma non lo beve spesso. Forse possiamo portarglielo la prossima volta».

Lillian le strinse in un abbraccio.

«A cosa lo dobbiamo?», domandò Pammie.
«Alla vostra gentilezza», disse lei, orgogliosa.
«Allora può venire a casa nostra? È una parente, no? Dovrebbe poter venire a trovarci», insistette Penny.
Lillian guardò Peter e scrollò le spalle. Sapeva di avergli fatto pressioni per quella visita e non voleva esagerare.
«Chiederemo», disse Peter.
Lillian sussultò. «Davvero?»
«Altrimenti come facciamo a saperlo? Anna non è mai uscita in tutti questi anni. Forse non è convenzionale, ma non significa che sia dannoso».
«Vostro padre ha ragione». Lillian si voltò verso le figlie, riconoscente. «Chiederemo».

Qualche ora dopo, Lillian era nel seminterrato, seduta su una vecchia sedia pieghevole di metallo, impegnata a riordinare e piegare i vestitini che aveva tirato fuori per il bambino di Carrie. Rosa. Azzurro. Bianco. Giallo e verde. Non aveva ancora accettato la decisione della ragazza di rimanere con il marito, e quel lavoro tranquillo e ripetitivo la aiutava a placare l'agitazione del cuore.
Pammie e Penny avevano superato le sue aspettative, riempiendola di gioia. Suo marito e le sue figlie non erano chiaroveggenti, ma in qualche modo le avevano dato ciò che desiderava, ciò che aveva chiesto. Una famiglia che si sosteneva a vicenda.
Piegare, impilare.
Piegare, impilare.
Piegare, impilare.
Sentì qualcuno aprire la porta cigolante del seminterrato e iniziare a scendere. «Lil?»
«Sono quaggiù».

Peter spuntò dalle scale e si guardò intorno. «Dove sono le ragazze?»

«Penny è da Linda e Pammie da Margot. Sanno che dobbiamo uscire. Saranno a casa alle cinque».

Peter si sedette. «Che cosa ci fai qui sotto?»

«Stavo solo pensando a mia madre».

«C'è altro?»

Sì, avrebbe voluto rispondere. Avrebbe voluto raccontargli tutto di Carrie, delle Esther, degli abusi subiti da Shirley. Di come si fosse resa conto che non sempre le cose erano come sembravano all'interno di un matrimonio. Di come volesse aiutare le donne che soffrivano per mano dei mariti. Ma aveva promesso di tenere il segreto. E non era del tutto certa che lui avrebbe approvato. «No, niente».

«Non credi che io abbia il diritto di saperlo?»

«Di sapere cosa?» *Era impossibile che conoscesse la situazione di Carrie,* si disse Lillian.

Lui indicò le pile di vestitini. «Che avremo un altro bambino. I vestiti. Il progetto segreto. Volere *di più* significa desiderare altri figli».

Lillian si mise quasi a ridere per il sollievo. Peter pensava che fosse incinta. Aveva trentacinque anni e aveva smesso di volere dei figli dopo Penny. Suo marito l'aveva forse dimenticato?

«Sicuramente no. Non avremo un bambino». Si guardò la pancia. Aveva sostituito il tailleur con pantaloni alla caviglia dai risvolti verdi e un maglione merino color ambra, un completo attillato. «Ti sembra che aspetti un bambino?»

«No, ma immagino sia presto». L'espressione di Peter era indecifrabile.

«L'ultima cosa che voglio è un altro figlio. Ho tirato fuori questi vestiti per qualcuno che è in dolce attesa. Mi fa stare bene aiutare una persona che ne ha davvero bisogno senza ricevere nulla in cambio».

Sembrava deluso. Aveva sempre desiderato un figlio maschio, ma non aveva mai insistito per avere un altro bambino. Lillian andò ad abbracciarlo, posandogli il viso sul petto. «Volere di più non significa desiderare altri figli, bensì sapere che sto facendo qualcosa di utile nel mondo, qualcosa di diverso dall'aiutarti a stipulare dei contratti».

Peter si staccò e la guardò. «Pensavo che ti piacesse aiutarmi».

Lillian fece un passo indietro. La conversazione non stava andando come aveva sperato. «Certo che mi piace. Tutto questo non è *contro di te*, ma *per me*. C'è una differenza. Voglio *fare la* differenza. Voglio essere sicura che le nostre figlie conoscano donne come mia madre, affinché non imparino solo a essere graziose e garbate. Affinché non diventino arrendevoli».

Peter sembrava non avere idea di cosa stesse parlando. Be', non poteva leggerle nel pensiero. Doveva essere lei a spiegargli cosa le passava per la mente. «Ho intenzione di aiutare le donne che si trovano in situazioni come quella di mia madre con mio padre. Succede molto più spesso di quanto immagini. Posso far sì che qualcuno le ascolti, che ci siano posti dove le donne maltrattate possono chiedere aiuto prima di finire in ospedale, o peggio».

Non aveva le parole per definire esattamente chi fossero quelle donne o cosa stesse accadendo loro, ma Shirley era la dimostrazione che quel tipo di comportamento crudele passava inosservato nella loro comunità e non solo. Peter avrebbe dovuto ascoltarla e fidarsi di lei.

«Posti?»

Lillian non aveva idea se una cosa del genere esistesse oppure no, ma voleva scoprirlo. «Sì».

«Ci hai riflettuto molto».

«Sì». Anche se non sapeva ancora come procedere.

«Dunque, è questo che intendevi? Vuoi aiutare le donne picchiate dai mariti?»

«Per ora, sì».

«Potrebbe essere pericoloso».

«È importante. Per loro e per me. È un modo per rimediare alle mie mancanze nei confronti di Anna, per fare il possibile affinché la sua sofferenza non sia stata inutile».

«Sarai prudente?» Peter aveva un'espressione turbata, ma Lillian percepì che qualcosa era cambiato.

«Quando credi in te stesso, lo faranno anche gli altri», aveva sempre sentito dire dal nonno, senza capire cosa intendesse. Ora lo sapeva.

«Sì».

«Rivolgiti a me se ti serve qualcosa, intesi?»

«Intesi».

«Niente bambino, allora?»

Lillian sorrise. «Niente bambino».

Lui prese una tutina azzurra. «Speravo in un maschietto».

Lillian ridacchiò e, alzandosi, gli spostò i capelli dalla fronte. «Potremmo prendere un cane maschio».

Peter rise e sua moglie intuì che era un sì. «Sai, Lil, tua madre non è l'unica a volere la tua felicità».

Con la vista appannata dalle lacrime, gli prese la mano, se la portò alle labbra e gli baciò il palmo per tre volte. Alzò gli occhi su di lui e sostenne il suo sguardo.

Lui fece un passo avanti e le sussurrò all'orecchio. «Sono le due del pomeriggio».

Nella testa di Lillian si accese una miriade di stelline. «Le ragazze non arriveranno prima delle cinque».

30

RUTH

Quando iniziò a piovigginare, Ruth rientrò in casa dal patio, dove aveva passato la tarda mattinata a studiare. Aveva del lavoro da fare, doveva aiutare Shirley. Aprì le ribalte del tavolo in sala da pranzo e apparecchiò per sei. La porcellana e il cristallo scintillavano. L'argento brillava. La tovaglia di lino inamidata era di un bianco accecante. I tovaglioli piegati a ventaglio ornavano ogni piatto. Il delizioso aroma di erbe del pollo arrosto arrivava dalla cucina e riempiva l'aria.

Shirley entrò slacciandosi il grembiule.

«Cosa te ne pare?», chiese Ruth.

Aveva apparecchiato elegantemente, ma cercò di proposito l'approvazione della suocera. Ormai aveva capito che non era un'umiliazione, bensì un segno di rispetto e gratitudine. Shirley sorrise. La considerazione faceva piacere a entrambe, sia a chi la dava sia a chi la riceveva. Ruth aveva erroneamente etichettato Shirley come una persona *incontentabile* ma, in realtà, era un pezzo di pane.

«È incantevole». Sua suocera andò alla finestra e scostò le tendine trasparenti. «Tira fuori il portaombrelli, per favore. Ne avranno sicuramente bisogno».

Ruth prese dall'armadio un portaombrelli di porcellana dipinta d'ispirazione cinese e lo mise accanto alla porta d'ingresso. Da lì vide la suocera camminare intorno al tavolo, ispezionando ogni cosa con le braccia conserte. Si preparò a ricevere critiche o correzioni o a vederla che spostava un bicchiere, un cucchiaio o una sedia. Invece l'altra si limitò ad aggiungere un piccolo vaso di crisantemi. Il tocco finale.

«Grazie per aver acconsentito», disse Ruth. «Significa molto per me poter ospitare le mie amiche». Voleva approfittare del tempo che aveva a disposizione con le ragazze. Presto avrebbe dovuto concentrarsi sull'esame e poi sul lavoro.

«Ho saputo che Harriet sarà dei nostri, e anche Carrie. Sono contenta». Shirley sorrise. «Voglio che si senta a suo agio qui, qualunque cosa accada. Quale modo migliore per comunicarglielo se non con un piccolo pranzo?»

Nell'ultima settimana, Ruth aveva visto Carrie una volta e le aveva parlato ogni giorno. La sua amica era felice, o almeno così sembrava. Forse lo era davvero. Sperava che i suoi timori fossero infondati.

Mentre la pioggia cadeva, la casa si riempì. Irene. Lillian. Harriet. Si riunirono in salotto, con ombrelli, stivali e foulard impermeabili riposti nell'armadio dell'ingresso. Irene e Shirley si avvolsero in due plaid, dicendo di avere freddo. Irene si asciugò il viso con uno strofinaccio, scusandosi quando si accorse di averlo sporcato di trucco. «Non è esattamente conforme al bon ton», disse in tono mesto. Aprì lo specchietto e riapplicò il rossetto marroncino, più sobrio del solito.

Ruth si guardò allo specchio accanto alla porta. Impeccabile. Lanciò un'occhiata al cielo. Sembrava che la pioggia stesse diminuendo, ma Carrie avrebbe potuto essere fradicia quando fosse arrivata. Probabilmente sarebbe venuta a piedi, a meno che non l'avesse accompagnata Eli.

Shirley, Ruth e Lillian avevano deciso in privato di non accennare alla situazione di Carrie, tanto più che ci sarebbe stata anche Harriet. L'obiettivo del pranzo era ricucire i rapporti e consolidare le amicizie, non rivangare vecchi torti e dissapori.

Mentre preparavano il pranzo, Shirley aveva detto che quanto più Carrie si fosse sentita a suo agio con loro, tanto più sarebbe stata incline a chiedere aiuto se Eli l'avesse aggredita di nuovo. Per quanto riguardava Harriet, dovevano assicurarsi che non spifferasse niente a nessuno. Era meglio tenerla buona affinché tacesse. Forse così avrebbe creduto che il piano fosse stato abbandonato e non avrebbe creato problemi.

Mentre le donne si rilassavano e aspettavano Carrie, la casa si riempì di risate e conversazioni. Discussero di argomenti importanti come l'avversione dei Diamond per l'uvetta, le marachelle di Heidi, la ricetta delle girelle di Shirley, gli studi di Ruth.

Il telefono squillò e Ruth si affrettò verso la cucina. «Vado io». Sollevò il ricevitore. «Pronto?»

«Ruth? Sono io».

«Carrie?»

«Sì, ho cambiato idea. Voglio lasciare Eli». Ruth sentì dei fruscii all'altro capo della linea, come se la ragazza si stesse preparando a partire. «Sto mettendo alcune cose in valigia. Arrivo tra poco».

Ruth, insieme terrorizzata e sollevata, era curiosa di sapere cosa fosse cambiato rispetto al giorno prima, quando Carrie era sembrata serena. Il fatto che avesse chiamato era un buon segno, però. Se fosse stata gravemente ferita, forse non sarebbe stata in grado di parlare. Tuttavia, doveva essere successo qualcosa di grave se voleva lasciare il marito.

Ventiquattro ore prima era certa di avere la sua vita sotto controllo. «Che cos'è successo?»

«Ti spiego quando arrivo».

Ruth aveva la pelle d'oca, ma in quell'istante non importava cosa fosse accaduto. Non c'era tempo da perdere. Carrie doveva partire, ma doveva stare attenta. Eli non doveva avere il minimo sospetto. «Non fermarti a fare i bagagli, esci e...»

Nella cornetta risuonarono alcuni colpi e uno schianto. Ruth ebbe un tuffo al cuore. Doveva mantenere la calma per l'amica, valutare la situazione. «Carrie? Stai bene?»

Clic.

Il segnale di libero le suonò nell'orecchio. Ruth alzò e abbassò più volte la forcella cromata. «Carrie?», urlò nel ricevitore, poi riattaccò. Voltandosi, vide che le altre l'avevano raggiunta in cucina. «Dobbiamo andare!», disse con un sussurro carico di paura. «Carrie è nei guai!»

«Che cos'è successo?» Shirley mantenne i nervi saldi, concentrandosi sui fatti. «È ferita? Ha bisogno di un'ambulanza?»

«Non lo so. Non me l'ha detto. Ha spiegato solo che vuole lasciare Eli». Ruth si affrettò verso l'armadio, ma tremava di paura e non riuscì ad afferrare il pomolo. «Dobbiamo andare!» Aveva ritrovato la voce, ma non la forza. Shirley la affiancò e, posando le dita sulle sue, aprì la porta.

«È caduta la linea». Ruth ricacciò indietro le lacrime, non aveva altre parole.

Lillian le mise la mano sulla spalla. Quel gesto confortò la ragazza, ricordandole che non era sola. «Guido io». Lillian guidò il gruppo fuori dalla porta e sotto la pioggia, ora più intensa che mai.

Shirley si fermò sulla soglia. «Arrivo subito. Devo fare una telefonata veloce».

Lungo il tragitto, Ruth contò le soste e le svolte. Il sentiero che tagliava i passaggi coperti tra le case più piccole sarebbe stato più diretto, ma avevano dovuto prendere l'auto per fare prima, e nell'eventualità che fosse stato necessario portare via Carrie.

Ruth rabbrividì mentre passava in rassegna tutte le ragioni per cui l'amica poteva aver chiamato.

Sbrigati, sbrigati, pensò. Lillian non poteva accelerare un po'? A cosa serviva quella vettura di lusso con i suoi quadranti, pulsanti e manopole se non le aiutava ad arrivare in tempo da Carrie? In tempo per cosa, non lo sapeva.

Ruth si chinò come per aggiungere un po' di slancio, come se avesse il potere di accorciare il viaggio. La pioggia scrosciava sul parabrezza e sui finestrini, quasi azzerando la visibilità. Strinse i denti per impedire loro di battere.

L'auto si fermò e Ruth fissò la porta d'ingresso della casa di Carrie. Doveva aiutare l'amica, ma la paura di cosa avrebbe potuto trovare, o del pericolo che lei stessa avrebbe potuto correre, la fece esitare per un momento. Alla Legal Aid aveva visto le cose malvagie che gli uomini potevano fare alle donne, ma quella situazione era diversa.

Carrie era un'amica.

Non avrebbe dovuto fare alcuna differenza, invece la paralizzò.

Ora non si trattava di fare ricerche sulle leggi, bensì di trovarsi nella foga del momento con un uomo crudele, molto diverso dal padre e dai fratelli gentili con cui era cresciuta e dal marito dolce che aveva sposato.

Eli sarebbe stato capace di uccidere una donna, e c'erano pochissime leggi che tutelavano le mogli dagli Eli del mondo.

Rabbrividendo, tenne lo sguardo dritto davanti a sé attraverso la pioggia. E se fossero arrivate troppo tardi? Strinse le palpebre. Le donne alla Legal Aid erano sane e salve davanti ai suoi occhi quando le vedeva. Ma ora era a casa di Carrie. E se non fosse più stato possibile salvare la vita della sua amica?

Shirley spalancò la portiera del passeggero. «Coraggio. Non possiamo restare sedute qui. Andiamo». Le sue parole superarono il tamburellare della pioggia.

Quando la suocera la tirò per il braccio, Ruth sentì le gocce gelide che le cadevano sulla gamba.

Uscì dal suo stato di trance. Scese e si riparò sotto l'ombrello di Shirley. Sentì sbattere altri due sportelli. Non era sola. *Giusto.* Oltre a Shirley, c'erano Lillian, Irene e Harriet. Se Eli avesse dato in escandescenze, sarebbero state cinque contro uno. Il sollievo le inondò le vene.

Insieme potevano farcela.

Premuta contro Shirley, la prese sottobraccio, grata di essersi riconciliata con lei e di poter contare sulla sua forza.

Shirley le diede un colpetto. «Seguitemi». Si staccò da lei e imboccò il vialetto a passo deciso. Ruth la seguì un po' correndo e un po' camminando, mentre gli scrosci si attenuavano fino a cedere il passo a un'acquerugiola. Alle sue spalle udì tre paia di piedi che procedevano sguazzando. Le due raggiunsero i gradini davanti alla porta e Ruth li salì due alla volta. Si voltò verso Shirley. «Dimmi cosa fare».

Lillian, Irene e Harriet si unirono a loro, formando un solido muro di donne.

«Quando volete, siamo pronte». Irene tenne la voce bassa.

«Ma non era questo il piano», obiettò Harriet. Tutti gli occhi si puntarono su di lei. «Sono solo preoccupata perché non sappiamo cosa stiamo facendo».

«In questo momento, nulla è più importante dell'incolumità di Carrie». Shirley guardò la ragazza, che annuì. Poi spostò lo sguardo su Lillian. «Non le conclusioni a cui siamo giunte». Tornò a fissare Harriet. «Né quello che avevamo pianificato. Abbiamo ricevuto una telefonata allarmante e siamo qui per assicurarci che Carrie stia bene».

«Non sta bene. Stiamo perdendo tempo», disse Ruth.

Shirley bussò. «Lasciate parlare me».

Ruth scese uno scalino, mettendosi dietro Shirley e accanto a Lillian che, anche se in passato aveva minimizzato la crudeltà di Eli, ora sembrava assolutamente pronta a prestare aiuto.

Shirley suonò il campanello. Niente.

«Carrie?», urlò verso la porta come se fosse un citofono.

Ruth trattenne il respiro mentre restavano in ascolto. Era così che si sentiva, come se l'aria fosse esaurita. Dentro di lei e tutt'intorno.

«Carrie?», ripeté Shirley nel citofono immaginario. «Avevi detto che saresti venuta a pranzo. Non ti sei presentata e ci mancavi. Vogliamo solo sincerarci che tu stia bene».

Nessuna risposta, nessun rumore dall'interno della casa.

Ruth aveva il battito così accelerato da stupirsi che i vicini non fossero stati attirati alle finestre dal frastuono. Avevano forse sentito anche Shirley?

Sua suocera provò la maniglia e, girandosi verso le altre, fece spallucce.

«Non è chiusa a chiave», disse. «Entro».

Harriet le afferrò il braccio. «Sei sicura?»

«Qualcuno deve pur farlo. Potete aspettarmi qui».

«Vengo con te», dichiarò Ruth.

«Anch'io», le fecero eco Lillian e Irene.

Shirley girò il pomolo e spinse il battente. Entrarono e si accalcarono nell'ingresso. La giornata grigia immergeva il piccolo spazio nell'oscurità, ma poi, quando i suoi occhi si abituarono, Ruth ricominciò a vedere chiaramente. Carrie era distesa su un divano verde.

Lì accanto, inginocchiato sul pavimento, con le spalle rivolte verso il gruppo e la testa china, c'era Eli.

Il bruto. La paura di Ruth svanì, sostituita dalla rabbia. Ringhiò. Shirley allungò la mano per trattenerla, ma lei la spinse via. C'era una casa piena di testimoni. Che cosa poteva fare Eli? Potevano denunciarlo alla polizia. Qualcuno avrebbe dovuto ascoltarle.

Ruth lo superò di corsa, avvicinandosi più alla testa di Carrie che ai suoi piedi. La sua amica gemette ed Eli alzò lo sguardo, a bocca aperta.

«Chi siete?», chiese, voltandosi e vedendo le altre.

Un altro gemito da parte di Carrie, ancora più debole del primo.

«Oh, tesoro». Eli le posò la guancia sulla mano. Lei la ritirò, ma lui la afferrò ugualmente, accarezzandola. «Sei caduta», disse. Carrie guardò il marito con gli occhi iniettati di sangue. Ruth si augurò che fossero arrossati solo dal pianto.

Eli alzò lo sguardo verso Ruth. «Sai che è incinta».

«Sì, sappiamo del bambino». Shirley si avvicinò e si mise accanto a Ruth. «La portiamo dal medico».

«No!» Eli si alzò.

Era un uomo piccolo, basso e magro, con i capelli pettinati all'indietro e gli occhiali dalla montatura nera. Sembrava... tranquillo. Innocuo. Era lo stesso uomo che aveva giocato a golf con Asher. Forse aveva persino mangiato o bevuto con lui alla fine della partita. Era l'ultima persona da cui aspettarsi una simile brutalità.

Accorgendosi delle loro occhiate torve, lui abbassò la voce. «Voglio dire, la porto io. Sono suo marito».

Carrie spalancò gli occhi dalle palpebre tremolanti. «Che cosa succede? Perché siete tutte qui?»

«Diccelo tu», rispose Ruth. «Non sei venuta a pranzo, così siamo venute a controllare». Era meglio non dire che sapevano degli abusi, per evitare che Eli avesse qualche sospetto sulla fuga della moglie.

Carrie, confusa, gli lanciò un'occhiata.

«Devo essere caduta». Fissò Ruth. «Sai quanto sono maldestra».

Ruth sapeva che non era affatto vero. Quelle parole erano una richiesta d'aiuto camuffata da rassicurazione. Ruth non l'avrebbe piantata in asso. Annuì ma non disse nulla.

«Grazie per essere passate, signore», disse Eli, garbato e sicuro di sé. Il perfetto vicepreside. A quel punto, Lillian teneva la mano di Carrie e Irene le accarezzava la fronte. «Ma sarò io a prendermi cura di mia moglie», continuò. «Non sono affari vostri».

«Ti sbagli!», sbottò Harriet.

Un bagliore comparve sopra Eli e attraversò l'aria come una stella cadente.

Un tonfo.

Qualcuno o qualcosa l'aveva colpito, ma era successo così rapidamente e la stanza era così poco illuminata che Ruth non avrebbe saputo dire cosa fosse accaduto.

Guardò Eli, che vacillò leggermente, si massaggiò la spalla e si girò, vedendo Harriet con un secchio di metallo in una mano.

Harriet? Harriet aveva colpito Eli? Era stata la più scettica riguardo agli abusi subiti da Carrie. Forse vederli di persona le aveva fatto scattare qualcosa. Un forte senso di ingiustizia. O la consapevolezza che la sua ostilità aveva favorito l'ennesimo episodio di violenza.

«Ma che diavolo?», gridò Eli.

«Lasciala stare». Harriet era pallida, ma appariva calma e determinata.

Ruth si chiese se quello fosse l'aspetto di una persona in stato di shock.

«È mia moglie», ribatté Eli, sprezzante. «Mio figlio». Non era il tipo da farsi da parte in una rissa.

Shirley si raddrizzò, parlando con un tono conciliante. «Appunto. Permettici di aiutare la madre di tuo figlio». Guardò Carrie. «Riesci a stare in piedi?»

La ragazza annuì, anche se ebbe qualche difficoltà ad alzarsi dal divano.

Lillian la aiutò a tirarsi su e Carrie si appoggiò a Ruth.

«Visto?», riprese Shirley. «Sono sicura che sta bene, ma occorre far visitare il bambino. Ogni buon padre lo farebbe, e sono certa che tu lo sei». Era calma, rassicurante, credibile.

Con il braccio intorno a Carrie, Ruth superò Eli e si avviò verso la porta, tenuta aperta da Lillian. Dovevano farla salire in auto, e a quel punto sarebbe stata al sicuro.

Lo sguardo vacuo di Eli poteva manifestare rassegnazione, forse anche remissività, un'espressione con gli occhi sbarrati che avrebbe potuto essere scambiata per paura, se Ruth non avesse avuto una lunga esperienza. Osservò ogni sua mossa mentre procedeva a passi minuscoli, sorreggendo Carrie per il fianco. Eli posò gli occhi sulla moglie e sorrise, anzi sogghignò, raggelando Ruth.

Le puntò contro il dito. «So cosa stai facendo!»

Il suo respiro caldo puzzava di cipolla. Ruth avrebbe voluto tirare indietro il viso, ma si bloccò, non potendo prevedere se avrebbe ripreso a parlare. Non sapeva cosa alimentasse la sua rabbia, cosa la placasse. Si considerava istruita ed esperta, ma il periodo trascorso alla Legal Aid non l'aveva preparata a uno scontro personale.

Shirley fece un passo avanti. «Basta così!»

Eli alzò le braccia e ruggì, più simile a un orso che a un essere umano.

Ruth sapeva soltanto che dovevano andarsene in fretta.

«Ho visto la valigia!», urlò Eli.

«No. Non è come pensi». Carrie si liberò dalla stretta di Ruth, gemendo di dolore a ogni movimento. «Non vado da nessuna parte! Stavo solo mettendo in valigia alcune cose da prestare a Harriet per la luna di miele».

Lui esitò, poi si scagliò contro la moglie. «Bugiarda!»

Shirley fece un passo avanti, bloccandogli la strada e alzando la mano come se stesse fermando il traffico. «Basta così, ho detto».

Eli strinse il pugno e prese lo slancio come per colpirla. Lei non si mosse, restando salda nonostante il pericolo. Appena prima che Eli potesse agire, Carrie allungò le mani, spingendolo come se stesse spostando un masso.

Lui agitò le braccia per non perdere l'equilibrio, ma cadde ugualmente.

Come un albero abbattuto, atterrò sull'anca, sbattendo la testa con un rumore nauseante contro un tavolino di ottone e crollando sul pavimento.

Per quanto le donne volessero neutralizzarlo, non poterono fare a meno di rabbrividire davanti a tanta violenza, tutte tranne Carrie. La sete di vendetta pareva essere diventata così incontrollabile da farle dimenticare le ferite. Fece un passo verso Eli, ma Ruth e Lillian la trattennero. Le donne indietreggiarono quando videro la moquette intorno alla testa dell'uomo inzupparsi di sangue. Una massa rossa e viscosa fuoriusciva da un profondo squarcio, formando una pozzanghera.

La vista raccapricciante sembrò far tornare Carrie in sé. «No! Chiamate un'ambulanza, sta sanguinando».

Il sangue era l'unica cosa che si muoveva sul corpo di Eli.

Shirley si inginocchiò per tastargli il polso e scrollò il capo. Harriet e Irene si allontanarono. Lillian si aggrappò a Carrie per sorreggerla.

«Temo che sia troppo tardi», disse Ruth. Eppure, non sapeva come fosse potuta accadere una cosa simile. Un uomo che fino a pochi istanti prima aveva parlato con loro era morto. La vita l'aveva abbandonato. Ruth voleva che Carrie uscisse e trovava riprovevole il comportamento di Eli... ma la morte... non aveva mai fatto parte del piano.

Guardò le altre. Tutte mostravano varie sfumature di shock e livelli di dolore imprevisto. Ruth non avrebbe saputo dire chi di loro gridasse, chi piagnucolasse, chi sussultasse.

Un minuto prima Eli era una minaccia, quello dopo non lo era più. Ruth era insieme sollevata e scioccata. Avrebbe tenuto per sé quei pensieri e sostenuto Carrie in qualsiasi modo necessario.

«Dobbiamo chiamare la polizia», disse Carrie.

La polizia avrebbe scoperto che aveva commesso un omicidio. *Omicidio colposo*, per essere precisi, ma la ragazza aveva causato la morte del marito mentre cercava di proteggere Shirley.

L'ironia era terribile. Nessuno avrebbe chiamato la polizia perché Eli aveva fatto del male a Carrie. Lei non l'aveva mai permesso. Eppure, era disposta a chiamare la polizia per se stessa. Credeva di essere lei a meritare una punizione.

La sua mente era distorta dai traumi subiti. Ruth non sapeva quale abuso fosse più triste.

Lillian si coprì gli occhi. Irene mise il braccio intorno a Harriet, che emise piccoli versi increduli. La tristezza invase la stanza, strappando loro piccoli frammenti di anima.

«È stato un incidente. Questo è certo», disse Ruth. «Non l'hai fatto apposta, Carrie. L'abbiamo visto tutte. Stava per colpirti, per dare un pugno a Shirley, e tu l'hai fermato». Le donne annuirono, stringendosi di più intorno all'amica.

Shirley girò intorno a Eli, tenendosi a distanza, e prese le mani della ragazza. «Ma dobbiamo concordare bene la nostra versione dei fatti».

Sì, pensò Ruth. *Per proteggere Carrie. Per proteggere queste donne.*

Carrie allungò la mano verso Ruth e si accasciò sul pavimento, trascinandola con sé. Singhiozzando, le inumidì la spalla. Era triste, sollevata o entrambe le cose?

Non importava. *Si era difesa. Aveva protetto il bambino.* Non c'era stata premeditazione. Doveva fuggire per salvare suo figlio da altre percosse. Aveva soltanto cercato di andarsene. Dal punto di vista legale era tutto molto semplice. Quando erano arrivate, Carrie era coperta di segni rossi, quasi priva di sensi. Erano state testimoni della brutalità di Eli. Quell'uomo aveva quasi preso a pugni Shirley.

Eppure…

Ruth sapeva che la legge era raramente dalla parte delle donne. E le cose sarebbero rimaste così finché persone come lei non avessero lottato per cambiarle.

«Sst». Ruth aiutò Carrie a sedersi sul divano. «Andrà tutto bene». Avrebbe voluto crederci per un minuto. Aveva una laurea in giurisprudenza e non aveva ancora idea di cosa fare in quelle circostanze. Guardò la suocera, che le fece un cenno.

«Che cos'è successo prima che arrivassimo?», chiese Ruth a Carrie.

«Questa mattina abbiamo litigato per un motivo stupido. Abbiamo discusso per il nome del bambino e lui mi ha spinta. Ho sbattuto la testa sull'armadietto. In quel momento ho capito che dovevo proteggere il bambino, che dovevo andarmene. Era furioso ed è uscito – è stato allora che ti ho chiamata –, ma deve essere tornato per scusarsi. Ha visto la valigia e me l'ha strappata di mano. Mi ha dato uno spintone. Sono caduta e ho perso i sensi. Eli deve avermi messa sul divano. Ma se mi fosse successo qualcosa dopo la nascita del bambino? Non ci sarebbe stato nessuno a proteggerlo». Carrie abbassò lo sguardo. «Non volevo fargli del male. Non l'avrei mai e poi mai ucciso». Scoppiò a piangere. Lacrime silenziose le scesero sul viso.

Ruth sapeva di non poter capire cosa l'amica stesse passando, ma non comprendeva nemmeno la compassione. Rabbrividì rendendosi conto che se sul pavimento non ci fosse stato Eli, ci sarebbe stata Carrie. Lei doveva pensare a se stessa e al bambino, lasciando che fossero loro a occuparsi del resto.

Shirley si avvicinò a Carrie e le spostò i capelli dal viso. «Mia cara, so che è un momento molto difficile, ma c'è un'alternativa immediata. Vuoi ancora che l'Esther Society ti aiuti ad andartene? Posso fare qualche telefonata e fare in modo che tu parta questa sera».

Ruth le rivolse uno sguardo interrogativo. L'avvocato che era in lei sapeva a quale conclusione sarebbe giunta la polizia. Un caso facile facile. Carrie aveva ucciso il marito e poi era scappata, niente di più. Avrebbero dato per scontata la sua colpevolezza. E Ruth non aveva idea di cosa i vicini avessero visto o sentito, di cosa avrebbero riferito agli inquirenti.

Carrie, con l'espressione spaventata e incerta, spostò lo sguardo da Shirley a Ruth e viceversa. Pronunciò le parole a fatica. «Non... non lo so».

Ruth voleva che l'amica fosse al sicuro e sapeva che le Esther rappresentavano un'opzione logica, ma questo la riempiva di dolore. Se l'Esther Society avesse nascosto Carrie, forse lei non l'avrebbe mai più rivista.

Lillian affiancò Shirley. «Possiamo aiutarti anche a organizzare il funerale e a tornare dai tuoi genitori, oppure a trovare una nuova casa a Philadelphia».

Ruth era stranamente confortata non solo dalla presenza di Lillian, ma anche dal fatto che la donna avesse protocolli e regole capaci di creare ordine nel caos.

«A te la scelta», disse Shirley a Carrie. «Noi siamo qui per stare al tuo fianco, per tenerti al sicuro e per custodire i tuoi segreti, qualunque cosa accada».

«Mi serve tempo... questo è troppo».

Shirley annuì, ma sembrava preoccupata mentre controllava l'orologio.

Ruth entrò in azione. Indicò Lillian. «Intanto ti dispiace disfare la valigia e sistemare ogni cosa meglio che puoi? Non vogliamo dare l'impressione che volesse partire».

Poi, a Harriet: «Quel secchio deve tornare dove l'hai trovato. Stava piovendo, perciò se hai rovesciato dell'acqua, rimettine dentro un po'».

Lillian annuì.

«Irene, puoi fare il caffè e versarcene una tazza ciascuna? Dobbiamo bere assicurandoci di lasciare delle impronte di rossetto. Vogliamo dare l'idea di esserci sedute intorno al tavolo, con tanto di briciole e tutto il resto», riprese Shirley.

Ruth era grata di poter contare sulla suocera e sulla sua saggezza. I dettagli erano fondamentali. Le ragazze corsero a svolgere i loro compiti e Shirley si accovacciò accanto a Carrie e Ruth. Avevano delle cose di cui discutere, ma prima occorreva calmare Carrie.

Quando Lillian, Irene e Harriet tornarono in salotto qualche minuto dopo, Ruth alzò lo sguardo. Shirley, seduta accanto a Carrie, le teneva la mano. «Chiamerò la polizia per denunciare un terribile incidente», disse Ruth.

Gli altri la guardarono, meravigliate e confuse. «Quando ce lo chiederanno, diremo che eravamo in cucina a bere un caffè e a chiacchierare quando abbiamo sentito un tonfo», proseguì Ruth.

«Un incidente?» Carrie pareva ancora stordita.

«Eli deve essere tornato a casa per prendere qualcosa – non lo aspettavi – ed è inciampato», chiarì Ruth.

Shirley le diede manforte. «È stato solo un terribile incidente. Non è colpa di nessuno. Avete capito tutte?»

«Non dovremmo chiamare anche un'ambulanza?», domandò Carrie.

«È troppo tardi per aiutarlo, ma hai ragione», disse Ruth. «Renderà più credibile la nostra storia».

Carrie si coprì il viso con le mani. «Non può più farmi del male?» Le parole erano intervallate da singhiozzi increduli. «Non può fare del male al bambino?»

Ruth la abbracciò. «Esatto».

Le quattro donne si presero per mano, formando un semicerchio protettivo intorno a Carrie.

«Ma l'ho spinto», sussurrò lei.

Le ragazze guardarono Ruth. «Sst», disse. «No, non è vero. È inciampato».

Sapeva che Carrie non avrebbe avuto alcuna possibilità se non si fossero attenute tutte a quella versione.

Lillian sollevò il mento della ragazza, costringendola a guardarla negli occhi. «Ascolta, eri in cucina a prendere il caffè con le tue amiche. Eli è caduto e ha sbattuto la testa prima ancora che ci accorgessimo che era in casa. Ricordi?»

Sembrava che Carrie non sapesse cosa dire.

«Mi senti?» Il tono di Lillian era calmo e deciso. L'esperta di etichetta stava stabilendo nuove regole, un nuovo ordine mondiale. Per il loro piccolo universo, almeno.

Carrie esitò, poi annuì leggermente. L'altra inclinò la testa. La ragazza ripeté il cenno con più vigore e più determinazione.

Ruth alzò il ricevitore e chiamò il numero di emergenza, incrociando le dita dietro la schiena perché le altre non la vedessero. Pregò che riuscissero a essere forti. Avrebbero avuto bisogno di tutto l'aiuto possibile.

C'erano diversi tipi di giustizia, si rese conto.

31

LILLIAN

Lillian non aveva esperienza con la polizia, perciò sedeva in salotto, torcendosi le mani, aspettando di essere interrogata e sperando che la sua angoscia bastasse per convincere gli agenti della loro storia. Finché non l'avessero portata in cucina per un interrogatorio ufficiale, sarebbe rimasta in silenzio.

L'ironia del silenzio elettivo non le sfuggiva.

Aveva fatto uno sforzo per parlare con Peter e le ragazze. Aveva faticato a esprimersi riguardo ai suoi genitori. Ora aveva scelto di tacere su quanto era accaduto a Carrie e poi a Eli.

Forse era quella la differenza. La scelta.

Lillian credeva di aver scelto il ruolo di casalinga forte e taciturna. In realtà non aveva cercato nient'altro, nessun altro modo di essere. Le era sembrata la situazione ideale.

Aveva trovato degli schemi facili da seguire, finché non si era resa conto di vivere meccanicamente e si era ritrovata trascurata e sottovalutata.

Non era tutta colpa di Peter. Era stata lei a permetterlo. Aveva rinunciato alle sue scelte perché non aveva mai capito di averne. Carrie aveva ceduto le proprie a un uomo che si era rivelato violento. Lo stesso era successo ad Anna.

Quelle donne non avevano mai sospettato che gli uomini di cui erano innamorate avrebbero fatto loro del male.

Lillian invece aveva più scelta di quanta immaginasse proprio *grazie* a chi aveva sposato. Ora doveva fidarsi di se stessa e dell'amore di Peter e diventare la donna e la madre che voleva essere.

Osservò i vigili del fuoco che si muovevano ordinatamente per la casa. Avevano già fatto cose di quel genere. Avevano un protocollo da seguire. Lillian e le sue amiche non avevano regole analoghe che le guidassero in una situazione di quel tipo, ma almeno avevano il sostegno reciproco.

Le donne reali non erano una catena di bambole di carta, come qualcuno avrebbe voluto far credere. Ciascuna era diversa, speciale, unica, a prescindere che fosse nei guai o che, come Lillian, stesse cercando la sua strada. Doveva esserci un modo per proteggere le Carrie e le Anna del mondo, per proteggere i loro figli, come la piccola Lillian e il bambino di Carrie.

I vigili del fuoco trasferirono il corpo di Eli sulla strada, passando davanti ai vicini curiosi. Se non altro la pioggia era cessata.

Non appena il cadavere fu rimosso, Lillian tirò un sospiro di sollievo. Grazie al cielo l'avevano portato via. Si sentì in dovere di aprire la finestra, lasciando che il freddo malinconico dell'aria umida purificasse la stanza. Per un momento, la brutale verità dei fatti fu spazzata via da una leggera brezza. Le conseguenze, e forse gli incubi, sarebbero arrivati dopo, ma per ora occorreva respirare.

La polizia aveva condotto le altre in cucina a una a una per interrogarle. Fino a quell'istante, tutte, compresa Carrie, erano state accompagnate in giardino dopo aver risposto alle domande. Nessuna era stata arrestata, perciò Lillian poteva sperare che si fossero attenute al piano di Ruth e che stesse funzionando. A meno che la polizia non avesse altri assi nella manica.

«Lillian Diamond?», chiese l'agente, anche se era l'unica rimasta.

Il detective indicò una sedia della cucina e Lillian si accomodò. Sapeva di essere forte, di saper rigare dritto quando necessario, ma non aveva mai affrontato una sfida di quel genere. Non si era mai ritrovata coinvolta in un omicidio. Era un'esperta della verità, sapeva nasconderla, dirla, rivelarla solo a metà, a seconda delle circostanze. In quel momento stava per affrontare la prova definitiva della sua grazia. Non avrebbe fatto una gaffe dicendo la verità sbagliata. Nel caso di Carrie, la verità *tutta intera* le avrebbe messe a rischio. I dettagli sulla morte di Eli sarebbero rimasti segreti, a meno che Lillian non avesse ceduto.

Il peso di quanto era successo e la domanda su cosa sarebbe accaduto dopo le gravavano sul petto.

Il poliziotto andò subito al sodo. «Signora Diamond, quando si è accorta che il signor Blum era in casa?»

Mentre Lillian faceva un respiro, era certa di una cosa: *Carrie stava meglio senza Eli*. Tenendo in mano la bilancia della giustizia, non avrebbe messo a repentaglio il futuro della ragazza o delle altre donne del gruppo dicendo la verità. Lo doveva a sua madre.

Quando ebbe finito, uscì in giardino e trovò le Diamond Girls che bisbigliavano in un angolo. Si avvicinò a Shirley e accennò a Carrie.

«Che cosa succederà adesso?», sussurrò. «Non può restare qui».

Shirley lanciò un'occhiata a Carrie e poi a Lillian. «In realtà, la aiuteremo ad andare ovunque voglia. Il nostro compito è portarla in un posto sicuro e, tecnicamente, l'abbiamo fatto».

«Non possiamo abbandonarla a se stessa!», esclamò Lillian con un inaspettato impeto materno, e dall'espressione di Shirley capì di averla sorpresa. Non le importava. «Dobbiamo cambiare marcia e condurre Carrie verso una nuova vita». L'avrebbe fatto personalmente, se fosse stato necessario. Forse la ragazza era fisicamente al sicuro da Eli, ma le ripercussioni mentali ed emotive di quanto era accaduto erano evidenti nello sguardo fisso dei suoi occhi cerchiati di rosso.

«Scopriamo cosa vuole», disse Lillian. «Suppongo che nessuno glielo chieda da molto tempo».

Shirley sorrise.

Nel tardo pomeriggio, la pioggia era cessata e il sole faceva capolino da dietro alcune nuvole alte. In macchina, Lillian ignorò la tentazione di accendere la radio e optò per il silenzio mentre accompagnavano Carrie alla stazione degli autobus in centro. Guardò la ragazza sul sedile del passeggero, con la testa girata e lo sguardo puntato fuori dal finestrino. *Grazie a Dio era al sicuro.* Non c'era da sorprendersi che fosse sconfortata: aveva appena perso il marito. Ma anche Ruth, Irene e Harriet sul sedile posteriore erano insolitamente taciturne.

Lillian capiva perché Carrie volesse tornare a casa ad Atlantic City, ma non aveva senso che non volesse telefonare alla sua famiglia per avvisare del suo arrivo.

«Glielo dirò di persona», aveva spiegato prima che lasciassero Wynnefield. «Sarà difficile per loro accettare la morte di Eli, per non parlare di tutto il resto».

«Ma hai intenzione di dire loro che razza di uomo era?», chiese Ruth.

Carrie alzò le spalle. «Può darsi che vogliano sapere perché non sto organizzando il funerale. Dirò loro che lo farà sua sorella perché io sono troppo sconvolta». Un'altra scrollata di spalle.

Leggendo l'incertezza nei suoi occhi bassi, Lillian credette di indovinare i suoi pensieri. Temeva che le dessero la colpa o che non le credessero, come i suoi nonni avevano fatto con Anna.

Scosse la testa per dissipare il ricordo. Le dispiaceva che Carrie fosse stata in pericolo, ma allo stesso tempo era contenta che le donne fossero intervenute per aiutarla. Per la prima volta dopo tanto tempo si era sentita parte di qualcosa di importante, di più grande di lei. Senza dire molto, aveva usato la voce e chiarito a se stessa e agli altri cosa era indispensabile per lei: la sicurezza e la serenità delle sue amiche.

La felicità aveva assunto un nuovo significato. Era molto più sfaccettata delle rigide regole contenute in un manuale.

Quando raggiunsero il deposito degli autobus, accostò. Ruth, Irene e Harriet scesero e tirarono fuori le due valigie. Quando Lillian fece per smontare, Carrie rimase al suo posto e si girò verso di lei.

«Grazie di tutto».

«Non è solo merito mio», replicò Lillian. «Non c'è di che, comunque».

«Per le lezioni di etichetta, intendo. Senza, non vi avrei mai conosciute. Non avrei avuto nessuno a cui rivolgermi. Perciò grazie per avermi accolta, per avermi dato degli insegnamenti».

«Non è niente di che».

Carrie le toccò la mano. «Oh, ti sbagli. Mi hai insegnato a fidarmi delle amiche e mi hai ricordato cosa significa divertirsi».

Divertirsi? «Non credo...»

«Oh, so che non era questo l'obiettivo».

Ma perché no?, pensò Lillian. *Non è forse questa la ragione per cui si studia l'etichetta? Per essere aggraziate e gentili, per godersi la vita e la compagnia reciproca?* «Avrebbe dovuto essere l'unico». D'un tratto si sentì mortificata.

«È stata una delle prime cose che ci hai detto, che avremmo scoperto chi sono le nostre amiche. E io l'ho fatto. Hai mantenuto la promessa». Carrie le strinse la mano.

Lillian soffocò un singhiozzo e ricambiò la stretta, e Carrie scese e si tuffò tra le braccia delle altre. Lillian aveva fatto qualcosa di buono con quelle lezioni, forse senza rendersene conto. Aveva creato un legame tra le ragazze, e anche con lei e con Shirley. Erano le persone giuste al momento giusto e le lezioni, finalizzate a insegnare il decoro e la grazia sociale, avevano trasmesso loro compassione e coraggio.

Per molti versi, doveva ringraziare Ruth anche per quello. Le sue domande sfrontate le avevano trasformate in donne più coraggiose.

Tutte piansero mentre guardavano Carrie allontanarsi con le valigie. Lacrime di tristezza e di speranza per una vita migliore.

Quando tornarono in macchina, Lillian si stupì che fosse Harriet a scivolare sul sedile del passeggero. Forse il suo cambiamento era quello di cui doveva andare più fiera. Non per la persona che era o per come si era comportata, ma per l'entità della trasformazione che aveva dovuto subire e per come, al momento opportuno, si fosse battuta per ciò che era giusto.

Lillian ascoltò le altre che chiacchieravano su come avrebbero mantenuto i contatti con Carrie: progetti ambiziosi di scrivere lettere, far visita al bambino, passare bei momenti sulla spiaggia. Questo le rammentò quanto fossero giovani. Neanche un accenno al lutto di Carrie. Nessuno parlò di come sarebbe stato per lei essere vedova, crescere un figlio da sola, provare a mantenere la famiglia con un solo reddito, pagando al tempo stesso la retta dell'asilo.

Ora che Eli non c'era più, Carrie non avrebbe più dovuto aver paura dei maltrattamenti, ma avrebbe comunque avuto una vita difficile. Ogni volta che avesse guardato il bambino, avrebbe ripensato a Eli e a come era morto, tornando con il pensiero al male che le aveva fatto e che avrebbe potuto fare al piccolo.

Carrie doveva voltare pagina. Doveva guarire. Non sarebbe stato facile. I ricordi di Wynnefield avrebbero potuto tenerla ancorata al passato.

In realtà era improbabile che le ragazze rivedessero la loro amica, ma non spettava a Lillian sottolinearlo. Avrebbe lasciato che se ne rendessero conto con il tempo.

Quando fermò la macchina davanti alla casa degli Appelbaum, Shirley stava aspettando sul patio. Era quasi ora di cena, perciò Lillian doveva rientrare al più presto. Alcune cose non cambiavano mai e, a essere sincera, non voleva che lo facessero.

Da allora in poi voleva concludere ogni giornata mangiando con Peter e le loro figlie. Avrebbe continuato a lavorare con lui sulle dinamiche sociali e sulla divisione dei compiti. *Esprimere le proprie opinioni?* Be', ci sarebbe voluta un po' di pratica, ed era sicura che la stessa cosa valesse anche per la capacità di ascolto.

Non importava. Erano una famiglia.

Quando le Diamond Girls scesero dall'auto, Shirley le riunì in un gruppetto e fece cenno a Lillian di avvicinarsi.

Carrie aveva ragione. Lillian sapeva chi erano le sue amiche. Sentì l'orgoglio che le gonfiava il petto quando ri-

conobbe il proprio ruolo nella creazione di quei rapporti.
«So che dovete tornare a casa», esordì Shirley. «Volevo solo ringraziarvi per aver messo al sicuro Carrie e il bambino».

«Non è esattamente quello che l'Esther Society aveva in mente», disse Ruth, togliendo le parole di bocca a Lillian. Pur essendo addolorata per Carrie, Lillian era contenta di sapere dove avrebbe vissuto la ragazza e di poterla immaginare sulla spiaggia, sullo Steel Pier, mentre spingeva la carrozzina sul lungomare.

«Era questo lo scopo, no?», osservò Irene.

«Il semplice fatto che non sia mai successo prima non significa che avremmo dovuto agire diversamente». Lillian si sentiva in dovere di metterle tutte a loro agio. Era una sua caratteristica.

«Chi dice che non è mai successo prima?», domandò Shirley.

Lillian rimase a bocca aperta. Quando guardò le altre, vide che erano sbalordite quanto lei.

«Irene ha ragione. L'importante è che la nostra amica sia fuori pericolo», disse Harriet.

Harriet. Lillian non si sarebbe mai aspettata quella risposta da lei. Sì, era davvero cresciuta. «Non racconterai a nessuno cos'è accaduto?», le domandò.

L'altra scrollò il capo, facendo un'espressione innocente. «Raccontare cosa?»

Una volta in macchina, Lillian abbassò il finestrino. Shirley e Ruth erano ancora fuori, ma stavano rientrando. «Shirley», chiamò Lillian.

Le altre due parvero non sentirla. Lei invece sentiva loro.

«Mamma», disse Ruth a Shirley, «credi che potremmo mangiare una torta di mele come dessert?»

Lillian non riusciva a vedere il viso della sua amica, ma era abbastanza sicura che sulle sue labbra ci fosse un gran sorriso.

32

RUTH

Ruth entrò prima di Shirley. Forse per la prima volta, si sentì ben accetta in quella casa, in quella famiglia. Finalmente credeva che la suocera la considerasse degna di quanto quel luogo e quelle persone avevano da offrire.

«Ti aiuto a preparare la cena». Si girò verso Shirley. Sarebbe rimasta sveglia fino a tardi per studiare, ma ora doveva essere una brava nuora.

«Neanche per sogno», protestò l'altra.

Ruth la fissò.

«Non guardarmi così», disse Shirley. «Voglio che tu vada di sopra a studiare».

Dopo averle dato un bacio sulla guancia, Ruth salì i primi due gradini e poi si mise a correre, quindi si voltò sul pianerottolo, facendole ciao quando ricordò che sua suocera non voleva che corresse in casa.

«Vai!» Shirley ricambiò il gesto, dandole il permesso.

Ruth avrebbe sfruttato quel tempo prezioso per accoccolarsi sulla panca sotto la finestra con un libro.

Quando aprì la porta del sottotetto però, trovò Asher seduto sul pavimento.

Lui alzò lo sguardo. «Oh, accidenti».

«Non è esattamente il saluto che mi sarei aspettata», disse Ruth.

«Volevo che fosse una sorpresa». Asher spostò lo sguardo verso l'angolo della stanza e Ruth lo imitò, vedendo una scrivania di legno con le gambe curve e intagli a forma di voluta.

Era *perfetta*.

Lanciò un'occhiata al marito. *Certo che lo era. Proprio come loro due.*

Si avvicinò e fece scorrere le dita sul ripiano come per controllare se fosse impolverato, anche se sicuramente non lo era.

«Come hai fatto?»

«Mia madre voleva che venisse consegnata quando c'erano le tue amiche, ma mi ha chiamato qualche ora fa per dirmi che non saresti stata a casa. Così il papà mi ha riportato qui in anticipo per ritirare la consegna».

Aprendo il cassetto centrale, vide una pila di bloc-notes e almeno una decina di matite gialle temperate. Lo richiuse.

Aveva un groppo in gola.

Quell'uomo la conosceva e meritava la sua fiducia.

Ruth andò verso il letto e si sedette sulla trapunta; quindi, diede un colpetto allo spazio accanto a sé.

Asher la accontentò, scivolando nella sua direzione.

«Voglio raccontarti cosa sta succedendo», disse Ruth.

Asher le diede un bacio sulla testa, poi si tirò indietro e la guardò negli occhi.

Il suo viso era l'unica cosa che lei riusciva a vedere.

«Ora e sempre», disse Asher. «Ti ascolto».

Epilogo
RUTH

Contea di Montgomery, Pennsylvania
Tribunale dei minori
Aprile 2005

«Tutti in piedi. Entra la Corte. Presiede il giudice Ruth Cohen-Appelbaum».

La voce dell'usciere era il segnale che Ruth doveva entrare in aula. Dopo ventidue anni di carriera, quelle parole la imbarazzavano ancora, ma mai come quel giorno, quando la classe di educazione civica di sua nipote occupava la maggior parte della sala. Si lanciò un'occhiata alla punta delle scarpe nere, sollevò l'orlo della toga per evitare di inciampare nei gradini e salì sullo scranno.

Dopo essersi seduta, aspettò che tutti la imitassero, poi richiamò l'aula all'ordine.

Ogni giorno, quando le persone si alzavano e si sedevano al suo ingresso, lo stesso pensiero le attraversava la mente: *Se solo avessi avuto questa influenza sui miei quattro figli quando erano piccoli!*

Fece un cenno agli occupanti del tavolo dell'attore, poi scrutò l'aula in cerca della nipote Jenna. La trovò seduta accanto a Shirley, che, pur avendo superato la novantina, aveva insistito per accompagnare la pronipote, a ulteriore riprova della teoria secondo cui le donne Appelbaum erano forze della natura.

Qualcosa la colpì negli occhioni azzurri di Jenna che la fissavano solennemente. Quegli occhi la guardavano da diciassette anni, ma l'espressione di quel giorno esprimeva una nuova stima.

Sua nonna era il giudice.

La dicotomia parve strana anche a Ruth.

Da quando Jenna era nata, lei era sia una *bubbe* sia un giudice ma, in sua presenza, mai entrambe le cose nello stesso momento.

Si schiarì la gola e abbassò gli occhi sui fascicoli. Assegnazioni di eredità, una richiesta di tutela, un'adozione. Qualche altra cosa ma, tutto sommato, una serie di cause facili. Si sentì sollevata. Aveva sentito dire che, alle sue spalle, la chiamavano «Appelbaum la Perfida». Quel giorno, però, non avrebbe dato agli altri alcuna ragione per sussurrare cose simili nei corridoi, dove la nipote avrebbe potuto udirli e restarci male.

In realtà, Ruth non considerava quel soprannome un insulto, bensì un motivo di vanto dopo tutto ciò che aveva visto e fatto.

Pur non avendo mai più rincontrato Carrie Blum e pensandoci raramente, sapeva che il tempo trascorso con l'amica le si era insinuato sotto la pelle, diventando parte di lei e guidando le sue azioni negli ultimi quarant'anni. I ricordi di quel periodo si erano affievoliti a poco a poco nella sua mente, sostituiti dai figli, dal lavoro e dalla quotidianità, ma Carrie era sempre lì, nello squarcio che si era aperto nella sua anima quel giorno. Come un dolore che aveva imparato a sopportare e a ignorare.

La mattinata si svolse senza incidenti. Jenna sorrideva a ogni decisione:

Soldi per gli insegnanti privati.

Soldi per il campo estivo.

Concessione della tutela.

Adozione definitiva per un bambino in affido.

Certe volte Ruth rimpiangeva i tempi in cui era stata una giovane avvocata piena di grinta. Aveva contribuito a fondare la Philadelphia Legal Assistance, un gruppo di volontari che aiutavano le persone a districarsi tra moduli per la custodia, valutazioni di salute mentale e la raccolta di informazioni sui reati contro i minori. Irene aveva fatto parte dell'organizzazione finché non aveva divorziato da Stephen e si era trasferita a Cherry Hill. L'ultima volta che Ruth aveva ricevuto sue notizie, la donna aveva sposato un medico e aveva avuto un altro bambino.

Jenna e i suoi compagni erano giovanissimi, con tutta la vita davanti. La ragazza aveva fatto picchetti contro la guerra in Iraq e marciato su Washington con sua madre Trudy. Voleva diventare un'avvocata da quando aveva scoperto che la stessa *bubbe* che faceva i poncho all'uncinetto per le sue bambole dettava anche le regole da seguire per altre persone, tutti perfetti sconosciuti.

«E devono fare tutto quello che dice *bubbe*?», aveva chiesto Jenna alla madre un mese prima, pensando che Ruth le avesse raccontato una frottola.

«Altrimenti finiscono in prigione», aveva risposto Trudy.

Ruth ridacchiò tra sé a quel ricordo. La sua professione non aveva mai fatto alcun effetto a Trudy, che fin dall'adolescenza aveva deciso di non voler seguire le orme di nessuno dei due genitori, tenendosi lontana sia dalla giurisprudenza sia dalla contabilità. Ruth aveva approvato totalmente le sue scelte. Inoltre, avere una figlia dentista non era affatto male.

Quando la Corte sospese i lavori per il pranzo, la classe si spostò nell'ufficio di Ruth per vedere dove lavorasse un giudice. Non appena entrarono, molte mani si alzarono nell'aria.

«Abbiamo alcune domande, Vostro Onore», disse l'insegnante. «Se non è un problema».

«Niente affatto». Ruth indicò una ragazza sul fondo, che stava in disparte rispetto a Jenna e alle sue amiche spavalde.

«In che anno è diventata avvocato?», chiese.

Ruth sorrise. *Fatti.* Amava i fatti. «Ho superato l'esame di abilitazione nel 1963». Fece l'occhiolino a Shirley, che era rimasta in silenzio nell'angolo, ma aveva l'orgoglio scritto a chiare lettere sul viso.

«Secondo Internet, ha dedicato la sua carriera ad aiutare le famiglie».

Avevano fatto ricerche su di lei in rete. Doveva ricordarsi di chiedere a sua nipote cosa avessero trovato. La sua vita non era certo un segreto, ma non aveva mai verificato quei dettagli. «È vero».

«Perché?», continuò la ragazza. «Perché diventare quel tipo di avvocato?»

Jenna si girò verso di lei, rimbeccandola: «Perché voleva aiutare le persone, naturalmente». Sbuffò e alzò gli occhi al cielo, come se fosse assurdo mettere in dubbio le motivazioni di un giudice. Asher aveva sempre detto che Jenna aveva il coraggio di Ruth, la sua determinazione. E anche la sua testardaggine.

«È vero», confermò Ruth. «E all'epoca era considerato più accettabile per un avvocato donna». Era innegabile, anche se erano state le storie di Shirley e Carrie a spingerla definitivamente sulla strada del diritto di famiglia. Decise di non condividere i dettagli. Non ancora. Una vita passata a fare del bene agli altri non avrebbe mai risarcito le donne e i bambini che la società non era riuscita a proteggere, e certi giorni preferiva non pensarci.

Jenna e i suoi compagni stavano per tornare a scuola, ma qualcosa continuava a tormentarla. Si domandò quanti di quegli adolescenti avessero già subìto qualche forma di abuso in famiglia, e se sapessero che c'erano persone disposte ad ascoltarli.

Se fossero consapevoli di non essere loro i responsabili dei maltrattamenti.

Si chiese se le cose fossero cambiate davvero, se le donne e i bambini si sentissero abbastanza al sicuro da svelare i segreti di famiglia quando questi ultimi mettevano a rischio la loro incolumità, il loro futuro.

Guardò i ragazzini lì davanti. C'era qualcuno in quella classe che doveva essere informato della possibilità di chiedere aiuto? In seguito, avrebbe domandato a Jenna se l'insegnante avesse distribuito un elenco di indirizzi e numeri di telefono per adolescenti in pericolo.

Dopo l'uscita degli studenti, Ruth aveva ancora un'ora prima di riprendere le udienze. Abbastanza per sbrigare una piccola commissione. Comprò un mazzo di fiori al mercato e camminò per due isolati fino a The Peabody, il condominio più elegante del quartiere.

Premette il pulsante nero del citofono.

«Sì?»

«Sono Ruth». Quando la serratura scattò, firmò il registro alla reception e si diresse verso l'ascensore. Una volta raggiunto l'ultimo piano, si sistemò i capelli, espirò ed entrò nell'atrio di Lillian.

Si domandava spesso se l'amica sentisse la mancanza della grande casa e del giardino che aveva un tempo, ma dopo che Sunny era morta, che Pammie era andata a vivere con la sua famiglia e che Penny si era trasferita a New York con la sua compagna, Lillian aveva deciso che un appartamento di lusso era un luogo più gestibile per trascorrere la vecchiaia, soprattutto ora che Peter si stava sottoponendo alla chemioterapia.

«A cosa dobbiamo questo onore, Vostro Onore?»

Ruth si stupì di sentire la voce di Harriet e di vedere che c'era anche lei, con indosso una tenuta da golf rosa e verde. Se per Ruth non fosse stato un giorno feriale, probabilmente Harriet le avrebbe dato un cacciavite e l'avrebbe messa al lavoro.

Quel pomeriggio, però, si accontentò di abbracciarla. Ruth gliene fu grata, perché ultimamente quel genere di gesti affettuosi era merce rara.

«Avevo un'ora libera e ho pensato di passare a trovare la nostra ragazza», spiegò mentre si dirigevano verso la cucina, dove Lillian le stava già versando una tazza di caffè. Ruth le porse i fiori.

«Sono bellissimi, grazie». Lillian era impeccabile come sempre, anche se il cancro alla prostata di Peter aveva lasciato il segno, incidendole una ragnatela di rughe sul viso. Harriet prese i fiori e un vaso.

«Oggi non doveva venire in tribunale la classe di Jenna? Com'è andata?», domandò Lillian.

«Bene. La mamma li ha accompagnati e sono abbastanza sicura che Jenna abbia ricevuto una lezione di storia sui diritti delle donne mentre tornava a casa. È filato tutto liscio finché una ragazza non mi ha chiesto perché avessi optato per il diritto di famiglia. Da allora non penso ad altro che a dire la verità, tutta la verità, nient'altro che la verità».

«Che cosa hai risposto?», volle sapere Lillian.

«Quello che dico sempre. Che all'epoca era più facile per una donna specializzarsi nel diritto di famiglia, se mai riusciva a trovare un lavoro in campo legale».

«Non è una bugia», osservò Harriet.

«Una parte di me si sente in dovere di raccontare a Jenna tutta la storia, affinché le giovani capiscano qual è la posta in gioco, affinché altre donne sappiano che non sono sole e che possono chiedere aiuto, che non meritano di essere incolpate o coperte di vergogna».

«Non devi sentirti in dovere di fare nulla». Lillian sistemò i fiori nel vaso. «E oggigiorno l'Esther Society è famosa per i suoi rifugi. Jenna, però, potrebbe essere interessata a sapere quanto le cose fossero diverse in passato. Ti vorrà ancora più bene quando scoprirà tutto quello che hai fatto».

«Tutto quello che *abbiamo* fatto», la corresse Ruth. «Tuttavia dobbiamo considerare Carrie».

«Se preferisci, non menzionarla, oppure cambia i nomi delle persone per proteggere gli innocenti. Non è così che funziona?», suggerì Lillian.

«Penso che sarebbe bello raccontare finalmente tutta la storia».

«Allora fallo», la incoraggiò Harriet. «Descriviti pure come la più intelligente. Ma dipingi me come la più carina».

«Io voglio essere la più raffinata», aggiunse Lillian.

Ruth rise. «Affare fatto».

Ringraziamenti e nota dell'autrice

Mentre scrivevo questo libro, ascoltavo spesso i più grandi successi di James Taylor, anche se nel mondo dei miei personaggi sarebbero passati anni prima che i suoi dischi uscissero e diventassero popolari. Avevo la sensazione di avere una sfera di cristallo e di conoscere la colonna sonora del futuro delle mie protagoniste.

È perlopiù così che mi sono sentita durante la stesura del romanzo, che si svolge prima della pubblicazione della *Mistica della femminilità* di Betty Friedan, prima del movimento di liberazione della donna o della seconda ondata di femminismo e molto prima di #MeToo. Ho dovuto trattenermi dal dare alle donne del libro troppe speranze o intuizioni. A volte è stato difficile far finta di non conoscere gli eventi che avrebbero cambiato loro la vita: gli assassinii di John F. Kennedy, Martin Luther King junior e Robert Kennedy, il movimento per i diritti civili, Woodstock, le minigonne, lo sbarco sulla Luna. Mi sono sforzata di rimanere ancorata al mondo del 1962, dove le mie opinioni e le mie conoscenze attuali erano irrilevanti. È stato un duro colpo per il mio ego ma, mentre scrivevo, *io* ho smesso di essere importante.

Scrivere dal punto di vista di Ruth mi ha dato qualche momento di respiro. È la mia ribelle a tratti riluttante, la mia pensatrice sempre un passo avanti, in parte liberamente ispirata alla giovinezza del giudice Ruth Bader Ginsburg. Che il suo ricordo sia una benedizione.

Di tanto in tanto mi dispiaceva per Lillian, e avrei voluto scuotere la sua sensibilità fino a conferirle elementi del decennio successivo. Shirley ha preso vita come una figura matriarcale protettiva, audace e talvolta malaccorta, ancora aggrappata agli appuntamenti settimanali al salone di bellezza.

Non ho avuto la minima difficoltà, invece, a immaginare Wynnefield, un vero quartiere di West Philadelphia che riempiva la collezione di fotografie e filmati amatoriali della mia nonna paterna, Mildred Nathan, ora archiviati nel Cloud. La famiglia di mio padre viveva tutta a Wynnefield – in Peach Street e Columbia Avenue, dove i miei nonni hanno abitato finché io non ho compiuto cinque anni –, non lontano da dove i lettori incontrano per la prima volta Lillian e le Diamond Girls, ma in una piccola casa a schiera. I miei genitori mi hanno accompagnata su e giù (la zona è piuttosto collinosa) e nei dintorni di Wynnefield, raccontandomi episodi del passato e indicandomi ciò che era esistito un tempo. Anche la zia Linda ha condiviso i suoi ricordi e risposto alle mie domande. Senza il loro aiuto, l'ambientazione non sarebbe stata così vivida.

Qualche fatto curioso: mio padre ha frequentato l'Overbrook High School nello stesso periodo di Wilt Chamberlain, ma prima di Will Smith. Wynnefield è il quartiere di West Philadelphia di cui Smith rappava negli anni Novanta.

La storia e la struttura di questo libro sono state fortemente influenzate dalle intuizioni di Danielle Egan-Miller, Jodi Warshaw, Danielle Marshall e Tiffany Yates Martin, le stelle del mio universo editoriale. Senza di loro non sarei qui.

Poi c'è il mio proverbiale villaggio.Vorrei battere virtualmente il cinque con Sherrie Agre, Julie Artz, Sheila Athens,

Kim Brock, Susan Brownmiller, Mark Cameron, Emily Carpenter, Gabriella Dumpit, Carole e Ray Farley, Joan Fernandez, Mary Beth Gale, Susan Gloss, Kelly Harms, Kelly Hartog, Ashley Hasty, Fern Katz, Janna Leadbetter, Miriam Lichtenberg, Kathryn Mariani, Carolyn McGill, la dottoressa Pamela Nadell, Renée Rosen, Ellie Roth, Renee San Giacomo, Judith Soslowsky, Pamela Toler e Nancy Yaeger. Rispetto e gratitudine profondi per Priya Gill, che è stata la mia fata madrina dei fogli elettronici.

Manny Katz, mi è mancato il tuo contributo.

Un fortissimo abbraccio alla squadra dei sogni di qualsiasi scrittore: Michele Montgomery, Priya Gill e Gabi Coatsworth, che mi hanno dato a una mano a rimettermi in sesto quando cadevo nello sconforto.

Un ringraziamento particolarmente affettuoso a mio fratello, David Nathan, che mi ha aiutata con quasi tutto il resto per permettermi di scrivere il libro.

Alle mie affascinanti amiche Natasha, Oksana e Katarina: grazie per il sostegno quotidiano, per le chiacchierate settimanali e, soprattutto, per le chiavi del nostro magico bungalow della scrittura. Sono riconoscente per le migliaia di e-mail motivazionali che ho scambiato con Pamela Toler e per la nostra lunga e speciale amicizia.

Un grazie alla famiglia di Early Bird Writing – le due Pamela, Virginia, Nancy, Joan, Catherine, Stephanie, Della, Priya, Heather e Sheila – e agli scrittori del WFWA Zoom Writing Date – voi sapete chi siete –, che hanno reso la pandemia un po' più sopportabile. Soprattutto tu, Michele Montgomery.

Curmudgeon Book Club, grazie per avermi ricordato che sono anche una lettrice.

Ai Tall Poppy Writers, al WFWA Historical Fiction Group e ai Lake Union Authors, il vostro sostegno è impareggiabile.

Ai miei lettori, grazie a tutti per le e-mail, le recensioni, le parole gentili, l'incoraggiamento e il sostegno sui social. Quando scrivo, vi tengo tutti nel mio cuore, che per fortuna si sta facendo un po' affollato.

Un ringraziamento speciale ai miei figli, Zachary, Chloe e Taylor che, pur essendo adulti, mi permettono ancora di far loro da genitore. Sono grata che di tanto in tanto invertano i ruoli, perché sono molto più saggi di me.

Infine, dopo aver cresciuto per trent'anni cani favolosi, ho adottato un bellissimo gatto grigio di nome Riggins. Compagno ideale durante la pandemia, è la star del mio Instagram e il felino più dolce del mondo.

Se volete spedirmi del cioccolato mentre scrivo il prossimo romanzo, fatemelo sapere.

Finito di stampare nel mese di giugno 2024 presso
Grafica Veneta – via Malcanton 2 – Trebaseleghe (PD)
Printed in Italy